基于产业链稳定性的我国汽车后市场产业集群竞争力提升研究

何太碧　何秋洁　赵修文　杨炜程　著

科学出版社

北　京

内 容 简 介

汽车后市场产业集群竞争力水平,是一个国家或地区在汽车及其相关产业的竞争中生存和发展的决定因素。本书对国内外产业链、产业链稳定性、产业集群及其竞争力等相关理论进行详细论述,重点围绕汽车后市场产业发展现状、产业链稳定性、产业集群竞争力评价和提升进行了深入的研究,构建了汽车后市场产业链稳定性评价指标体系和汽车后市场产业集群竞争力评价指标体系,按照从产业到企业再到员工个人的基本逻辑思维,分解提出了相应的对策。

本书不仅适合汽车管理等相关专业的高年级本科生、硕士研究生和博士研究生参考阅读,而且对政府机关、汽车行业制定相关政策法规也具有较大的参考价值。

图书在版编目(CIP)数据

基于产业链稳定性的我国汽车后市场产业集群竞争力提升研究 / 何太碧等著. —北京:科学出版社,2019.9
ISBN 978-7-03-062220-4

Ⅰ.①基… Ⅱ.①何… Ⅲ.①汽车-售后服务-企业竞争-竞争力-研究-中国 Ⅳ.①F426.471

中国版本图书馆 CIP 数据核字 (2019) 第 192467 号

责任编辑:张 展 于 楠 / 责任校对:彭 映
责任印制:罗 科 / 封面设计:陶睿敏

斜 学 出 版 社 出版
北京东黄城根北街16号
邮政编码:100717
http://www.sciencep.com

成都锦瑞印刷有限责任公司 印刷
科学出版社发行 各地新华书店经销

*

2019 年 9 月第 一 版　　开本:787×1092 1/16
2019 年 9 月第一次印刷　　印张:12 1/4
字数:280 000
定价:118.00 元
(如有印装质量问题,我社负责调换)

前　言

汽车产业是国民经济重要支柱之一，有力地反映了一个国家科学技术与经济社会发展水平。在中国新一轮高水平对内改革、对外开放的大背景下，以汽车工业为代表的先进制造业的投资贸易自由化、便利化水平大幅提升，中国已经成为欧美日等发达地区和国家汽车工业转移的目标，中国汽车产业孕育承载着中国制造业走向世界的希冀。近10年来，中国已成为世界上最大的汽车生产、消费市场，汽车工业总产值、工业增加值高速增长，汽车产销量一直保持世界第一。2017年，中国千人汽车保有量仅为156辆，在全球排名靠后，仍未达到韩国和日本上个世纪末的水平，巨大的市场潜力不言而喻。

国家经济需要"投资"、"消费"、"出口"三驾马车齐头并进，共同拉动。从短期来看，经济的快速发展促进居民可支配收入和消费水平快速提高，对汽车的巨大需求将进一步巩固汽车产业在国民经济中的支柱作用。但从长期来看，汽车使用年限较长，消费者更新换代频率不高，在千人汽车保有量接近或达到发达国家水平后，汽车消费需求量将出现断崖式回落。汽车工业协会官方数据显示，2018年，中国汽车产销分别为2780.9万辆和2808.1万辆，同比下降4.2%和2.8%。这一产业的宏观数据已经隐约透露了我国汽车产业未来国内需求达到一个峰值之后，不会继续增长，而是将出现回落趋势。与此同时，2018年，汽车整车出口104.1万辆，同比增长16.8%。这说明汽车产业国内需求空间受到挤压，必须积极寻求国外市场需求和其他新的汽车市场需求。中国汽车产业长足发展的关键不仅在于扩大汽车的生产和销售，更在于探求新的需求点和市场痛点。

发展汽车后市场产业是稳定汽车产业产值、保持汽车产业持续增长的破解之法。首先，从汽车产业的利润来看。汽车产业链中总利润的60%~70%都是来自汽车后市场产业，且这部分利润是汽车产业链中最主要、最稳定的利润部分，汽车后市场产业的产值稳定将对汽车产业的产值稳定起决定性作用。其次，从开拓汽车产业市场的角度来看。汽车后市场产业包括但不仅仅局限于涉及到的下游服务行业，服务行业是开辟需求市场空间巨大的行业，汽车后市场存在没有被发现的需求，市场开拓的空间大。最后，从汽车后市场产业链角度来看，汽车后市场在增加服务环节和拉长横向、纵向产业链方面有其独有的优势。

产业链的稳定对于汽车后市场产业的健康可持续发展是至关重要的，"基于产业链稳定性"是本书的研究视角。中国汽车行业的竞争格局发展轨迹是行业集中度提升，并伴随着盈利的上行。产业集群的竞争力决定了一个产业的竞争力，"提升我国汽车后市场产业集群竞争力"是研究的目的和归宿。我国汽车后市场产业集群竞争力提升研究，呼应了中国汽车后市场产业发展现状和未来趋势的要求。本书基于产业链稳定性的视角，对我国汽车后市场产业集群竞争力提升进行研究，是作者一次大胆的尝试，力图为我国汽车后市场健康发展提供可借鉴的理论研究和实践探索的新模式。

基于产业链稳定性视角研究汽车后市场产业的集群竞争力提升研究，面临一系列基本问题的厘定。首先，本书在已有研究成果基础上界定了汽车后市场产业，认为其包括但不限于涉及到的下游服务行业，它还包括了上游的一些相关产业，明确指出汽车售后市场只是汽车后市场的一部分。同时，对涉及的关于产业链、产业链稳定性以及产业集群竞争力等概念，均做出了符合产业实际的界定。其次，汽车后市场产业的产业链是否稳定需要用哪些指标进行衡量？在产业链稳定性视角下汽车后市场产业集群竞争力评价指标体系如何进行构建？建立了产业链稳定性、产业集群竞争力评价指标体系之后，如何对评价指标进行验证？本书研究的脉络就是基于这些问题出现的先后顺序，运用产业链理论、产业集群理论、竞争力理论等，以产业链稳定性视角研究汽车后市场产业集群竞争力提升，逐一回答，层层推进。

鉴于作者水平有限，加之时间限制以及汽车后市场产业不成熟等客观因素，本书的研究成果尚有诸多值得商榷和改进的地方。恳请广大读者提出宝贵意见。

作　者

二〇一九年五月

目 录

第1章 本书的研究目的、研究方法及结构 ··· 1
　1.1 问题提出和研究目的 ··· 1
　　1.1.1 问题提出 ··· 1
　　1.1.2 研究目的 ··· 3
　1.2 研究方法 ··· 5
　1.3 本书结构 ··· 6

第2章 研究现状及基本理论分析 ·· 9
　2.1 产业链及其稳定性的相关研究 ·· 9
　　2.1.1 关于产业链思想的起源及研究现状 ·· 9
　　2.1.2 关于产业链的形成机理分析 ·· 11
　　2.1.3 产业链内涵的相关研究及其界定 ·· 12
　　2.1.4 关于产业链中的稳定性研究 ·· 15
　2.2 产业集群的形成机制与动力机制研究 ·· 17
　　2.2.1 产业集群理论的研究现状 ·· 18
　　2.2.2 产业集群的形成机制 ·· 20
　　2.2.3 产业集群发展的动力机制和实现方式 ···································· 21
　　2.2.4 产业集群及其相关概念辨析 ·· 22
　2.3 竞争力与产业集群竞争力理论的研究现状 ······································ 25
　　2.3.1 关于竞争力的研究现状 ·· 25
　　2.3.2 产业集群竞争力的理论渊源 ·· 27
　　2.3.3 产业集群竞争力的研究成果综述 ·· 28
　2.4 产业链稳定性与产业集群竞争力的相关性研究 ································ 30
　　2.4.1 产业集群与产业链的相关关系 ·· 30
　　2.4.2 基于产业链稳定性的产业集群形成过程分析 ·························· 31
　　2.4.3 产业链稳定性与产业集群竞争力的相关研究 ·························· 32
　　2.4.4 基于产业链稳定性的产业集群竞争力提升的机理 ···················· 33
　　2.4.5 产业链稳定性与产业集群竞争力相互作用的过程 ···················· 34

第3章 产业链稳定性与汽车后市场产业集群竞争力的相关分析 ················· 38
　3.1 国内外汽车后市场的发展和研究现状 ·· 38
　　3.1.1 国外汽车后市场的发展现状、运营模式及业务单元发展概况 ···· 38
　　3.1.2 国内汽车后市场的发展现状 ·· 45

iii

3.1.3　汽车后市场的界定 …………………………………………………… 55
3.2　汽车后市场细分、产业链驱动因素分析、产业特征及产业链的产值份额 …… 56
　　3.2.1　汽车后市场细分 ………………………………………………………… 56
　　3.2.2　汽车后市场产业链的驱动因素分析 …………………………………… 57
　　3.2.3　汽车后市场产业特征 …………………………………………………… 58
　　3.2.4　汽车后市场产业链的产值份额 ………………………………………… 59
3.3　汽车后市场产业链的发展历程与发展规律 ……………………………………… 60
　　3.3.1　汽车后市场产业链的发展历程 ………………………………………… 60
　　3.3.2　汽车后市场产业链的发展规律 ………………………………………… 61
　　3.3.3　加快推进汽车后市场发展的实践总结 ………………………………… 61
3.4　产业链稳定性与汽车后市场产业集群竞争力的典型相关分析 ………………… 62
　　3.4.1　典型相关分析的理论基础 ……………………………………………… 62
　　3.4.2　典型相关变量及典型相关系数 ………………………………………… 63
　　3.4.3　基于产业链稳定性的我国汽车后市场产业集群竞争力的指标体系选择 …… 64
　　3.4.4　产业链稳定性与我国汽车后市场产业集群竞争力的典型相关拟合过程 …… 65
　　3.4.5　产业链稳定性与我国汽车后市场产业集群竞争力的典型相关结果分析 …… 67

第4章　汽车后市场产业集群产业链稳定性评价指标体系的构建 ……………… 70
4.1　产业链稳定性及汽车后市场产业链稳定性的内涵 ……………………………… 70
　　4.1.1　稳定性的内涵 …………………………………………………………… 70
　　4.1.2　产业链稳定性的内涵 …………………………………………………… 70
　　4.1.3　汽车后市场产业链稳定性的内涵 ……………………………………… 71
4.2　汽车后市场产业链稳定性评价指标体系 ………………………………………… 72
　　4.2.1　评价指标的选取原则和体系构建 ……………………………………… 72
　　4.2.2　评价指标释义 …………………………………………………………… 72
　　4.2.3　汽车后市场产业链稳定性评价模型 …………………………………… 73
4.3　实证分析及其基本结论 …………………………………………………………… 76
　　4.3.1　打造完整汽车后市场产业链 …………………………………………… 78
　　4.3.2　整合汽车后市场各业务单元 …………………………………………… 78
　　4.3.3　创新汽车后市场产业链中企业经营模式 ……………………………… 79

第5章　产业链稳定性视角下汽车后市场产业集群竞争力评价指标体系的构建 …… 80
5.1　研究现状及构建指标体系的目的和意义 ………………………………………… 80
　　5.1.1　产业集群竞争力评价指标 ……………………………………………… 80
　　5.1.2　汽车后市场产业集群竞争力评价研究现状及评述 …………………… 81
　　5.1.3　评价指标体系构建的目的和意义 ……………………………………… 82
5.2　评价指标选取、模型构建及研究假设 …………………………………………… 82
　　5.2.1　汽车后市场与汽车售后市场内涵的界定 ……………………………… 82
　　5.2.2　汽车后市场产业集群竞争力评价指标的选择 ………………………… 83
　　5.2.3　汽车后市场产业集群竞争力评价指标基本内涵的界定 ……………… 84

  5.2.4 汽车后市场产业集群竞争力模型构建、研究假设及初始结构方程………89
 5.3 调查问卷设计、估计方法基本假定检验及探索性因素分析………………………93
  5.3.1 调查问卷设计……………………………………………………………………93
  5.3.2 对模型估计方法基本假定的检验………………………………………………94
  5.3.3 探索性因素分析…………………………………………………………………96
 5.4 指标体系权重确定的一阶验证性因素分析…………………………………………100
  5.4.1 初始验证性因素分析模型……………………………………………………100
  5.4.2 初始验证性因素分析模型数据拟合和检验…………………………………103
  5.4.3 初始模型的修正………………………………………………………………106
  5.4.4 修正后的模型潜变量组合信度检验…………………………………………108
  5.4.5 修正后的整体模型适配度检验………………………………………………109
 5.5 指标体系权重确定的二阶验证性因素分析…………………………………………110
  5.5.1 二阶验证性因素分析模型的构建……………………………………………110
  5.5.2 模型的拟合与修正……………………………………………………………112
  5.5.3 指标权重确定的实证研究结果………………………………………………114

第6章 汽车后市场产业集群竞争力评价指标体系的组合赋权与验证性分析………117
 6.1 汽车后市场产业集群竞争力评价指标体系的组合赋权……………………………117
  6.1.1 基于结构方程模型的评价指标体系赋权……………………………………117
  6.1.2 基于模糊层次分析法的评价指标体系赋权…………………………………119
  6.1.3 基于组合赋权的评价指标体系………………………………………………126
  6.1.4 汽车后市场产业集群竞争力的综合评价……………………………………128
 6.2 汽车后市场产业集群竞争力评价指标体系的验证性分析：以成都为例…………131
  6.2.1 成都汽车后市场产业集群的发展现状………………………………………131
  6.2.2 成都汽车后市场产业集群发展定性指标的分析……………………………133
  6.2.3 成都汽车后市场产业集群竞争力的综合评价………………………………136

第7章 基于产业链稳定性的汽车后市场产业集群竞争力提升的对策思考…………140
 7.1 构建汽车后市场产业战略联盟………………………………………………………140
  7.1.1 构建整车企业、经销商及商业银行间的纵向联盟…………………………142
  7.1.2 构建汽车金融机构的横向联盟………………………………………………144
  7.1.3 构建汽车租赁企业与汽车生产厂商的纵向联盟……………………………144
  7.1.4 构建汽车租赁企业与金融、保险部门的纵向联盟…………………………145
 7.2 构建汽车后市场企业之间隐性知识共享的良好合作机制…………………………146
  7.2.1 隐性知识及产业集群隐性知识的特征………………………………………146
  7.2.2 隐性知识形成和提升产业集群竞争力………………………………………148
  7.2.3 建立汽车后市场产业集群隐性知识共享的保障机制………………………150
 7.3 构建以心理契约为纽带的汽车后市场员工工作安全感制度………………………154
  7.3.1 关于员工工作安全感的国内外研究…………………………………………154
  7.3.2 员工心理契约与工作安全感的相关性分析…………………………………155

  7.3.3 心理契约在组织支持感和员工忠诚度之间的传导机制 …………………… 157
  7.3.4 构建组织与员工之间良好的心理契约 …………………………………… 161
第 8 章 基本结论及展望 ……………………………………………………………… 165
 8.1 基本结论 ………………………………………………………………………… 165
 8.2 展望 ……………………………………………………………………………… 166
参考文献 ……………………………………………………………………………………… 167
附录 1 汽车后市场产业集群竞争力评价调查问卷（Ⅰ） …………………………… 178
附录 2 汽车后市场产业集群竞争力评价调查问卷（Ⅱ） …………………………… 180
附录 3 组织支持感、心理契约、员工忠诚度测试量表 ………………………………… 185

第1章 本书的研究目的、研究方法及结构

1.1 问题提出和研究目的

1.1.1 问题提出

改革开放以来，随着中国制造的不断升级，我国汽车后市场产业也飞速发展，汽车后市场在国民经济和人民生活中的重要性不断攀升，汽车后市场的发展已经成为推动地区和相关产业发展的重要力量。自2009年起，中国汽车产销量一直保持世界第一，"十二五"期间全国汽车年销量从2011年的1853万辆增至2015年的2459.76万辆，年复合增长率为4.7%。2015年，中国汽车工程学会常务副理事长兼秘书长张进华对中国汽车产业发展现状和趋势进行了分析与预测：其一，我国汽车保有量保持持续快速增长。2000~2014年，汽车保有量增速明显，年均增长率高达17.2%。2014年，我国汽车保有量达到1.48亿辆，同比增长16.6%，与此同时，千人汽车保有量达到108辆。其二，汽车产销呈高速增长。2001~2010年，我国汽车销量经历了连续数年高速增长，年均增速达24.1%。2011~2014年，我国汽车市场增长了27%。其三，2015年汽车市场呈现微增长。2015年全年汽车销售量较2014年仅增长了4.7%，其中乘用车的生产量和销售量较2014年分别增长了5.8%和7.3%，呈现相对较高的增长态势。其四，新能源汽车产销量爆发式增长。2015年，新能源汽车产销量分别达到了340471辆和331092辆，同比分别增长3.3倍和3.4倍。其中，纯电动汽车产销量分别增长4.2倍和4.5倍；插电式混合动力汽车产销量同比分别增长1.9倍和1.8倍。其五，预计未来十年中，新能源汽车将进入高速增长期，整个汽车市场将呈中速增长态势。预计未来汽车市场将呈现7%~10%的中速增长态势，新能源汽车将从倍数级增长期逐步过渡到高速增长期(年均增速在30%左右)。

2017年，国内千人汽车保有量仅为156辆。而现实情况是，相比于其他国家，中国人均国内生产总值(GDP)仍在快速增长，加之国际市场上人民币的坚挺，国内消费者的有效需求和支付能力还在不断提高。因此，对汽车等消费需求被不断释放，现有发展空间和潜在消费群体都很大。随着汽车保有量增速明显，汽车产销量呈高速增长态势，在汽车销售以后，与汽车购买、使用相关的各种产品和服务的需求必然显著增长，这些服务行业可分为七大行业：汽车保险行业；汽车金融行业；汽车维修及配件行业；汽车文化及汽车运动行业；汽车IT行业；汽车养护行业；二手车及汽车租赁行业。这七大行业基本包括了消费者在买车与用车过程中所需要的各类服务，而统称为汽车后市场。但是，我国汽车后市场目前还处于发展初期，市场功能不够完善，市场潜力没有得到释放，发展中的管理模式和制度还没有前瞻性与发展性，在管理经营模式、竞争意识方面还存在一系列问题。随着

市场竞争的日趋激烈,如何在经济新常态下主动找出发展差距和短板,主动适应社会经济变革,通过完善和健全汽车后市场的各种体制机制,从管理的角度提升产业的竞争力,推动产业更好发展,成为目前汽车后市场发展的一个非常紧迫的问题。

(1)汽车后市场产业集群竞争力研究的现实基础:中国已经初步形成了一些具有代表性的汽车后市场产业集群。

汽车产业的发展推动了汽车后市场产业的连带发展。无论是相关产业的推动,还是国内有效需求的释放,国内各地的汽车产业园区均处于加速建设阶段,以上海、长春、重庆、广州等汽车工业强区为例,具有一定规模的汽车产业园区已经超过30个。就产业园区的绝对数量来看,我国已经成为拥有汽车产业园区最多的国家。

随着汽车企业间的重组计划推进以及汽车后市场的发展,国内汽车产业的版图正在发生变化。之前以单个城市为代表的汽车格局即将被区域性集群模式取代。按照这种发展趋势,国内将可能最终形成三大汽车板块:第一汽车板块是以中国第一汽车集团有限公司(下面简称"一汽")为代表的东北汽车产业集群;第二汽车板块是以上海汽车集团股份有限公司(下面简称"上汽集团")为代表的长三角汽车产业集群;第三汽车板块是以广州汽车集团股份有限公司(下面简称"广汽集团")和比亚迪为核心的珠三角汽车产业集群。2010年,春雨集团将汽车后市场产业链与当地综合市场进行对接,以汽车后市场产业链为纽带,在亳州投资10亿元兴建了占地735亩(1亩约为666.67平方米)的亳州春雨国际汽车城,打造了规范化、聚集型、专业化的汽车后市场产业集群。中国国际汽车后市场产业园是全球汽车产业集群的平台和龙头,是一个强大的汽保产、供、销一体化的"陆地航母",其于2011年9月9日在江苏省阜宁经济技术开发区举行投产。同时,山东莱阳经济开发区作为中国汽车配件制造业示范基地,牢牢抓住建设山东半岛蓝色经济区和胶东半岛高端产业聚集区的战略机遇,着力发展汽车后市场产业。目前,落户这里的汽车配件企业产值已达50亿元。2017年四川省经济和信息化委员会发布了《四川省"十三五"汽车产业发展指导意见》,到2020年,四川省汽车年产能将从现有的200万辆提升至400万辆,其中成都市的目标是300万辆。

(2)汽车后市场产业集群竞争力研究的物质基础:汽车后市场产业服务领域具有较大的利润,集约化经营势必成为主流。

根据《2015—2020年中国汽车后市场调查评估及发展趋势报告》中对"2015年中国汽车后市场行业规模及行业利润分析":2005年中国汽车后市场的销售额为880亿元,2014年为7000亿元,增长规模近7倍。现有汽车市场中,汽车保有量的迅速增长,以及汽车后市场的不规范,导致汽车养护、汽车租赁、汽车金融等相关领域和市场都存在巨大的潜在商机,同时也预示着未来中国汽车后市场的增长空间。从汽车整个产业利润比例来看,发达国家的数据是:汽车后市场产品及服务领域的利润占整个利润的60%,而整车销售利润仅占20%,零部件供应利润占20%。按照现在对汽车后市场的定义,实际上零部件供应的部分利润也应当算到汽车后市场中,因此从这个数据来看,汽车后市场利润至少是汽车销售利润的3倍。根据《2015—2020年中国汽车后市场调查评估及发展趋势报告》中对2009~2014年中国汽车后市场规模统计分析可以看出,2009~2014年汽车后市场的市场规模分别为2400亿元、3000亿元、3850亿元、4900亿元、6000亿元和7000亿元;2010~

2014年同比增长分别为25.00%、28.33%、27.27%、22.45%和16.67%。

汽车后市场利润的绝对优势和相对优势使得整个格局发生了变化，汽车后市场正从以前的散、乱、差式的经营方式走上规模化、规范化、专业化的发展道路。集约化服务和一站式销售的连锁经营模式成为目前我国汽车后市场的主流，完整的汽车后市场产业链与综合市场的结合已经成为必然趋势。汽车后市场经营模式等改变为研究汽车后市场产业集群提供了坚实的现实物质基础。

(3) 汽车后市场产业集群竞争力研究的理论基础：从产业链稳定的视角，运用产业集群竞争力理论研究汽车后市场的产业集群的竞争力。

使用经典的产业集群竞争力理论研究汽车后市场产业集群竞争力，兼顾了学科背景的理论意义和产业发展的实践指导意义。从理论上看，从产业链稳定的视角研究汽车后市场的产业集群的竞争力，本身就是一个理论上需要多点突破的问题，例如，产业链、产业集群及其竞争力的研究现状与基本理论分析、产业链稳定性与产业集群竞争力的作用机制、产业链稳定性与汽车后市场产业集群竞争力的相关分析以及产业链稳定性视角下汽车后市场产业集群竞争力评价指标体系的构建等问题，均需要本书一一作答。从现实看，汽车后市场已经逐步发展成熟，同时需要进一步规范，对不同的主体进行整合，在提升管理效率的同时，提升汽车后市场产业集群的竞争力。

在现有的研究中，与产业集群相关的研究不仅体现于理论上的局限和滞后，还体现于与地区实际经济发展的错位。以产业集群为基础的区域经济、区域战略等问题还缺乏大量的实证研究和整体系统思考。与产业集群发展成熟度高的地区和国家相比，我国的产业集群发展存在以下问题：区域性产业结构趋同化的趋势；由生产技术和产能过剩问题引起的低水平、低技术的重复过剩建设；陈旧的产业组织形式等。针对这些问题，急需相应的研究成果就产业集群作为新兴的产业组织形式，产业链的稳定作为产业集群的持续发展的不竭动力，产业集群竞争力作为增强区域经济发展核心骨，来实现区域的发展和国家的繁荣。

1.1.2 研究目的

产业集群是现代产业组织的一个重要形式，不同产业集群之所以能够迅速发展，关键在于产业集群的竞争力。可以说，一个区域的竞争力，往往与这个区域产业集群的发展高度相关，实施产业集群已经成为提升产业竞争力的必然趋势。汽车后市场以产业集群的组织形式发展，对提升其自身竞争力能起到强有力的推动作用，目前我国已经形成了一大批各有特色的汽车后市场产业园。

(1) 研究汽车后市场产业集群竞争力的相关理论问题，能够对产业集群竞争力理论的研究进一步拓展。

考察现有研究所进行的产业集群和产业集群竞争力的研究结果后发现，相关研究数量较多，但专门研究汽车后市场产业集群竞争力的文献非常少。在我国成为全球汽车保有量第二的国家后，对汽车后市场产业集群的研究非常必要。在中国知网(CNKI)数据库中，用篇名"产业集群"进行精确检索，2018年及之前共有文献2514篇；用篇名"产业集群竞争力"进行检索，共有文献782篇；用篇名"汽车后市场"进行检索，共有文献6176

篇;用篇名"汽车后市场产业集群"进行检索,共有文献 5 篇;用篇名"汽车后市场产业集群竞争力"进行检索,共有文献 3 篇,其中最新的研究是何太碧 2018 年的博士学位论文《基于产业链稳定性的我国汽车后市场产业集群竞争力提升研究》,另一篇文章是何太碧等 2017 年 12 月发表于期刊《西部经济管理论坛》上的《汽车后市场产业集群竞争力评价研究——以成都为例》。

在 Emerald 数据库中,用篇名"产业集群(Industrial cluster)"进行检索,2018 年及以前共有文献 9897 篇;用篇名"产业集群竞争力(Industrial cluster competitiveness)"进行检索,共有文献 6195 篇;用篇名"汽车后市场(Auto aftermarket)"进行检索,共有文献 53 篇;用篇名"汽车后市场产业集群(Auto aftermarket industry cluster)"进行检索,共有文献 9 篇;用篇名"汽车后市场产业集群竞争力(Auto aftermarket industry cluster competitiveness)"进行检索,共有文献 7 篇。由于是模糊检索,有的研究仍然是对汽车产业链、汽车零售等方面进行逻辑框架的构建,真正从产业集群视角来分析的只有 Trappey 等于 2010 年发表于期刊 *Industrial Management & Data Systems*(工业管理和数据系统)上的一篇论文,即"Clustering analysis prioritization of automobile logistics services"(汽车物流服务优先的聚类分析)。该论文一共对 98 家汽车零部件制造商进行了调查,针对汽车后市场中的服务需求、偏好和外包承诺,通过结合 Ward 最小方差法和 *K*-means 聚类,应用两阶段聚类方法,确定了四个不同的制造商群体。使用两阶段聚类方法聚集售后配件供应商、原始设备服务配件供应商、原始设备制造商、零件供应商和一级汽车制造商。研究发现,在汽车后市场中,各类主体将优先考虑其服务,以更好地满足具有特定偏好的客户群体。

汽车产业是我国的战略性新兴产业,研究汽车产业的文献也比较多,但是整个汽车产业的利润空间在汽车售出之后的相关环节,关于这些环节如何互动而形成汽车后市场产业集群的竞争力,同时在一个区域形成区域竞争力的研究文献非常缺乏,从理论上弄清这些问题,可为汽车后市场的迅速发展提供理论指导。这是本书的亮点。

(2)探索和研究汽车后市场产业集群竞争力,能够为我国汽车产业的可持续发展提供相关的信息支撑。

1978 年前,我国的汽车产量还不足 15 万辆。随着我国总体经济实力的攀升和人们对汽车需求的增加,1998~2012 年我国汽车工业总产值从 2787.3 亿元增加到 3.58 万亿元;从工业增加值看,1990~2013 年汽车工业增加值从 120.5 亿元迅速增加到 8606.2 亿元,提高了 70 多倍。即便在 2008 年金融危机的巨大冲击和全球经济的巨大震荡下,我国汽车产销量在 2009 年仍然突破了千万辆大关。自 2013 年起至 2017 年,我国汽车产销量连续 5 年居世界首位,2017 年我国汽车产销量近 3000 万辆,创历史新高。2012 年,与汽车相关的产业提供的就业岗位超过 4000 万个,覆盖了 10%的全国城镇劳动人口比重。连续增长的产销量和巨大的岗位需求量,有助于潜在消费市场的挖掘。促进汽车产业与其相关产业的协调发展、完善城市交通基础设施,是现代汽车行业发展的必经之路。因此,政府应该着力培育健康的汽车消费市场,通过改善和创造良好的汽车使用环境,推动汽车市场的稳定和快速发展。由国务院发展研究中心、中国汽车工程学会和大众汽车集团(中国)三方联合推出的《2015 中国汽车产业发展报告》(2015 汽车蓝皮书)于 2015 年 8 月 31 日正式发布。2015 汽车蓝皮书通过连续 8 年的研究,主要聚焦"新形势下中国汽车产业管理体制改革"。2015汽车蓝皮书对我国汽车产业的现状和改革提出了总体思路,并给出了相应的战略措施。对于汽车产业体制的改革,2015汽车蓝皮书提出不仅要符合我国经济发展规律,还要解决创新发展的瓶颈问题。在这种情况下,研究汽车后市场产业集群竞争力的关键在于产业集群及其集群组织的各种能力和优势的动态整合。

然而,应当看到,目前我国汽车产业的发展仍然面临着巨大的挑战,主要有资源的过度利用、能源等对外依存度较高、交通问题的日益凸显等,这都对我国汽车产业的发展不断提出新的要求。截至2015年,我国汽车保有量位居世界第二,达到1.72亿辆,但千人汽车保有量却只有125辆,较大幅度低于165辆(世界平均水平)。因此,可以看出中国汽车市场有巨大的消费需求。在这种情况下,如何进一步刺激人们对汽车的消费需求,同时又能让中国汽车市场可持续发展,除了必须研究中国汽车市场本身的因素,还必须认真研究中国汽车后市场,分析其影响因素,根据这些影响因素,提出相关制度安排,同时加强制度供给的改革。

(3)研究汽车后市场产业集群为特定区域的创新体系探索提供一种有载体的实现方式。

每一个地区由于文化、环境、资源禀赋、制度供给、人力资本存量的差异,其区域发展方式的选择必然是不同的,即使在不同的区域布局同样的产业,其发展模式的选择也应该是不同的。同样,在我国已经形成规模的汽车产业园区或汽车产业集群就有30多个,这些汽车产业集群分布在不同的区域,这些产业集群的发展模式也是各有特点的,这些各自相异的发展模式构成区域发展体系的重要组成部分。在增强竞争力过程中结成的知识价值链和创新互动网络将成为国家与区域创新的一支重要力量。因此,只有把产业集群的发展融入区域创新体系中,使产业集群成为体系的子系统,区域创新体系的探索才能实现。

相关研究文献在探索建立国家与区域创新系统时,往往只考虑到企业、大学、研究机构、政府的协同作用,由大量中小企业构成的产业集群在这个过程中的作用未能引起高度关注。从某种意义上说,产业集群创新总是发生在一定的时间和空间,必然能体现一个区域的创新力;一个区域的创新力增强了,这种示范和带动作用,必然推动国家的创新;一般意义上国家层面的创新,必然对区域的创新起着指导作用,而区域的创新又会促进一个区域中产业集群的创新。作为汽车后市场产业集群必然推动区域的创新,增强区域经济的竞争力。尽管不同区域的情况千差万别,但是通过发展产业集群,并提升产业集群的竞争力,必将推动区域经济的发展。

1.2 研究方法

通过对国内外汽车后市场产业的发展现状和运行模式的比较分析,深入分析我国汽车后市场的产业结构及其特点,并阐述汽车后市场及其相关概念的内涵和边界,明确提出汽车后市场的产业细分。结合对汽车后市场所涵盖的各部分市场细分,提出汽车后市场产业集群的边界划分。通过对汽车后市场产业集群的内涵和边界的确定,分析和研究汽车后市场产业集群的影响因子。结合现有研究方法和研究视角以及学科背景,深入分析各种影响因素的构成、影响路径和影响强度,提出汽车后市场的产业集群竞争力的构成要件。

在分析方法上，本书综合运用规范分析和实证分析。在规范分析中，本书主要采用文献研究方法，具体而言，就是从产业集群到产业集群竞争力再到汽车后市场产业集群竞争力，对相关研究进行对比研究，形成关于研究对象的一般印象，以及更加全面地了解和掌握研究对象及其特点。为了研究产业链稳定性与汽车后市场产业集群竞争力的相关关系，首先构建相关分析模型，运用统计软件对数据进行分析，并利用统计推断得到分析结果。然后，在此分析基础上，根据问卷调查的结果构建汽车后市场的产业集群竞争力的各级评价指标，形成评价指标体系，用实证分析的方法验证规范分析提出的理论模型及结论。最后，使用 AMOS 统计软件，用结构方程模型验证和分析评价指标体系的各种参数，作出统计推断，并给出实证研究结果。

同时，本书采用历史分析和逻辑分析相结合的方法。对汽车后市场产业集群竞争力相关问题的回答，必须弄清楚现有研究成果对产业集群竞争力的有效结论和实践中产业集群的竞争力水平及能力情况，必须弄清楚现有文献对汽车后市场的产业划分以及现实中的现实情况。依据这一思路，本书首先从历史的角度对产业链稳定性、产业集群、产业集群竞争力等问题的研究逻辑和历史研究结果进行归纳与整理；然后在此基础上，对产业链与产业集群相互间关系及其作用的机制和路径进行阐述与论证，论证两者相互依存、相互作用。只有产业链稳定与产业集群相互关联，从产业链稳定视角研究汽车后市场产业集群竞争力才有基础。要实现这一思路，本书对产业链稳定性与产业集群竞争力进行典型相关分析，在此基础上，尝试提出汽车后市场的产业集群竞争力评价指标体系。

此外，在产业链稳定性与汽车后市场产业集群竞争力实证分析的基础上，本书采用建模分析法拟合产业链稳定性与我国汽车后市场产业集群竞争力的统计关系，同时对产业链稳定性与我国汽车后市场产业集群竞争力的典型相关分析结果进行模型构建和参数估计。根据典型相关分析结果，构建汽车后市场产业集群竞争力的评价指标体系，并采用几种不同的方法进行评价指标体系的权重确定，最后进行组合赋权和验证性分析。

最后，本书将比较分析和制度分析进行整合。采用比较分析法，对本书中的相关概念，如汽车后市场、汽车售后市场、产业集群、产业链等进行界定，同时对概念内涵的内外部作用过程进行比较分析。通过比较，发现差异。提高汽车后市场产业集群竞争力，就是要发展汽车后市场，而本书也将对影响汽车后市场产业集群竞争力的因素进行详细的分析，因此要发展汽车后市场，就要进一步明确影响汽车后市场产业集群竞争力的各种因素的不同作用；而要使这些因素发挥不同程度的作用，必须从制度上予以保障。基于此本书从构建汽车后市场产业战略联盟、构建汽车后市场之间隐性知识共享的良好合作机制和构建以系列契约为纽带的汽车后市场员工工作安全感制度三个方面提出制度安排。

1.3 本书结构

第 1 章：本书的研究目的、研究方法及结构。本章主要阐述研究背景，着重论述汽车后市场产业集群在我国经济发展中的巨大作用，在此基础上提出研究问题和研究目的。采用多种研究分析方法，把定量和定性结合起来，把实证和规范结合起来，既有不同地区和不同视角的比较分析，又有与之对应的制度分析。全书采用由浅入深、层层递进、环环紧扣的逻辑结构展开。

第2章：研究现状及基本理论分析。本章首先对产业链及其稳定性的相关研究进行文献述评，然后对产业集群理论和产业集群竞争力的理论进行文献研究。具体内容为：对产业链稳定性和产业集群竞争力的现有研究进行归纳和整理，就产业链、产业集群、产业链稳定性和产业集群竞争力的研究进行系统梳理；从产业集群的形成机制，到产业集群发展的动力机制和实现方式，再到基于产业链稳定性的产业集群竞争力提升机理、形成过程、相互作用过程进行文献综述。这部分是研究的基础。

第3章：产业链稳定性与汽车后市场产业集群竞争力的相关分析。本章首先对产业链稳定性、产业集群、产业集群竞争力、汽车后市场的内涵进行界定，阐述国内外汽车后市场发展现状、运营模式及业务单元发展概况；然后详细论述汽车后市场细分、驱动因素、产业特征、产值份额，以及汽车后市场产业链的发展历程与规律，重点对产业链稳定性与汽车后市场产业集群竞争力进行典型相关分析，为从产业链稳定性的视角构建汽车后市场产业集群竞争力评价指标体系奠定基础。

第4章：汽车后市场产业集群产业链稳定性评价指标体系的构建。本章首先在界定稳定性、产业链稳定性、汽车后市场产业链稳定性的基础上，提出构建评价指标体系的原则，构建评价指标体系，并对评价指标体系进行说明；然后建立汽车后市场产业链稳定性评价模型，构建模糊评估矩阵；最后在实证分析的基础上，提出打造完整汽车后市场产业链、横向拓展引领产业升级、创新汽车后市场经营模式和经营方式创新四点突破。

第5章：产业链稳定性视角下汽车后市场产业集群竞争力评价指标体系的构建。本章首先借助现有研究成果对汽车后市场产业集群竞争力的评价指标体系的研究现状，以及指标体系的构建目的和意义进行详细论述，确定汽车后市场产业集群竞争力评价指标选取、模型构建及研究假设；然后采用探索性因素分析方法，进行调查问卷设计、估计方法基本假定检验，同时确定评价指标体系的权重以及一阶指标中对汽车后市场产业集群竞争力影响大小的因素。

第6章：汽车后市场产业集群竞争力评价指标体系的组合赋权与验证性分析。本章首先紧接第5章内容对汽车后市场产业集群竞争力评价指标体系基于结构方程模型、基于模糊层次分析法、基于组合赋权进行综合评价；然后以成都市汽车后市场为例，将指标体系的组合赋权运用其中进行验证性分析；最后通过实例证明评价指标体系是合理的，评价方法是可行的。

第7章：基于产业链稳定性的汽车后市场产业集群竞争力提升的对策思考。本章提出的制度安排采用从宏观到微观的思路进行构建。首先，根据汽车后市场的特点，提出构建汽车后市场产业战略联盟；然后，根据汽车后市场企业之间的特点，提出构建汽车后市场企业之间隐性知识共享的良好合作机制；最后根据汽车后市场企业员工的特点，提出构建以心理契约为纽带的汽车后市场员工工作安全感制度。

第8章：本书的基本结论及展望。本章对本书的基本研究进行总结，同时指出本书分析和研究的不足，提出需要深入研究的问题，为下一步研究提供一定的方向和建议。

本书的逻辑框图与研究技术路线如图1-1所示。

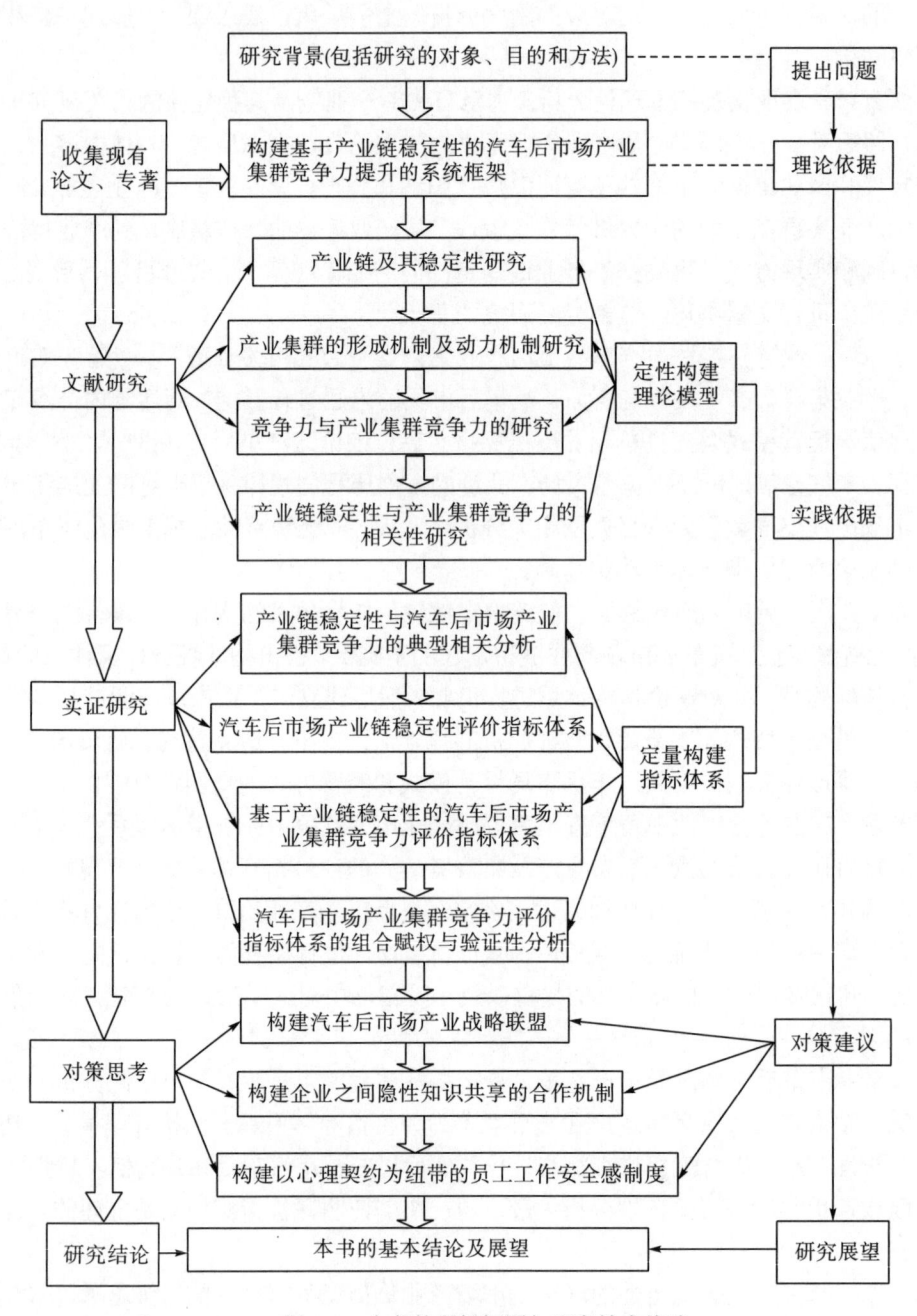

图1-1 本书的逻辑框图与研究技术线路

第 2 章 研究现状及基本理论分析

从产业链稳定的视角分析汽车后市场产业集群竞争力,首先需要对产业集群理论以及产业集群竞争力理论进行阐述和梳理。本章首先对产业链及其稳定性相关研究进行梳理;然后对产业集群及其形成机制与动力机制进行分析;最后对竞争力与产业集群竞争力的研究现状进行梳理;在此基础上,对产业链稳定性与产业集群竞争力的研究文献进行梳理和分析,主要分析产业链稳定性与产业集群竞争力的相关性,以及基于产业链稳定性的产业集群竞争力的提升机理,得出产业链稳定性与产业集群竞争力具有相互作用,为从产业链稳定性视角研究产业集群竞争力奠定坚实的理论基础。

2.1 产业链及其稳定性的相关研究

本书研究的对象是基于产业链稳定性的汽车后市场产业集群竞争力提升的问题,在现状及基本理论分析中,首先要明确现有相关的研究文献对产业链及其稳定性的研究成果。

2.1.1 关于产业链思想的起源及研究现状

1. 西方学者对产业链理论的研究

在早期,以亚当·斯密为代表的西方经济学家对产业链的认识还不够全面,他们将产业链定义为"制造企业内部活动"。具体而言,产业链被定义为:把从企业外采购到的原材料和各种零部件,通过企业内部的生产和销售等环节,将产品销售或传递到企业外部的过程。从这样的解读来看,产业链与今天的生产链或产品链概念相似,其主要的内涵是关注企业内部的活动,强调企业的内部操作和内部资源的利用。

经济学家 Marshall(1920)在亚当·斯密"分工"论断的基础上,把产业链的概念扩大到企业与企业之间的活动。Marshall 意识到企业与企业之间的分工能够使得整个市场产生协作,因此他提出将产业链扩展到企业外部,存在于企业之间。从这个含义来看,产业链思想的起源就在于此。Watkins(1958)在《经济发展战略》中从产业的前向联系和后向联系的角度论述了产业链的概念。但随着研究的发展,同时供应链、价值链等理论的兴起以及在具体实践中的运用,产业链概念相对弱化。Houlihan(1988)认为,产业链是一个物质的流通过程,从供应商开始,经生产者或流通业者,到最终消费者。Stevens(1989)对产业链的界定的内涵和外延扩大了一些,提出了产业链不仅仅是一个产品链,更重要的是一个信息链和功能链,这个链条能够把供应商、制造商、分销商和消费者连接在一起。

在阅读国外学术研究文献时发现，研究中使用产业链的概念并不多，取而代之的是价值链和供应链等概念。1985 年，波特首次提出了价值链的概念。Normann 和 Ramirez(1993)认为价值链中价值的创造主要有：以比竞争者更低的价格提供无差别的商品和服务，以及以合理的额外费用提供无差别的产品或服务这两种主要形式。

供应链(supply chain)作为一种新的企业组织形态和运营方式，源于价值链。Stevens(1989)认为"供应链开始于供应的起点，结束于消费者的终点，通过增值过程和分销渠道，控制从供应商到用户之间的交流"。随后，Ellram(1991)、Christopher(1992)以及 Cooper 和 Yoshikawa(1994)先后对供应链的内涵进行了阐述。

供应链的概念出现之后，就被应用于管理实践中形成了供应链管理，也因此有了相关的研究和成果。Hersey 等(2007)认为，为了使供应链系统中相互间的关系更加动态紧密、供应链的链条发挥出高效的作用，以及供应链的上游、中游和下游的各个角色能够很好地分享信息和计划，应对供应链内部所包含的所有企业进行协作。在此基础上，Thomas 和 Griffin(1996)将供应链管理等所涉及的主体进行扩展，上至最初的产品或资源的提供者或者供应商，包括供应链中的各个环节和程序的不同组合，下至产品或服务的最终使用者。他们认为，这样的扩展能够在很大程度上增加产品或服务的信息附加价值，并且稳定了以竞争-合作为模式的整合协作机制。从某种程度上说，在供应链管理中，竞争合作同时存在的思想，能够为整个供应链及其所包含的各企业各部门带来整合效应和协同效应。

2. 国内关于产业链理论的研究

从西方学者产业链思想形成的论述中可以发现，虽然他们没有直接提出产业链和进行相关研究，但是其供应链思想和供应链管理理论却对产业链理论奠定了实践的基础。

在我国，改革开放后产业链的概念真正进入人们的视野，且随着日益发展的社会经济和日渐成熟的具有我国特色的各行各业而发展。实际上我们所提出的"产业链"是一个比较有本土文化色彩的概念，它与供应链既有联系，也有区别。我国最早研究产业链的是傅国华(1996)，其研究的主题是海南热带农业发展，并由此提出了农业产业链的概念。但如今，产业链已经涵盖各行各业，包括发展迅速的高科技行业。但是，从研究的角度看，虽然产业链概念被提出已有 20 余年，但产业链理论的研究尚不成熟，完整的产业链理论体系还没有完全建立起来。对国内产业链理论不断进行研究并有卓越贡献的研究学者有龚勤林、蒋国俊、冯炳英、李心芹、李仕明、刘刚、吴金明等。

蒋国俊等(2004，2003)从战略联盟的角度，将产业链界定为：在一定产业群聚区的空间里，以战略联盟的形式将具有较强国际竞争力或竞争潜力的企业与产业链内其他企业结合而成的一种关系。同时，对产业链中一个企业里的各个分厂之间的中间产品转移价格机制进行了研究，但没有对产业链中企业与企业之间的中间产品转移定价做研究。

吴金明等(2005)对产业链理论有较多的研究，主要包括产业链理论、产业配套半径与企业自生能力三个方面。他们认为，产业链有四个特性和三大基本功能。四个特性是指内容复杂性、供求关系和价值传递、路径选择效率、起止特性；三大基本功能是指比较优势、竞争力和稳定经济。同时，他们的研究还提出了产业链运行的四链合一模型，四链指价值链、企业链、供需链和空间链，它们在相互作用的过程中，形成了均衡的产业链关系。例如，经济学中的市场理论作为一种自发调节机制，总能在实践中实现和调控产业链的形成与改变。除了产业链内部自发的调整，还有产业间和行业间，以及政府政策的作用，在这三方的作用下，产业链逐渐形成并稳固。

孙晓华和秦川(2012)讨论了不同共生关系下的产业链纵向关系治理模式，即科层式治理适用于寄生共生关系，领导-市场型治理符合偏利共生关系，模块-关系型治理则有利于互惠共生关系。

刘志迎(2015)从产业链视角理解中国自主创新道路，发现中国特色的自主创新道路是以产业链为主线，发挥市场机制科技资源配置决定作用，以企业为主体，充分运用"链合创新"、"竞合创新"和"产学研合作创新"等协同创新模式，攻克产业链上关键技术和核心技术，并形成不受制于外的自主创新能力。

李凯和郭晓玲(2017)从理论探索与实证研究相结合的角度系统归纳梳理和评述近几十年来关于产业链垂直整合的主要动因，综合考察垂直整合策略产生的正反双重效应及对整个产业链上下游社会福利和企业绩效的影响，为纵向关系理论的进一步拓展提供理论基础和实证依据。

2.1.2 关于产业链的形成机理分析

1. 产业链形成的影响因素

对于产业链形成的影响因素分析，已有研究者从不同的研究领域和视角进行过研究分析，涵盖的学科领域涉及经济学、管理学和社会学等。研究结果都分别从各自的研究领域进行过解释，但都比较片面，相互间没有形成互动和互补。这些结果都不能代表性地对产业链的形成机理和动因做全面阐释，更没有从动态的角度结合内外环境的影响来分析。

从动态视角分析，产业链的形成与外界环境是相互作用和相互影响的，而外界环境发生变化，产业链也需要进行调整，产业链调整和变化要求企业必须进行相应的调整，才能适应变化的环境。合作伙伴只有在战略上动态地适应核心企业的需求，才能保证自己能很好地适应外界动态变化的环境；合作伙伴只有通力合作，才能在组织上相互协调；合作伙伴只有在人力资源、企业文化以及运营上协同，才能取得成功。合作伙伴之间既存在合作，又存在竞争。值得注意的是，相互协调是产业链成功的核心保证。

产业链中各相关主体在动态环境作用下产生构建产业链的动机，可以从以下几部分来进行说明。

首先，各主体间需要具有共同的愿景，这是合作的驱动力。共同愿景使各主体在合作目标上容易达成共识，从而使其相互之间更加容易建立动态的适应。

其次，在构建产业链能增加双方价值时，合作伙伴为了增加各自的价值，会有意识地进行协调配合，使合作成功。

最后，构建产业链能加大合作伙伴的市场进入性，或使产品被市场更广泛地接受；另外，构建产业链时，只有构建产业链联盟才能动态地适应快速变化的外部环境。

综上所述，产业链在竞争中不能取得优势必然会使合作伙伴的合作目标不能实现，从而使合作失败。

2. 产业链形成的理论视角

产业链是一种特殊的存在形式,不同于市场和企业具有相对独立的资源循环关系。因此在各种理论的基础上,有研究者运用不同的理论分别对产业链的形成原因进行分析,并建立一套较为全面的理论模型。所采用的理论包括交易费用理论、资源依赖理论、战略联盟理论、企业资源理论和生态位理论等。运用经济学中的理性人前提假设,可以将产业链整体视为一个理性主体,它将追求效用最大化,具体路径如图2-1所示。

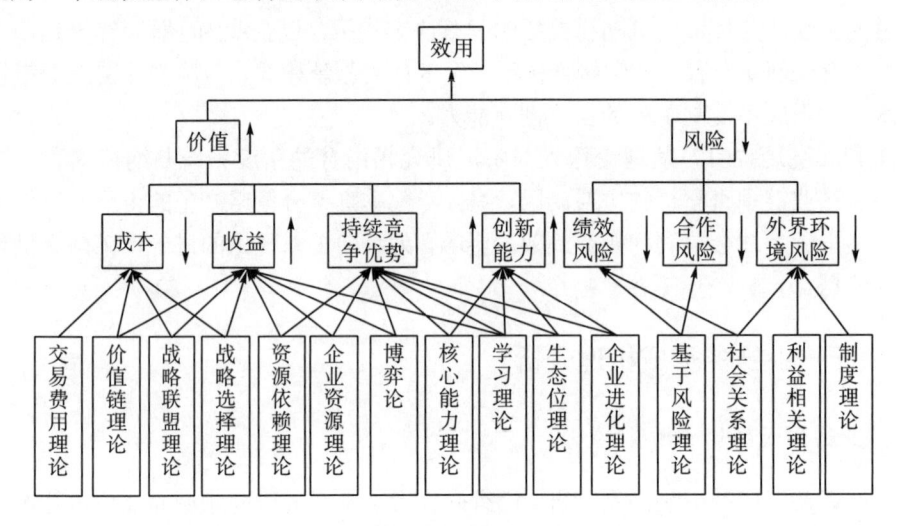

图2-1 产业链形成机理的整体模型

从图2-1可以看出,在产业链所追求的目标中,追求效用最大化是作为理性产业链主体的最终目标。而效用最大化的实现,取决于获得的价值和承担的风险。而价值创造来源于收益和成本之差。当边际收益大于边际成本时,产业链主体会因为有利可图而扩大规模,从而增加价值。产业链主体面临的风险有三种:合作风险、绩效风险和外界环境风险。第二种风险可能来自市场,或者其他技术方面的因素。外界环境风险主要是从战略的角度评估的风险。从均衡分析的角度来看,产业链内各主体进行联合协作的目标为:最大化价值创造,减少风险因素。作为对目标达成的相应制度安排,产业链中各企业应该同时从增加价值创造和降低风险进行管理决策。价值创造不仅包括提高收益,还包括控制生产支出。各种理论对产业链构建的原因也是从这两个方面提出的。例如,交易费用理论主要着眼于对产业链中企业的成本和与成本相关的费用及形成因素进行考察;战略联盟理论主要着眼于从整合成新的战略合作的形式提高收益;资源依赖理论主要着眼于对资源的利用来增加收益。

2.1.3 产业链内涵的相关研究及其界定

目前产业链的研究属于起步阶段,但在管理实践情境中应用比较广泛。由于在研究层面不够成熟,众多与产业链相关的研究,并没有一个主流的概念和确定的理论体系。

产业链和供应链最大的差别在于，供应链的着眼点是供应，也就是围绕着供应相关的服务和流程；产业链却以产业为核心，所有结构形式都围绕一个既定的产业开展。更深入地分析两者的关系：产业链依托产业而存在，产业本身是实际存在的，因此产业链其实是客观存在的；产业链和产业集群的区别为：产业集群内由于合作竞争的关系会产生一条或者若干条产业链；相反，产业链并不意味着一定形成产业集群。

在中国知网(CNKI)上以"产业链"为主题词进行检索，包括SCI来源期刊、EI来源期刊、核心期刊和CSSCI的期刊文献，1992～2018年约有74000篇文献。现列举部分专家学者从各自的研究视角对产业链的界定，主要观点如下。

简新华(2002)认为：产业链是由经济活动中各个产业的前向或后向关联形成的。杨公朴和夏大慰(2002)认为：产业链是由产业的前向和后向关联组成的一种网络结构。张耀辉(2002)认为：产业链体现了四种关系，即产业层次、产业关联程度、资源加工深度和需求满足程度。基于这四种关系，他提出产业链是利用包括自然资源在内的各种资源，通过产业各级层次的加工，从产业中各企业主体之间进行转移，以到达满足最终消费者需求的这一过程。鲁开垠(2002)认为：产业链是产业各主体之间的相互作用和影响的环境，每个环节中的产品或者中间产品都联系着上游和下游的部门或企业，产业链中的每个产品或企业都是整个产业链中的一个部分或者一个环节而已，产业链正是在这些部分或环节的有机组成下形成的。

卢明华等(2004)认为：产业链不仅体现在表面上的资源或者产品的流动转移，其本质在于产业链中存在的内在联系。这种内在联系以满足消费者最终的需求，或者针对某种产品或服务为核心，形成像价值星系一样的组成形式。其具有三方面特征：其一，组成产业链整体的各个主体是相互独立的有机体；其二，这些相互独立的有机体既离散存在，又有靠近和联系的趋势；其三，各产业链之间存在简单与复杂的差别。龚勤林(2004)认为：产业链是在一定的时间、空间和地理空间下，由于各企业之间内在的技术经济关系存在而建立起的链条式的组合形态。

刘刚(2005)从知识管理和知识创新的角度，提出并验证了产业链内部的知识转移与产业链创新结构模型。他认为：产业链代表了一种供求关系，这种供求关系的存在源于产业链中各企业之间的相互关联，与波特的价值链概念比较吻合。郁义鸿(2005)也认为：产业链主要是指产品从最初的资源通过产业链的各种价值创造和价值转移，最终形成的某种产品或服务。张铁男和罗晓梅(2005)认为：产业链以价值链为价值的传递方式，始终对主要产品和产业进行附加价值的创造，其包括对三种要素的控制：信息、物流和资金。通过自然资源、各产业及其有机主题，以功能的方式形成链接，体现了不同业态间的联系。产业链的构成如图2-2所示。

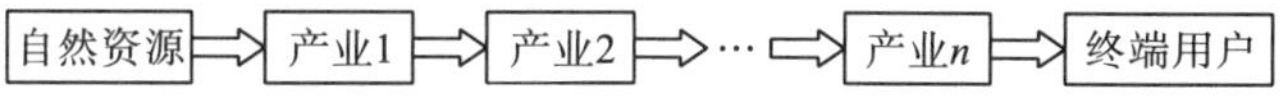

自然资源 → 产业1 → 产业2 → … → 产业n → 终端用户

图2-2 产业链的结构示意图

由图2-2可知，在一条既定的产业链上有若干的产业作为中间环节，这些产业之间通过分工、竞争、合作，产生联系，使得价值在这个过程中产生增值，并最终将价值传递到终端用户。芮明杰和刘明宇(2006)对产业链的界定为：通过原材料的采购，以及环节中各种中间产品的形成，最终转移到终端用户的一种具有功能的链条。这个链条包含了在产品或服务生产过程中的价值创造，涵盖了从最初的原始资源到最终产品的所有阶段。

周新生(2006)认为：按照一定的顺序或者秩序，在某种产品或服务的生产或提供过程中，将相关经济活动、经济主体、经济阶段和经济过程关联起来的结构，就是产业链。这是一种基于技术经济的链条，这个链条既可以是以某种产品或服务为核心的物质产品链条，还可以是以某种产品或服务相关联的技术制造链条，更可以是围绕生产该产品或服务形成的活动流程链条。无论是以哪种形式存在的链条，主要体现其中的价值增值和传递功能。针对低级产业链形态，产业链中的各企业知识因为产业的一些内在关系产生联系，本身并没有市场交易，而相互联系的频率较低，属于比较分散的形态；相对低级产业链形态，在高级的产业链中，各企业之间的关系属于战略关系，它们之间不仅存在较强的内在联系，还能体现战略功能：各个环节的核心业务合作，关键领域的紧密配合，使得其具有相对独立性，能够迅速应对市场变化。

贺轩和员智凯(2006)认为：产业链的本质是一种关系图谱。它表现为从最初的原始资源开始进入生产和流通领域中，由于价值的增加和产生，在产业链的中间环节形成相互联系。从链条发展延伸的方向，又可以把产业链按照横纵分为两条协作链：其中，横向协作链是指围绕核心产业的一系列附加和配套关系链；而纵向协作链是我们主流理解和接受的价值增值的产品或服务的产销链，这是产业链的核心结构，可以看成上游、中游和下游的关系。在社会中，同时存在许多的产业链，并且这些产业链之间可能是相互联系和相互交织的。通过这样复杂的连接关系，产业链形成了一个更大的产业网络形式。因此，一个社会中所拥有的产业数量越多，形成的产业链就越多，从而形成的产业网络就越复杂。因此，从这个范围来看，产业链实际上还可以根据其范围大小来划分为狭义的产业链和广义的产业链。其中，狭义的产业链表示：只是满足一种特定需求的产品生产或服务提供的这类企业的合作，其重点在于围绕这样一种需求的各自之间分工合作的实现。而广义的产业链表示：所生产的产品或提供的服务，不仅满足一种特定的需求，还涉及与之相关的产品、服务和产业，使之形成一个更大的有机协作体。

郑学益(2000)认为：产业链的形成，不是自发的，而是在该产业中，一些具有较好发展趋势且有核心技术和竞争力的优势企业以技术为联系，通过资金、信息等要素连接相关企业形成的链条，这样使得一些优势企业的竞争力转移到整体的产业链上，进而增加了竞争优势。

綦良群和胡乃祥(2012)从汽车产业链演化动因出发，重点分析汽车产业链演化过程，分析归纳影响汽车产业链演化的影响因素。以东北地区汽车产业为例，运用主成分回归分析方法对汽车产业链演化的影响因素进行实证检验。

连远强(2015)分析了产业链耦合创新联盟共生演化的基本条件，探讨了产业链创新联盟企业关系与共生演化稳定性，进而构建其共生演化模型，重点探讨了其共生演化均衡点的稳定性。

王伟(2017)通过基于文献的理论分析，借鉴国内外关于产业链的研究与实践，概括提出了产业链的五个维度，并对资源型产业链的概念、内涵做了进一步界定和阐述。

尽管很多学者对产业链的界定没有明确统一的标准，但这些描述中存在对产业链的共同认识点，本书也是从这些共同认识点入手，考察汽车后市场的产业链。通常我们认为：产业链中有许多的相关产业；产业链中包含若干类型的企业；产业链中企业之间的关系是上、下游关系；产业链提供满足用户需求的产品和需求；产业链是一条增值链。

在分析和对比现有研究者对产业链的论述后，本书根据产业链结构、产业链性质，将产业链的概念界定为：产业链是由同一产业或不同产业的企业构成的，以提供不同类型产品和服务为对象，以整个的投入产出为纽带，以创造价值增值为导向，以满足不同类型和层次的用户需求为目标，根据逻辑联系和时空布局形成的上下关联的动态的链式组织形式。

如果对产业链的内涵进行更详细地解读，可以从以下六个要点进行。

其一，构成产业链的最小单位是企业。因此，可以理解为构成产业链的企业可能来自相同产业，也可能来自不同产业。例如，在一些制造型企业，其本身属于第二产业，但其原材料来源于第一产业的产品，其在生产制造过程中，还可能会使用到第三产业的一些服务来完成生产过程。

其二，产业链的最终产物为满足特定需求的一系列同类型或者相关的产品或服务。也就是说，产业链的最终对象是产品。这里的产品，不仅指物化的产品，还可以是虚拟的产品或服务。

其三，产业链的纽带是投入和产出的关系。在纵向的产业链上，上一个产业的产品，同时也是下一个产业的原材料，因此以这样的投入和产出作为纽带，最终实现从最初的投入到最后的产出。

其四，产业链的导向是价值增值。这同时体现了满足最终用户需求的目标。产业链的投入和产出中，方向的选择是由于价值的增值。可以理解为，如果没有用户需求的价值，产业链的存在将没有市场。而在市场经济下，产业链是有价值的增值，因此才会有从一个产业流向下一个产业的趋势。这个流向直到满足了最终用户的需求，所有价值得以实现。

其五，产业链的过程包括生产和交易两部分。不同产业和不同企业，无论其在产业链中的分工如何，所扮演的角色是生产，还是交易，都是为了一致的目标而协作。在产业链内部，通过产业、企业间的生产和交易实现目标；在产业链外部，通过生产和交易，使价值到达用户。

其六，产业链的关联关系是两个空间的统一：时间的空间和区域的空间。时间的空间体现于，产业之间的联系会因为中间产品作为上、下游产业的中间物品而存在，这就必然需要时间生产产品并在产业链内部进行交易；区域的空间体现于，企业作为产业的集合，在产品传递过程中必然会产生地理上的联系。

2.1.4 关于产业链中的稳定性研究

通过前面的分析可知，在产业链内部和外部均存在生产与交易的环节。而在产业链内部的交易，不是人们在一般层面上界定的市场中的交易。这种交易的稳定性、长期性、前瞻性和全局性等是区别于一般市场交易的本质差异。实际上，这属于一种利益共享、风险共担的战略关联形式。这种联合与在产业链以外的企业关系不同，它们之间不仅存在交易，还存在合作与依赖。在这样的战略联合下，产业链功能变得更加健全，企业之间的连接牢固且紧密，能够降低交易成本，提高效率。产业链企业间战略联盟的长期稳定性，取决于合作企业之间的信任机制、利益调节机制和定价机制。研究认为，在这三种机制的共同促进下，产业链的企业之间不仅能够更加稳定地运行，还能够不断扩展和延伸。从系统论的视角来看，产业链的稳定指的是其在不断变化的市场中保持的动态的、开放的稳定，而非静态的、封闭的问题。实际上静态和封闭是不可能实现的，这只是一种绝对理想化的状态。产业链处于社会的变化之中，本身就需要其作为一个系统能够自发地调节产业链内部和外部的各因素，使其良好地运行。

如同企业与市场同时存在一样，产业链的存在介于企业和市场之间，又交织于企业和市场两个边界与概念中。产业链存在的意义在于，在这样一个形态下，能够比企业或者市场更加降低交易成本，使得效率能够得到最大限度的发挥。在短期，由于不能调整所有的要素，产业链中的企业只能通过对产量的调整来实现均衡和利润最大化。而在长期，若产业链中企业的边际收益低于边际成本，则将使得企业边际利润为零，企业将会面临是否继续生产或者退出市场的决定。这时，产业链可能就不是一个很好的选择了。边际收益与边际成本之于产业链中企业的关系，可以作为一个信号，让企业意识到对于组织形式的选择，或者说对于产业链的选择，这体现了产业链作为战略联盟的优越性。

"稳定"的概念如同"均衡"，都是借自物理学中的一种状态表述。静态稳定，实际上是指在一个物理系统中，控制其他所有因素，改变一个因素，进而观察由此产生的扰动性波动，是否会慢慢回到原始的平衡状态。具体来说，本书将稳定性界定为两个层次，即封闭系统和开发条件。

国内学者就产业链稳定性以及相关问题进行了较多视角的研究。梁浩和王渝(2001)主要着眼于对供需链稳定性的研究。在众多研究者对于产业链本质的分析中，主流的观点都认为产业链实际上是一种供求关系的体现。因此，在某种程度上可以把供需链稳定性的研究与产业链稳定性的研究产生关联并对比分析。孔令丞(2010)认为产业链的本质还是一种市场的机制。因此，产业链存在形式主要有两个功能：一是共生功能；二是互补功能。研究认为，当产业集聚时，各个相关产业之间将会在市场上形成共生和互补，从而推动市场实现均衡。应保胜和容芷君(2005)建立了一个线性模型用于分析供应链稳定。研究认为，供应链作为一种相关产业间关系的体现，通过流程化的链接，建立了供应关联。我们认为，对供应链的研究，实际上与研究垂直产业链所要回答的问题是一致的，因此可以将其结论用来分析产业链稳定性。研究认为，由于"牛鞭效应"的存在，市场的营销中由于增大了各个环节间的不确定性，所以降低了以市场作为纽带的稳定性。研究的结论是：通过扩大产业链下游的数量以及增加下游产业订货率，能够较好地减少"牛鞭效应"的影响，从而提高链条的稳定性。

孙国栋和王宁(2006)运用经济学的理性人假设和博弈论方法，得出了产业链稳定性问题的实质是对产业链中相关产业和企业之间利益分配的研究。若产业链中各产业或企业的利益分配相对公平合理，则会减小其中的不稳定因素。苑清敏和葛春景(2006)的研究对象为虚拟产业的产业链稳定。他们认为，针对虚拟产业的特点，由于其不可控因素很多，只能从可能影响稳定性的因素进行筛选和排查，并有针对性地对这些因素的减少或避免给出对应的措施和防范体系。防范体系包括对内防范体系和对外防范体系。其中，对内防范主要着眼于对产业链内部各个环节和成员之间的协作与整合；而对外防范主要着眼于产业链与外部市场环境的变化与适应的调整。他们试图通过建立防范体系，来减小虚拟产业链的不稳定因素。蔡小军等(2006)针对生态工业园的共生产业链，提出了园区产业链稳定的必要性条件和充分性条件。

任迎伟和胡国平(2008)以研究思想和方法的更新作为着眼点，采用共生理念，运用生物学中对细胞分化的描述，将经济体中产业链里相关产业企业的关联比喻成分化，即解构和重构；同时运用物理学的方法"串联和并联"，研究了产业链系统的两种耦合模式，并得出了增加产业链稳定性的解决方法。胡国平(2009)对产业链稳定性进行了系统的研究，把产业链稳定性问题研究分为三种类型和几个层次，即单一产业链条、相同产业的多链条、不同产业的多链条稳定，以及产业深化与融合等几个层次。

刘雷和崔兆杰(2009)的研究对象是循环经济中的产业链稳定性。他们采用量化距离函数模型，通过实证研究设计了循环经济产业链经济稳定性评价模型。于成学和武春友(2013)的研究对象为生态产业链。他们也运用共生的思想，设计和开发了在生态产业链中各种稳定影响因素的量表工具。张莹和龙文军(2016)从垂直产业链的角度，研究了我国羊绒产业链的稳定性问题。他们主要着眼于协作关系和协作行为，运用现有产业链稳定性学术成果对具体产业链发展提出了相应的对策建议。

综上所述，现有学术研究中，虽然总体来看对产业链进行研究的文献数量不少，但经过对比分析就会发现，目前的研究大多停留在对垂直产业链或者是产业园区聚集等形态的存在进行分析，真正对产业链整体和全貌的研究非常少，而有关产业链稳定机制的研究更少。

从严格意义上说，对"产业链稳定机制"做过较为详细论述的是蒋国俊，具体的论述参见蒋国俊和蒋明新(2004)的论文《产业链理论及其稳定机制研究》。其主要观点为：产业链可以通过一定的机制推动，实现稳定运行并扩大；长期的战略联盟体现于产业链中的优势产业和优势企业的协作；在长期，想要取得产业链和其战略联盟的稳定，根本上要做好各主体间的收益和利益平衡。虽然该研究对产业链理论是一个里程碑的研究，即产业链内部企业的视角，但是其对产业链条以及链条外的环境和其他经济关系没有做细致分析。本书对产业链稳定性的界定将在第4章进行介绍。

2.2　产业集群的形成机制与动力机制研究

研究汽车后市场产业集群竞争力的相关问题，必须首先明确产业集群的研究现状，这是一个绕不开的基本逻辑。在本节中，不仅梳理产业集群理论的研究现状，而且对产业集群的形成机制、动力机制和实现方式进行探讨，同时对产业集群的相关概念进行辨析。

2.2.1 产业集群理论的研究现状

1. 产业集群理论的主要来源

通过对现有相关文献的阅读和梳理，对产业集群理论进行归纳，主要包括三种理论：外部经济理论、集聚经济理论和新竞争优势理论。外部经济理论的提出者是马歇尔，他所讲的外部经济是企业集群有利于技能、信息、技术诀窍和新思想在集群内企业之间的传播与应用。关于集聚经济理论是由马克斯·韦伯首先提出的，他从聚集视角把产业链的区位因素分为两种，即区域因素和集聚因素。关于新竞争优势理论是由波特提出的，他以独特的视角，结合组织变革，对产业链中相关组织、产业竞争优势的形成以及价值进行分析，着眼于产业链中的价值链和经济效率的探索与分析。

2. 国内外学者对产业集群的不同界定

对产业集群的定义关乎对产业集群的深刻理解和研究。通过查阅相关文献发现，关于产业集群的定义，国内外有诸多学者对此给出过界定，但仍然没有一个主流的、统一的表述。现就国内外现有的产业集群的概念研究进行文献综述。

1）国外学者对产业集群的界定

Porter(1998)认为：在一个特定的区域范围中，由于存在区位优势的集中，一些有交互关系的企业，如产品供应商、服务供应商、辅助机构、工人联合会等形成一种经济聚集的现象。波特提出的著名的钻石模型指出，对产业集群来说，相关的支持产业很重要。在他提出产业集群以及两个种类——横向产业集群和纵向产业集群后，越来越多的研究者开始关注和研究产业集群的问题。从这个程度上说，波特的研究理论产生了巨大的影响。Harrison(1993)认为：产业集群像一种包含了信任关系的网，在这里面，信任这个桥梁使得相关企业得以相互促进和协作。Pyke 和 Sengenberge(1992)认为：以生产过程为核心，在一些地区会形成某个专门的产业内相关联的一些企业的地理位置上的聚集。Doeringer 和 Terkla(1990)则认为：产业集群是为了取得地区性的绩效相对优势，在一定区域内的相关产业或者企业之间的一种合作，主要以地理优势为主。Jacobs 和 de Man(1996)认为：产业集群不仅是一种横向的相关附加价值产业的聚集和一种垂直关系结合而成的聚集形态，还包括集群在形成过程中所涉及的一种空间的集群，技术的共同进步和运用，核心产业或竞争优势企业的中心作用，以及在集群中间各个企业之间交错相织的协同合作。通过对产业集群形成过程相关因素的研究，得出了一个结论：对产业链不需要有一个具体的定义，因为从形成它的各个因素和角度出发进行研究与界定都是有意义的。这是一个非常独特的观点，有其价值所在。Rosenfeld(1997)认为：在一定的地理区域内，由于存在信息沟通、物质交换、技术转移等便利条件，并且面对有同样文化背景的消费市场，以及同样特点的劳动力市场，区域内集合起来的相关产业能够共同应对危机、迎接挑战。在这样的区域内，小企业、支持产业、辅助机构的共同集中，形成了产业的聚集。这个定义着重强调了在基于地理位置聚集区域中的企业、产业和辅助机构相互的配合和互动，形成的动态集中现象。

这个强调表示，单纯地以地理集中形态形成的许多企业的联合，并不能称为产业聚集，因为它忽略了企业间这种互动和联系的关系，所以算不上产业聚集。Rosenfeld(1998)认为：产业集群的形成是一种彼此相互联系的空间网络聚集。在这种聚集的过程中，企业不仅可以在互动中相互学习、迅速变化、降低风险和交易成本，还可以获得新技术和新思想，能比较容易进入市场和退出市场，同时获得内部优势和外部优势，同时还可以扩展业务，建立比较稳定的客户、中介机构、知识生产和研发机构的研究所或大学，以及下游的联系。

在此基础上，许多研究者都认同一个观点，即产业集群可以有横向集群和纵向集群的概念，但不适合用一种统一的定义来赋予其意义。产业集群的定义，不仅要从其表面来表述基于地理空间聚集的一种特点，还需要从其内在的联系(如技术的转移和关联)来界定产业集群的存在实质。因此，波特在其著作《竞争论》(On Competition)中，对产业集群再次进行界定：在一个特定领域里，有一系列在地理空间上比较近，而在业务上又相互联系、相互交织从而链接起来的企业或机构。波特在这里指的地理空间的聚集，不仅是一个比较小范围的空间，还可以是一个城市、一个大的区域(如州)，甚至可以是一个国家或者邻国组成的聚集。

2) 国内学者对产业集群的定义

国内学者也结合我国的经济社会发展情况，对产业集群做了许多研究，因此相对应地也对产业集群进行过诸多定义。

曾忠禄(1997)认为：能够被定义为产业集群的企业，一定是某种特定产业，以及与其相关的和对其有支撑作用的产业在一定的区域范围上的集中。王冰和顾远飞(2002)认为：从知识管理的角度来看，产业集群的本质是适应日益变化的经济环境，从而运用知识创造、知识吸收、知识转移、知识共享对产业集群内的企业进行一定的组合，这样的一种机制是超越了理性人假定下的市场和科层。骆静和聂鸣(2002)认为：产业集群是一种比较完整的有上游、中游和下游结构的形态，这种形态的组成部分有企业和一些相关机构，它们在一定的空间中聚集。产业集群具有功能健全、体系完整、灵活性强等特点。朱英明(2003)认为：产业集群的本质是一种创新体系，它表示以国作为经济边界的情况正在缩小其权限。在后续研究中，他还提出，在一些特定的区域中，产业集群中的产业数量非常多，类型也非常多，相互之间联系很密切。陈云等(2004)认为：产业集群实质是一个具有竞争优势的整体。它具有系统性、相互作用、持续优势的特点，并且在一定的空间范围内由巨大数量的各种规模和类型的企业或者机构组成。陈弘(2009)认为：产业集群主要指的是两个类型的聚集，一种是相互间有关联的多个产业在一定的地理空间中聚集；另一种是一个产业内相互间有链接的企业在一定的空间中聚集，其本质是一种产业发展演变的地缘现象。龚双红(2006)认为：产业集群中的企业都在一定的区域范围内进行集中，这些企业的特点是既相互独立，又紧密关联，因此能够形成在一定区域内的企业之间紧密的协作网络体系。

王缉慈等(2010)认为：产业集群通过互动，能够与产业内和产业外的企业机构产生联系，使得产业链中的企业获得技术并降低交易成本，但这只是一个充分条件，而不是必要条件。黄志启(2010)认为：产业集群是指一些社群和一些经济体在比较相近的地理空间范围内的集。社群和经济体之间会相互活动、协作，并且能够以满足市场需求的一定产品和服务作为最终提供品。李林捷(2010)认为：产业集群是在不同产业中的一些企业，由于分工和协作产生的链接,主要在生产一种或者一类特定产品或服务的过程中,在相近的地域空间内形成的产业的集合链接系统。

赵炳新等(2016)认为产业集群是由产业间关联、机构间关系耦合而成的网络,是研究区域竞争力、增长和创新扩散的重要领域。集群构成要素间的关系结构是产业集群研究的关键内容。

严含和葛伟民(2017)区别了产业集聚和产业集群,认为产业集群是指在特定区域中,具有竞争与合作关系,且在地理上集中,有交互关联性的企业、专业化供应商、服务供应商、金融机构、相关产业的厂商及其他相关机构等组成的群体。

以上就是我国近年来对产业集群进行的研究,以及各研究者给出的不同定义。

2.2.2 产业集群的形成机制

对于产业集群的形成机制研究,主要着眼于其形成的本质、内外作用机制,以及发展的演进阶段。

对于产业集群形成的本质问题的认识,大多数研究者都认同使产业发生聚集的最主要原因在于:产业集群能够产生规模经济效应、范围经济效应、外部经济效应,并且能够通过相互作用促进和提升其各个经济效应。规模经济效应,不仅使得产业中的企业通过地理空间上的聚集产生稳定的关联,而且使得其产量的增加速度大于成本的增加速度,从而在不完全竞争条件下,产生产业竞争优势;范围经济效应,使得通过聚集和区域协调,产业内的企业能在一定的空间范围内进行经济生产活动,有助于其扩大生产成本优势、区域营销优势和国内外的市场竞争优势;外部经济效应,使得聚集企业从根本上改变了产业生命周期,提高了产业集群的核心竞争力。在这三者的分别作用和共同作用下,产业集群得以形成。

从更加宏观的层面来看,产业集群形成可以分为内、外两种环境共同作用的结果。以上讨论的产业集群形成的本质,实质上都是集群形成之前和形成过程中,参与集群的各个企业考虑的内在因素。产业集群形成的内在因素由外部协调能力、内部协调能力和企业自身核心能力构成。当有了内在形成与合作的动机后,外部环境与制度就是对产业集群形成的最重要的保障。鼓励创新的文化氛围、有利于产业聚集和发展的各项政策措施,都能够促进或者减慢产业聚集的程度和速度。

从企业集群发展演进阶段的文献梳理可以观察到,有三个流派主要描述了产业集群的演进和更替,即以马歇尔为代表的外部经济理论、以韦伯为代表的聚集经济理论和以波特为代表的新竞争经济理论。针对产业集群的孕育形成、成长扩散、更替等演进阶段,这三个流派都从不同视角进行了介绍和解释。

我国研究者对产业集群形成的研究主要归纳为两种观点:其一,产业集群的形成与生态有关;其二,产业集群的形成与社会关系网络有关。针对第一种观点,研究者提出,在中国传统历史文化和几千年的文化积淀下,随着以"血缘、地缘、亲缘"为纽带的网络,以及处于传统中庸谦卑的儒家文化环境,产业集群使得企业之间的聚集容易形成。随着经济全球化进程的推进,产业发展不仅更加注重生态的因素,也更加注重发展规律的内在趋势动力。针对第二种观点，主要以一些台湾学者为代表，他们认为，台湾中小企业的发展基础，都是由于其紧密的产业网络和社会网络关系。

产业集群的形成与经济的开放程度有着密切的联系。一般来说，产业集群的成功需要具备三个条件，分别是产业内资本的快速集中、市场的充分供给和激励产业集群形成的政策制度。在我国的一些地区，例如，浙江省一些手工行业的小企业集群形成。在欧洲一些国家和地区，例如，丹麦、芬兰的家具产业集群，也是在这三个条件的基础上，更加强调学习能力与创新，并通过全球化的资本流动与资源流动，形成关键性竞争要素。

2.2.3 产业集群发展的动力机制和实现方式

产业集群在形成后，需要一定的动力机制促进产业集群的发展和升级。Meyer-Stamer(1998)、Bell和Albu(1999)指出，产业集群的发展与稳定的技术创新、合作竞争以及知识共享息息相关。只有在这样的动力基础下，才能够实现产业集群的发展。有学者在对产业集群发展的研究中指出，有四种动力能够促进产业集群的发展，分别是专业化、多样化、知识溢出、整合能力。还有学者对产业集群发展的动力机制进行了多年研究，其认为产业集群发展的动力实际上可以由一个正反馈系统来表示，主要包含产业优势、行业屏障、企业孵化、文化资本的共同作用。另外，有人认为产业集群的发展动力源于社会、政治、经济和文化制度四个方面的因素，在这四个方面的制度作用下，形成了不同的产业集群及其方式。Brenner和Greif(2003)利用自组织理论对产业集群的动力机制进行了研究，并得出了相应结论。

产业集群，作为介于市场和企业之间的一种形式，其发展和稳定的实现也有别于市场和企业。在市场中，价格是唯一的信号，通过价格能够实现供求均衡，能够同时满足产品市场和生产要素市场的出清；在企业中，科层管理和控制是其实现发展和稳定的重要手段，组织通过计划、组织、控制等职能实现生产决策和管理决策。产业集群由于介于市场和企业之间，其发展和稳定也在一个动态的变化过程中。

产业集群的产生主要因其内部发展以及适应外部竞争的需要，但其形成、发展和稳定，则离不开集群企业内部的自我强化和所处环境的政策措施。由于文化、环境、制度的同质性因素，在一些地区容易形成一些规模较小的相关企业聚集。而聚集达到一定规模后，就会产生集群效应。集群效应使得产业集群具有吸收功能、集合功能、扩展功能和自组织功能。这4种功能能够促进产业集群中产业链的延伸、产业集群扩大、产业集群的自我发展、企业衍生方面的良性可持续发展。

在产业集群的发展过程中，企业与企业之间的合作机制，属于产业集群内部治理机制。这种机制突破了企业边界，利用企业之间的生产关联影响集群企业和集群组织整体，并不断优化和完善。威廉姆森针对市场治理、三边治理和专用性治理提出了对应的关系型缔约活动。在产业集群的企业中，由于其相互之间地理位置靠近，并且在长期都能实现较为稳定的交易关系，因此可以认定为集群内部资产的专用性。在这个分类框架下，根据集群内部资产专用性的强度大小，可以确定治理的参与方、治理程序和治理的约定时间。针对专用性强的资产，通常采用以信任为基础的非正式化等契约，来强调长期协作和实行双边治理。这种以信任为基础的契约，表现为一种框架式约定，并非完全按照法律程序和规章严格要求交易和合作中的每个环节，因此也降低了交易成本。这种非正式契约的形式，有助于建立产业集群良好融洽的合作文化，有利于形成竞争合力。这样就使得产业集群的整体目标和集群企业的个体目标达成一致，相互之间能通过竞争与合作实现风险共担、利益共享。长期的合作机制有助于抑制企业为了获取利益的眼前行为，从而规避掉因信息不对称造成的博弈损失。通过良好的激励和约束机制，强化实现鼓励合作与协调、建立信任和信誉的基本环境。

另外，在产业集群发展的动力机制中，还要考虑机会成本因素。集群中的企业是否选择合作，不仅要看其个体目标与集群整体目标是否一致，其个体决策的一个关键点还在于机会成本的计算。对一个微观集群企业来说，其是否选择合作的机会成本可以用产业集群剩余[①]来度量。如果产业集群的剩余越大，集群屏障越大，企业机会成本也相对越高，所以此时企业会选择合作、不违约，以最大化自己的私人价值。这样的结果同时导致了产业集群稳定性的增强。

可见，产业集群的发展动力，源于其成本优势、规模优势和范围优势。产业集群的实现路径为通过建立非正式的契约机制，以及扩大产业集群剩余，来增强集群稳定性，促进集群的发展。

2.2.4 产业集群及其相关概念辨析

1. 产业集群和产业集聚的联系与区别

产业集聚作为产业集群在形式上最为接近的一个概念，是比较容易与产业集群相混淆的。产业集聚是指，在一定的地理空间范围内，形成的产业集中的现象。它可以是相同产业的不同企业，也可以是相关产业及其企业，还可以是不同的产业，但由于其有交织性而聚集。产业集群是指，在专业化分工的基础上形成的有上下游紧密联系的垂直产业链接，或者是相似度很高的同类产品服务提供的水平产业链接，这些产业及其企业都聚集在一定的空间范围内，是一种柔性集聚。

从产业集聚和产业集群的概念的界定可知，产业集群更加柔性化，所包含的内容更多，不仅体现于表面上的聚集，还有内在的聚集；相反，产业集聚只是表示在空间上形成的集聚，并不强调和要求它们内在是否形成联系。除此之外，这两个概念的区别还表现为在集聚过程、集聚动力、创新网络、知识共享、发展层次等方面的差异。

在这样的对比下，可以更进一步阐述产业集群的核心要求：柔性聚集。这种柔性，是与"刚性"概念相区别的，主要代表产业间由于相互联系和合作形成的一种适应市场变化进而快速响应的能力；也可以认为是，产业间相互的动态链接，使之获得了快速变化的能力。产业集群中的这种柔性聚集体现在以下三点：①劳动力供给的柔性及其使用机制的柔性。劳动力供给的柔性给产业集群带来了迅速调整要素供给的可能，从而能够在较短时间

---

① 产业集群剩余是表示企业加入产业集群后的利润与加入之前的利润差，即表示在产业集群中它得到的由于集群产生的经济外部性有多少。

内优化生产、降低成本、扩大产能、增加利润。特别是对于一些知识型员工、高技能人才和专业技术人员，这样的供给柔性给企业带来了创新和迅速的调整基础。针对劳动力使用机制的柔性，体现于制度上的开放，破除了流动性障碍，使得劳动力的流动、信息的流动都大大提高，从而减少了劳动力获取的信息成本和交易成本，缩短了竞争时长。②企业之间的关联柔性。企业之间的关联柔性使得学习型企业的概念扩展到学习型产业。关联的柔性，使在产业集群中的相关产业、企业相互之间有更加良好的分工和互补，不断有学习和交流，促进了创新和知识共享，使得关联产生价值。③产业链中企业的管理柔性。企业的管理柔性包括两个方面：生产管理的柔性和经营管理的柔性。这使得企业能够在面对不同消费者和不同需求时，调整生产、改进技术和提高效率，同时还能够优化和简化管理层级，控制管理幅度，使得管理能更好地为企业的最终产品服务，减少管理中的低效率和摩擦。

2. 产业集群和工业园区的联系与区别

与产业集聚相比，工业园区也是一个描述在地理空间上比较接近的聚集概念。关于工业园区的定义，实际上还存在一些不同的观点，目前还没有形成一种唯一的描述。以蔡宁和杨闩柱(2003)为代表的研究者认为：工业园区是指在地区或国家层面上，通过行政手段，结合市场特点，在一个划定的可大可小的空间范围中，根据所处地区经济和社会发展的要求与现状，形成的一种产业的聚集。通过行政手段，政府将这些产业进行结构上的优化、层次上和功能上的完善，并且有一定的地区经济特点。然而，以程玉鸿等(2003)为代表的研究者认为：工业园区是指当地政府因其区域的社会经济特点和比较优势，通过建立有吸引力的制度和政策，集中建立好相应的基础设施，通过引导的方式，将相关的产业和企业安排或配置到一定空间范围内，使之能够相互产生联系并服务于地方经济发展的一种方式。

这两种主流的关于工业园区的定义，侧重点和采取的手段不完全一致，但一般来说，人们都认为工业园区是一种产业集群的实现形式，原因有以下几个方面。

(1) 工业园区的建设通常由政府主导。工业园区的形成，本身有一定的市场基础和产业间的相互联系，但由于政府在政策制定和经济调控的过程中，能够通过一些手段和措施刺激或者限制产业的发展，因此在工业园区的发起、建成中，政府通常是一个主要的力量。它可以通过扶持、补贴、税收等政策间接引导，还可以由政府直接主导和安排，使得工业园区顺利建成。

(2) 工业园区不一定形成企业的协同演化合作。由政府主导形成的工业园区，在一定程度上是有市场基础的。但仅有基础还不够，如何通过已经聚集在一起的企业进行协作和互动，通过创新产生新的价值，是工业园区的发展瓶颈。简单的聚集，并不一定能产生良性的互动和演化，往往在工业园区中形成简单的产业叠加，而非产业融合，因此在工业园区中，并不一定能够有较好的协同效果。

(3) 工业园区间企业的关系不一定基于一定的分工机制。实际上，在产业集群中，由于企业存在产业链的分工，从而能够产生分工与合作、依存与信任，即便没有行政命令或要求，企业相互之间建立的契约也能够满足较好的协作。但在工业园区中，仅仅是因为一些便利的政策和措施,使得一些产业或企业在此之外的其他地方生产会具有更高的生产成本、信息获取成本、交易成本等,除此之外,并不是因为在园区中其他企业与之有多么大的依存性,所以工业园区中可能并不存在分工这一现象。

(4)工业园区中的企业不一定具有内在的关联性。由第三方面的分析可知,工业园区中的产业不一定存在产业链上的分工,因此企业与企业之间将相对独立。集群效应并不会因为简单的产业叠加而产生。

综上所述,虽然普遍认为工业园区是产业集群的一种表现形式,但产业集群的定义远大于工业园区,有的上下游产业根本不可能由于行政命令或者政策吸引,而全部搬迁到一个聚合的空间范围内。因此,需要明确产业集群和工业园区之间,既有联系,又有区别,并且产业集群不只是有工业园区这一种形式。

3. 产业集群、战略联盟、虚拟组织的联系和区别

从本质上来说,产业集群突破传统企业边界,又可发展为介于市场之间的各种存在形式,其主要目的是赢得合作与竞争。而在各种形式中,产业集群、战略联盟、虚拟组织这三种形式是目前最有效也最常见的模式。这三种模式既有联系,又有区别。

战略联盟,也称为企业联盟、准一体化、非标准商业市场合同等,最早是由美国 DEC 公司首席执行官 Hopland 提出的。战略联盟是为了实现约定的共同利益或达到共同目标,而进行的一种合作。这种合作主要通过长期的契约式的协议,将风险、利益、优势、分工、市场、资源等通过约定的方式进行合作。相互之间的经营是独立的,但在约定合作方面是一种合谋的整体行动。这样的结果可以使得契约双方在共同市场中,共担风险、共享利益。战略联盟的本质是一种竞争合作,对内既有相对独立的竞争,对外也有比较稳定的合作。这种竞争合作,不是永久不变的,也不是全面的。进行战略联盟的企业,可以在某些领域进行合作,或者某个项目进行合作,但在约定的领域或项目的合作一旦完成后,达到了约定的目标,这种合作关系将会解散,随之它们又变成完全的竞争关系,甚至可能和其他的竞争企业在某些方面又形成新的战略联盟。

虚拟组织的概念最早是在 1993 年的《商业周刊》上出现的。虚拟组织是一种新型的组织形式,突破了一个组织内部结构和成员的局限,在组织及其外部寻找和联合其他实体,为迅速利用外部资源实现一定的目标而形成的一种非固定化和非系统化的形态。在开放的条件下,这种组织形态能够较快整合合作伙伴,形成独特的竞争优势。在实现手段上,这种组织形态主要利用现代电子信息技术和互联网的发展,使得遍布全球的伙伴可以参与其中共同合作。

通过对战略联盟和虚拟组织的定义可以看出,相对于产业集群,这两者各有优势,各有特点,但仍然存在一些区别。

首先,战略联盟虽在竞争与合作上有比较清楚的界定,但由于其合作框架要以实现约定好的契约为基础,这就不可避免地出现了灵活性不足的缺点。同时,虚拟组织的形成和解散非常迅速,在能够快速适应市场、响应市场的前提下,还表现出稳定性较差的特点。相对来说,产业集群在以上两点,都与其不同。产业集群是其内部产业和企业在市场基础下进行的动态竞争与合作,不因契约而存在,也不因契约而受约束;另外,产业集群内正

因为存在动态的竞争与合作,才使得其在适应市场变化的同时,产业集群内企业同步发展变化,而非变化后破裂或断裂其内在联系。

其次,由于存在信息流动、成本的考虑,战略联盟若要长期进行合作,需要较高的运作成本,而虚拟组织在信息的传递流动过程中,也会存在因竞争合作的不确定造成的信息交易成本。产业集群在信息流动和成本这两个因素中,能够较好地克服战略联盟和虚拟组织的缺点,长期能够实现较低的成本。

2.3 竞争力与产业集群竞争力理论的研究现状

本节主要分析竞争力的研究现状、产业集群竞争力的理论渊源,并在此基础上对产业集群竞争力的研究成果进行综述。

2.3.1 关于竞争力的研究现状

竞争力是近 20 年来才出现的流行词语,一直是工业化国家政策决策者所关注的。欧洲联盟在 2000 年表示其发展目标是:世界上最有竞争力和活力的知识经济体。在这样的经济体内,人们可以有更好的社会环境、工作福利,能够实现更大的竞争和稳定。许多发达国家也认同:国家的发展就像企业,越来越多地参与到全球化市场的竞争中来。因此,波特的国家竞争优势理论也随着经济全球化、产业链竞争力的发展而迅速推广。

在微观层面,竞争力是指一个企业在市场上竞争、成长和盈利的能力,涵盖三个维度的含义,即竞争绩效、竞争潜力和竞争过程[①]。这三个方面每个维度都能够描述竞争力中的一些特点,但只有综合考虑三方面,才能客观、全面地对竞争力进行描述。

在宏观层面,竞争力的概念更加广泛,没有一个统一的指标。1984 年,欧洲管理论坛对企业竞争力进行了界定。也就是说,在 30 多年前,企业竞争力就被视为在世界市场上进行竞争的概念,生产要素的获得需跨越国界,产品面向的则是全球。因此,Buckley 和 Casson(1988)提出,这使得企业竞争力从一个微观的层面,转向了更加广阔的地区层面、国家层面。从博弈论的层面来看,这也使得地区与地区、国家与国家之间的博弈成为一种零和博弈,即非此即彼的赢得竞争。因此,波特提出了国家竞争力的概念:在国家层面,应该是和企业的发展相一致的方向,国家与企业共生、共谋,企业的竞争力和国家的竞争力都集中体现为生产率和生产能力。竞争力的双重身份使得它不仅从微观层面促进企业更加持续发展赢得优势,还要使企业作为国家的竞争力,能够为国家经济、国民的生活改善带来显著性成效,提高国民经济的同时,产生社会责任。表 2-1 给出了全球竞争力报告指标。

---

① 竞争绩效,关注绩效表现的能力,描述运营结果;竞争潜力,关注竞争优势的产生和维护,描述投入运营;竞争过程,关注管理决策和方式的过程,描述营运的管理。

表 2-1 全球竞争力报告指标

竞争要求	内容	经济驱动类型
基本要求	(1) 制度 (2) 基础设施 (3) 宏观经济环境 (4) 健康和基础教育	要素驱动
效率提升要素	(5) 高等教育和培训 (6) 商品市场效率 (7) 劳动市场效率 (8) 金融市场发展 (9) 技术准备 (10) 市场规模	效率驱动
创新和成熟度要素	(11) 商业成熟度 (12) 创新	创新驱动

资料来源：The Global Competitiveness Report(2010—2011)，2010。

无论是微观层面，还是宏观层面，竞争力的共同点都是优化产业结构。产业的发展，在企业内部的优化体现为企业边界的调整，以及上下游企业的关联；在国家层面，不仅体现为跨企业、跨地区、跨国界的要素流动和需求改变，还体现为产业从更加根本的源头上进行重组、融合。因此，竞争力的形成过程实际上是微观企业和宏观区域选择以共生的方式进行经济增长，选择以劳动分工程度、市场竞争程度进行产业结构的优化，选择能够提升产业租金的行业开展生产。竞争力形成的结果是，既能促进企业和国家的比较优势，提高经济活动的效率，又能提高国民的生活水平，稳定社会秩序。

产业链的经济活动的本质是作为产业活动的一种分工形式与协作模式，能够提高产业链整体效率和竞争力。因此，对于一个区域，产业链是一个不断调整的动态流程。过程的实现，主要有两个方面的活动通过协同作用促进竞争力形成。其一，恰当选择具有比较优势、有利于产业间形成知识转移、共享、转化和创造的产业活动，通过其本身的链接和分工，形成产业链租金；其二，通过对产业链治理模式的优化和更新，发挥竞争市场的效率，实现租金收入。

产业链竞争(industrial chain competition)是一种更高级的、适应社会变革的、整合性竞争形式的体现。产业链竞争是非静态行为，体现出不断变化，在变化中获得均衡的行为。产业链的竞争体现于其分工，其本质是从各方面进行改变和革新，包括生产方式、效率、供求、模式等，通过分工实现扩大市场份额。从竞争策略来说，产业链竞争的主要目标是保持经济规模扩大和利润更加快速增长。从实现方式来说，产业链竞争主要是以产业分工的结构融合为切入点，以改变市场交易结构为目的。

从 20 世纪 90 年代开始，各国经济全球化进程加速，使得生产要素在全世界流动而造成全球化生产。随着各国产品市场的开放和自由贸易政策的深入，在世界范围内，产业的分工与合作开始深入推进，国家与国家之间、地区与地区之间的联系更加紧密。在这样相互依存的经济条件下,产业的边界开始扩大,地区的界限日趋模糊。在本质上,随着全球化进程,产业在世界范围内的分工体现为其在有比较优势的方面,能够使产业中的一些关键环节发生转移,从而使其能够更加具备经济规模上和市场范围的竞争力。

2.3.2 产业集群竞争力的理论渊源

1. 经济学机理

对产业集群竞争力的研究,首先应该从经济学研究视角和发展来论述。国内外研究者对产业集群的竞争优势就其经济学机理进行了大量研究。

Storper(1995)通过 5 年的实证研究发现:产业集群由于其内部企业的分工、合作,从而形成了专业化的生产协作网络,使得集群有较强的竞争优势。经济学家 Krugman(1995)从规模报酬的角度认识到:当生产活动在地理空间上逐步发展演化时,它最终将在一定区域中进行聚集,同时内部产生分工与合作,从而获得利益,实现规模报酬递增,形成产业集群的竞争优势。Meyer-Stamer(2000)的研究结果是:通过产业集群,可以使集群中的产业和企业通过区域合作形成一种创新的氛围,这种创新氛围将有利于知识和技术的转移与共享,从而形成创新能力,这为产业集群的竞争优势提供了来源。Barkley 和 Henry(2001)主要从外部经济角度论述了产业集群竞争力的形成过程。他们认为,产业集群可以带来外部规模经济、外部范围经济,从而能够促进各项竞争优势的形成,如生产成本的节约、交易费用的降低、基于信任的社会制度建立、企业间知识和技术的传播、交流与扩散等。

刘恒江和陈继祥(2004a)认为:关于产业集群竞争优势的产生和积累,在许多经济学家的理论中都进行过研究,如韦伯的区位理论、马歇尔的产业区论述、波特的集群学派等。魏守华(2002)从四个方面对产业集群竞争优势的来源进行了实证研究:在外部经济机制、合作机制、技术创新和扩散机制、文化机制这四个方面的作用下,产业集群具有低成本优势、分工优势、市场优势、技术优势四类竞争优势。张辉(2006,2005)从效用和外部性方面论述了产业集群竞争力的内在经济机理:对于获取正面的市场竞争优势,可利用学习效用和资源比较优势;对于规避负面的市场效应,可以通过采取治理负外部性的方法,如直接管制或以市场为基础的税收、许可证等方式进行。

在经济学的视角中,可以从市场的特点及其治理方式来认识产业集群的形成及其竞争优势。产业集群是一个复杂的系统,若用经济学理论解释产业集群竞争力的形成和来源,则不够全面。对于产业集群竞争力的理解,还需要从其他学科和视角来研究与分析。

2. 系统科学机理

系统科学是研究个体与整体、结构与功能之间关系的科学,主要揭示其复杂的演化规律。针对产业集群这个复杂的系统,从经济学视角来研究其竞争优势还不能比较全面地掌握点与面的关系,因此国内外学者也广泛使用系统科学的方法对产业集群竞争力进行研究。系统科学主要强调整体,以及部分与整体的关系。因此,Chiles 和 Meyer(2001)、Brenner 和 Greif(2003)等系统科学家认为,产业集群竞争力与三个因素有关,即形成因素、各种因素之间的相互作用以及各种因素的功能发挥，也就是说，三个因素的共同作用形成竞争优势，然而，比这三个因素更加重要的是，从整体层面上看到的产业集群的整体运行情况。如果整体运行情况不好，那么这三个因素的影响也会减小。Brenner 和 Greif(2003)、刘恒江和陈继祥(2004a)都提出，若离开了产业集群这个整体，集群内部成员的竞争力将大大减弱。Brenner 和 Greif(2003)从规模报酬递增的视角来研究产业集群竞争力的系统科学特点，他们认为，从系统科学的角度来看，产业集群竞争力的产生是由于产业集群的整体运行呈现出涌现性。在产业集群内部规模效应和结构效应的作用下，在集群的发展中，整体所创造的价值要大于单个主体创造的价值的简单叠加，即出现了规模经济的现象；另外，作为集群整体来占领市场、对抗风险，其产生的能力远大于单独企业自身运行得到的能力。因此，在竞争中，将会是集群取得竞争的优势。

我国学者同样从系统科学的视角研究了产业集群竞争力的形成。刘恒江和陈继祥(2004b)通过实证分析研究了浙江民营企业产业集群。这些集群中的企业和相关机构，由于内在的稳定的联系，形成了有机、动态的整体，朝着共同的目标一起发展，使得其具有超强的自组织能力、自增强能力和自适应能力。

2.3.3 产业集群竞争力的研究成果综述

1. 国外产业集群竞争力理论的研究成果综述

国外学者对产业集群理论的研究思想，起源于新古典经济学代表人物亚当·斯密。产业集群竞争力本身按照经济学的比较优势原理，在专业化分工的要求下，生产自己最具有优势的产品和服务，并通过自由贸易进行两两交换。交换的结果是贸易双方都得到好处，不仅提高了贸易双方的劳动生产效率，还提高了社会总产量。最终在多方交易的情况下，资源合理流动，使得效率提高。

英国著名经济学家马歇尔对产业的区域聚集因素进行分析，发现主要是三个要素的影响：劳动力市场共享环境、中间产品投入情况、产业技术的外溢程度。马歇尔指出，企业的竞争性生产与市场上其他活动是相互影响、相互促进的。一方面，表现为企业被市场引导；另一方面，众多企业的活动还对市场产生影响。因此，在专业化分工、企业间协作、劳动力市场、地区基础设施等方面，都能够使其逐渐聚集趋势，形成产业集群参与市场竞争。

德国经济学家韦伯提出了聚集经济(agglomeration economics)的概念。韦伯在工业区位论中使用大量篇幅分析了其形成，并对聚集经济类型、生产优势做了较为详细的分析。他提出了产业集群产生的一个主要原因在于产业的开发成本。若开发成本较低，则更加容易出现产业集群。反之，较高的开发成本不利于产业集群的形成。

德国经济地理学家克里斯塔勒在杜能的农业区位论和韦伯的工业区位论基础上提出了中心地理论。该理论对区域规划和城市规划产生了重大影响，因此使得以城市为中心的一种聚集现象开始出现并迅速扩散和发展到世界各地。

美国经济学家克鲁格曼也为产业集群理论做出了巨大的贡献。他使用规模收益递增理论揭示了通过贸易的发展，最终形成聚集经济的观点。克鲁格曼在其工业集聚模型中假设：在有两个地区、进行两种生产活动的模型下，由于影响经济的各种要素进行作用，通过实证的方法可以分析得到工业产业的聚集是一个必然发生的结果。在此基础上，克鲁格曼还提出了垄断竞争模型。该模型是指在传统经济地理学理论的基础上，在自组织、规模收益等因素的影响下，运输成本的高低以及制造业的规模对于产业的聚集形成有正向影响。由此得到的结论是：若产业集群规模越小，相对来说，企业的成本就会越高，从而会减弱产业集群的竞争力；反之，则能增大竞争力。

在诸多经济学家对产业集群竞争力研究的基础上，波特提出了国家竞争优势理论。波特认为经济全球化导致了在一定地理空间内的产业集聚，并对影响产业集聚的三种最重要的因素进行了分析论证，分别是企业生产力、创新的方向和速度、新企业建立。其中强调需求条件、关联与支持性产业、因子条件、企业竞争与战略密切配合重要性的"钻石理论"模型在理论界掀起一股研究产业集群及其竞争力的高潮，被认为是战略管理的重要成果。这一"三部曲"的研究方法，在世界范围内让人们对产业集群的认识更加深入。

2. 国内产业集群竞争力理论的研究成果综述

随着中国经济的全球化发展和自由贸易的日渐推进，国内学者对产业集群的研究也从1990年左右开始引起重视。早期仍然是以介绍国外产业集群及其竞争力理论为主，后来我国学者才对与国内产业实践相关的研究开始不断深入，并不断修正对我国本土化的产业集群理论的认识。

仇保兴(1999)认为：小型企业的集群，是介于市场和层级之间的一种形式，既有市场的灵活，又有层级的稳定。集群成员相互独立，但又分工合作。在这样的关联下，能够在小企业之间建立起比较长远的合作关系和较为稳定的贸易往来，可利用信任机制代替契约机制。王缉慈(2001)对产业集群空间的集聚优势进行了比较详细的说明。熊军(2012)认为：在创新压力机制、互补机制、交易费用机制的动力作用下，形成了产业集群的竞争力。魏守华(2002)认为：产业集群的竞争优势包括两个方面，一是直接的经济因素，包括成本优势、产品差异化、市场集中度等；二是非直接的经济因素，包括区域的创新能力。符正平(2002)认为：产业集群的形成是一种动态网络外部化进程。蔡宁和吴结兵(2002)认为：产业集群通过三种能力的共同作用形成竞争力：对资源的整合能力、创新创造能力、所拥有的初始资源能力。陈剑峰(2005)认为：从知识管理视角来看，产业集群的不可被模仿的竞争力主要源于作为知识载体的产业集群的黏合性。

在对产业集群竞争力评价的研究方面，我国研究者也有较多的研究成果。刘善庆等(2005)、王海平(2009)等使用层次分析法对建立的产业集群竞争力的评价指标体系进行定量实证研究。颜炳祥(2008)则采用AHP模糊评价法，建立、评价和比较不同地区的汽车产业集群的竞争力。王婉珍(2008)采用嵌入理论研究产业集群竞争力的评价指标体系。李文博(2009)使用网络分析法对产业集群竞争力进行研究，创新性地提出了指标非线性组合关系的多属性综合评价决策模型与算法，并将其研究结果应用于实践，取得了较好的效果。

在产业集群竞争力的理论与实践结合方面，部分学者也做了许多研究，并有许多应用型研究成果。王珍珍和陈桦(2008)针对我国产业集群的特点，提出并构建了以波特钻石模型为基础的"双钻石模型",他们的研究视角来源于全球价值链。徐顽强等(2009)就武汉光电子产业集群、高山和王静梅(2009)就江苏医药产业集群、吴思静和赵顺龙(2010)就高新技术产业集群,分别进行了有针对性的产业集群竞争力、产业集群的可持续发展、竞争力提升对策、竞争力提升的关键因素和关键环节、竞争力提升中政府的角色和职能等研究。喻春光和刘友金(2008)又在 GEM 模型的基础上提出了 GEMN 模型。

刘殿兰(2013)分析了广州汽车产业集群的空间格局与经济效益,并构建 AHP 模型对广州汽车产业集群竞争力进行实证研究。

陈险峰(2014)探讨了产业集群竞争力整个评价环节中的指标遴选问题。他借助 Delphi 问卷获取了指标筛选的基础数据,并借助模糊隶属度、差异性分析、相关性分析、信度与效度检验、稳定性与贴近度等技术指标得到了较为合理的评价指标体系。他认为产业集群竞争力的一级评价指标由经济竞争力、集聚竞争力、环境竞争力构成。

综上可知,国内外研究者对产业集群竞争力做了大量的研究,使得产业集群竞争力理论的结构越来越系统化,与此同时,也取得了许多应用性成果。但总体来说,研究都呈现出一种"理论丛林"的趋势,没有形成具有一般性的理论基础和支撑。针对国内的研究结果,仍然存在定量研究不足的情况。特别是理论研究与实践的滞后程度,严重影响了理论用于指导实践的先进性。

2.4 产业链稳定性与产业集群竞争力的相关性研究

产业链的形成是产业集群竞争优势的作用结果,产业集群又是在产业链的基础上发展变化的。两者的高度相关对社会经济的发展具有深刻的影响,并且社会经济的发展又能推动产业链、产业集群的螺旋式上升。

2.4.1 产业集群与产业链的相关关系

产业集群和产业链是比较接近的一组概念,但其本质是完全不同的。从定义上来看,产业集群是指在一定的地理空间范围内,关联紧密的许多企业和相关产业、其他机构聚集在一起,通过专业化分工与合作,形成一个整体的生产力和具有聚集地优势的一种组织体系。产业集群具有地理空间集聚、关联共生、柔韧专精性、合作网络、社会根植、区域创新 6 个特性。而产业链是指,由于存在产业内的上下游的联系,以及相关配套产业或机构,而形成的有关联、配套紧密的产业之间的链条。在这样的关联链条上,企业都有各自的角色,并发挥各自应有的作用。但在产业链中,有的企业是核心企业,起主导作用;而另外一些企业则是围绕核心企业服务的。

从地理位置和聚集程度来看,产业集群中的企业和产业,在地理空间上都比较靠近或者尽可能靠近,产业集群中的企业会形成多种、多条的关联链条。有的是横向的同类企业,有的是纵向的上下游关系企业。而产业链对地理空间的要求没有产业集群高。产业链中的企业可以是相对集中的,也可能是相对分散的。一般的产业链指的是一条有上下游关系的产业关联链条，而产业集群中可能会有一条或者若干条产业链，也可能没有完整的一条产业链。

从关联的紧密程度来看，两者差异也很大。虽然产业集群中可能有一条或者若干条产业链，但也可能在产业集群的内部并没有形成一条完整的产业链。产业集群有可能是产业链的一些片段的集合，从规模上看，企业数量较多，集合起来的实力较大。而产业链中各企业间存在着紧密的联系。在不同层次上拥有若干企业，并且企业之间由于上下游关系或辅助关系而紧密结合在一起。另外，若产业链的其中一些部分由于在空间上分别聚集起来了，还可以形成不同级别的产业集群。

综合论述产业集群和产业链的联系与区别及其形成路径，胡国平(2009)概括如下：在发展初期，企业存在成本优势、产品差异等原因使得其自身在生产阶段处于迅速扩张阶段；但当企业发展速度减缓，并面临激烈竞争的市场环境时，在综合考虑产量和成本的情况下，企业会开始考虑与外部市场相结合开展竞争力的提升，企业会将自己不擅长或成本较高、没有核心关键技术的部分工作外包或出售，使自己专攻于核心领域。若刚好这些外包服务在该企业周围的空间范围里，或者因为外包使得负责外包的企业聚集到了核心企业周围，那么随着多方合作的越来越深入，体现为从第一个原料采购环节到最终产品和服务制造出来这一整个过程中都有企业各自完成，这样也就逐渐形成了产业链。另外，如果产业链处于一个相对独立的空间，那么就形成了产业集群。

2.4.2 基于产业链稳定性的产业集群形成过程分析

产业集群的形成过程可以是由政府主导，通过有利于产业发展的政策吸引相关产业进行地理空间上的聚集；还可以是产业相关的企业由于发展和竞争的需要，自发地形成聚集和调整，最终通过自身内在联系而形成。这两条路径中，前者主要为外生因素，后者是产业集群的内生因素。通过前面的研究可知，外在条件对产业集群的形成和竞争优势塑造有非常重要的影响，但都不是最重要的。应该说，只有从产业内部因产业生态位而形成的产业聚集，才能有效形成具有不断自身繁衍和扩大能力的产业集群。产业生态位使得产业集群在形成时，集群企业在产业链条上具有各自的角色和位置，从而相关产业和企业也会在这种生态"场"的作用下，被吸引和引导聚集，逐渐地形成聚落且规模越来越大。在初步形成产业集群的时期，由于存在不规范的约定和竞争，企业会为了追求利润最大化而进行生产和管理决策并采取一定的竞争策略。但从中长期来看，产业集群内的企业也会因为一只"看不见的手"作为隐形的或者称为非正式的契约，自发形成一种有序的组织和竞争，并可以发挥协同作用，最终形成真正意义上的集群。当这样的集群形成后，产业集群与区域经济的相互作用和反哺，能够为区域的社会经济发展提供良好的支撑。

因此，可以理解为产业集群的自发形成离不开产业生态位的作用。从生存和发展的角度来看，产业生态位是指产业环境中的组织(企业、单个产业或产业集群)可以生存并获取生存和发展优势的独特资源空间。产业生态位的概念源于自然科学中，却同样可以解释人类活动和社会经济发展的变化，并用以指导经济系统中的功能和作用。具体来看，对于一定的区域空间，产业生态位的条件包括与组织直接相关的各种生产要素的获得，如原材料、劳动力、资金和土地，还包括为了完成生产活动的一些条件，如交通和运输、市场环境、政策，甚至还包括更加隐性的文化环境和公共环境等。这些产业生态位的条件从短期、中期和长期来说都对产业以及产业集群的形成具有核心影响，因此产业集群需要有与自身相适应的产业生态位条件才能更好发展。

在一定的产业生态位条件下，产业集群开始逐渐形成。生态位初期，集群的形成是从一些核心企业聚集开始，形成产业聚集核。产业聚集核相当于生物学中胚芽的概念，它是整个产业集群的基础。在产业聚集初期，一些关联度很大的相关企业和组织在产业生态位的条件下自发形成集合，并通过集合与外界产生联系。这样集合，使得集合内的企业剩余大于其独自面对市场时的剩余，因此它们选择合作与协同。在初期，产业集合的吸引力和影响力还不是很大。随着加入的相关企业越来越多，产业集合的规模、经济总量和市场势力也扩大到一定程度，达到了一定"临界值"。这时，集合体对周边以及相关产业的企业和组织具有的吸引力大大增强，并且集群优势越来越明显。在集合的吸附作用和凝聚作用下，集合不断扩大，与此同时，集合内部的关联和合作机制也自发动态调整，最终形成有一定自组织能力的产业集群形态。产业聚集核形无论是由产业发展自发形成，还是由大型企业繁衍、政府规划、中小企业的联合而形成，其必须满足的条件都是一定要适应所在区域的产业生态位条件。产业聚集核的作用在于它可以形成一个能够影响和吸引周围企业的环境，可以用物理学中的"场理论"来解释。这种聚集核场的出现，对与产业相关联的企业和产业有影响、吸引、辐射的作用，在聚集核场的作用下，参与聚集的企业通过合作与竞争，动态地形成一种集体之力大于个体之力的效果。每个成员企业的贡献都被放大到影响整个集合，同时彼此之间也相互影响和制约。当聚集核扩大到一定临界值时，聚集核场的影响也随之增大，最终会影响到聚集区周边甚至更远的外围。

产业集群通过产业聚集核聚集到一起后，并不是一开始就是功能完整的集群形态，更多体现为企业和产业的单纯聚集，还比较欠缺集群的协作功能、自组织功能和知识溢出等功能，经济影响和辐射范围还只能停留在一个较小的范围内，名声不大。

逐渐地，随着加入的产业和企业越来越多，所形成的产业集群规模变得更大，市场势力更大，而其所覆盖的产业链也越来越完整，链条长度不断延伸。同时，除了产业集群及集群企业的自发作用以及与产业生态位的适应，一些非政府机构也对产业集群的形成有重要作用。例如，产业与行业协会、企业孵化器等，都能够从第三方角度为产业的发展提供切实有效的服务，促进沟通，提升创新。

2.4.3 产业链稳定性与产业集群竞争力的相关研究

关于产业链稳定性与产业集群竞争力的相关研究中，不同的研究者从不同的视角进行过研究，主要表现在有的研究者提出产业链稳定的影响因素，并分析这些因素对产业集群竞争力的影响；有些研究者探讨产业链稳定性及其运行机制，再结合具体行业进行实证研究；还有些研究者研究产业链形成的管理机制、产业链稳定性定理、产业链的利益分配模型等，这些文献大多见于近些年的博士论文中。

蒋国俊和蒋明新（2004）主要研究产业链稳定性及其运行机制。通过对四川省投资集团公司组织"煤、电、冶产业链"的研究,对价值链、产业集群、产业聚集区域、战略联盟等方面的问题进行了回答,并且在提高企业本身竞争力以及产业、地区竞争力的基础上,提出了产业链的概念及其基本研究理论,以及产业链稳定性的机制研究。其中,产业链稳定性的三种机制的研究结果对本书有较大的参考价值。李勇等(2004)对产业集群的竞争力进行了研究,侧重点在于产业集群内部。他们分析并验证了影响产业集群竞争力的诸多因素,如集群结构、战略、适应性和创新性、制度等,并进一步提出产业集群中企业等"稠密性"和"根植性"对于产业集群竞争力的重要性,以及建立创新文化氛围和具有激励机制的创新体制机制,都能够提高产业集群的竞争力。朱华晟(2004)对产业集群竞争力研究的侧重点是产业集群所处的区域环境与产业集群内部的动态链接。他认为,产业集群对地方经济的可持续发展起到了非常大的作用。同时,他还发现,产业集群能够在外来资金的参与下,通过学习、融合,产生知识的积累、转化,最终在外资企业的示范带动和竞争下,形成自主创新优势。在合作的过程中,外资也能够从竞争力的提升中获得正的外部性,能够更好与当地资本有效融合。胡安生和冯夏勇(2004)对汽车产业的产业集群竞争力和产业链进行了研究。他们认为,针对汽车产业,由于其产业环节复杂、产业链长,而产业链中企业的关联紧密程度高,所以实施产业集群更加有利于促进汽车产业和汽车市场的快速发展。分工合作能够产生非常大的竞争力和集群优势,也因此推动了企业产业集群的发展。

蔡小军等(2006)也对产业链形成过程进行了研究,并提出了产业链形成的管理机制、产业链稳定性定理、产业链的利益分配模型。他们的研究对象是生态工业园区。在产业链形成过程中,各种因素的相互交织和复杂作用,使得必须要通过一定的制度设计和安排来调整产业链内部各层级之间的关系,以及使产业链在对外竞争中保持优势。在研究中他们更强调对环境的保护,并把这个作为对产业链发展的约束。最后,他们在博弈论方法下不仅提出了产业链企业的利益分配方法及模型,还提出了产业链稳定性定理,并对产业链的发展和关键环节作出合理的解释。

杨锐(2012)在其博士论文中就服务经济时代的产业链结构变迁、产业链稳定性,以及产业集群竞争力进行了研究,他认为服务经济时代产业结构需要变迁以响应竞争力提升的需要。市场竞争的形态已由整合竞争转向产业链层面的竞争。产业结构和生产模式必须要以满足最终需求为出发点,重新调整企业的生产、产业的结构层级。当今的竞争已经不是由生产所驱动的竞争,而是为满足多样化的需求而进行的竞争。

2.4.4 基于产业链稳定性的产业集群竞争力提升的机理

我国拥有大量的企业和产业,有些地区也有各种形式的产业园区逐步建立起来,有的已经形成了规模较大的产业集群,但有的却体现出协作能力不强的产业集聚。为了破解这一难题,许多研究者对产业集群竞争力及其形成机理做了大量的分析。陆峰(2007)认为,在不同的产业集群间,可以根据产业集群所在地区或文化的特点,发现和确定自己的比较优势,并在此基础上确定和完善产业链的各个环节,从而促进产业集群竞争力的提升。

在马歇尔的外部经济理论中,对于产业集群竞争力的解释为:产业集群的形成基于外部经济作用,企业在一定的空间范围内聚集,并通过协作与竞争,使得中间产品、最终产品、生产要素、知识和信息的扩散等通过产业集群发生一定的经济效应。无论是金钱性的外部经济，还是技术性的外部经济，都对产业集群的竞争力产生影响。从本质上来看，马歇尔的外部经济思想核心仍然是以产业链的紧密联系为基础的企业组成形式。

随后，许多研究者分别从产业集群发挥的作用方面对产业集群竞争力的机理进行了分析。Hoen(1997)探索了企业集群竞争力的来源，认为集群可以按照所处层次来划分为微观层、中观层和宏观层，但无论在哪个层次，只要是集群内的企业，都会通过用以连接彼此的"产品链""创新链"来进行结合。Holmen 和 Jacobsson(2000)主要着眼于知识扩散型产业集群，认为对于该类产业集群的竞争力研究需要创新性地按照专利确定的思路来进行。Henderson 等(2000)从两个视角分析了产业集群的产生和脱离，并就其竞争力分别从经济发展视角和经济地理视角进行了实证研究。Romano 等(2013)的主要研究对象为虚拟群。他们主要从 29 个虚拟群的关系链分析了集群形成和竞争力的来源，突破了地理的限制，更加本质地考察到产业集群的活动。Overman 等(1993)更注重地理条件和贸易的关系对产业集群及其竞争力的影响。他们认为，地理条件是生产要素价格的重要决定原因，在产业相关链条对的基础上，生产要素的流动必然还是要以地理条件为主要考虑因素。

产业集群并不是若干相关企业聚集到一定的地理空间范围内就能形成集群竞争力，从其发展的内在机理来看，实际上是因为在产业集群中存在产业链，或者产业链的一些部分。只有通过产业链的密切关联关系，才能够使企业的聚集真正产生价值。因此，产业集群中产业链的稳定性对于产业链的发展与竞争，以及产业集群的发展与竞争优势，都有着非常重要的作用。通过产业集群整合，不仅可以使产业链更加完整，还可以使产业链在一定程度上进行延伸。因此，可以理解为，产业集群具有两个功能：①连接产业链上各个环节，使得产业链更加完整；②延伸产业链长度，使得现有产业链的上游和下游都更加延展。通过产业集群的这种整合，不仅可使本来没有关联的产业或企业有了技术和利益上的联系，更巩固了这种共担风险、共享利益的网络关系，同时又能够在这种关联协作中，使生产要素更加合理流动，创造出更多的产业链价值。我国产业发展中面临的一个问题就是，产业可能发生了聚集，但没有真正发生联系，没有使得大、中、小企业之间有机联系，只是由政府在外部创造一些有利于聚集的政策环境，没有充分发挥集群企业内部的动力。因此，在这样的情况下，在产业集群中以产业链的完善和延伸进行整合，能够从内部改善产业集群发展的动力，从本质上增加产业集群的竞争力。

2.4.5 产业链稳定性与产业集群竞争力相互作用的过程

产业链与产业集群的相互作用和相互促进已经在前面的论述中论证过，同样，产业链稳定性与产业集群竞争力的相互作用也是值得研究的，并且将为本书提供指导性作用。

首先需要对产业集群的竞争力及其影响因素进行梳理。关于竞争力的度量，研究者提出了多种方法，刘炳胜等(2010)提出的源于物理学中的动量定理度量方法涉及的单位包括竞争主体的经济结构量、市场份额和资源利用率指标，以及竞争主体可持续发展指标。因此，他们提出提升产业集群竞争力主要在于扩大市场份额、提高资源利用率和增强经济发展的可持续性。同样，因为物理学中认为能量是可以转化的，力的作用是相互的，在这里

第 2 章 研究现状及基本理论分析

产业集群竞争力同样可以与其他要素进行转化，并相互作用。我们认为，这种要求就是产业链稳定性。

《中国区域经济发展报告(2016—2017)》提出，导致各主体间差异的决定要素与决定机制源于竞争力。竞争力既包含了竞争，又体现了其具有的力量和优势。在不同的层面谈竞争力会有不同的体现，在微观层面讨论竞争力，体现为作为经济个体的企业或组织在竞争中拥有的优势；而在宏观层面讨论竞争力，如产业层面、国家层面，此时对竞争力的探讨更多的是如何形成且促进更大范围内竞争力的形成，相应的配套政策是什么。因此，认为产业集群竞争力的形成，实际上是进行产业优化的过程。在产业优化中，企业、产业、地区和国家以共同的发展目标和方向，形成一种共生的生态体系模式，使得劳动分工、竞争优势的效果凸显，因此达到了促进经济活动的竞争性，同时又提高人民生活水平的目的。

从宏观来看，国家和地区的经济活动涉及众多的产业和企业。而产业链作为一种产业分工与合作的形式，产业链的竞争力与稳定性对于国家和地区的经济发展都有非常重要的作用。针对产业链稳定性的提升，通常是通过优化产业集群的结构和组织形式，动态地达到的。通过微观企业与其所处产业生态位的相互作用和共同行动，实现了产业链稳定性提升，这主要表现在两个方面：一是通过确定产业活动，选择最有利形成合作和技术转移、知识创新的产业及其分工，形成产业链租金；二是调整和完善产业链治理模式，使得产业链中的经济单位能够最大化利润，并着眼于长远发展，最终达到促进经济活动竞争性的目的。

产业链的分工通过产业活动与市场、活动、产业结构产生联系，并且产业链的分工程度对市场的竞争程度有影响。分工程度越高，使得其不完全竞争程度也越高，两者的共同作用产生了产业链租金，最终形成产业集群竞争力。产业链分工与产业集群竞争力的关系如图 2-3 所示。

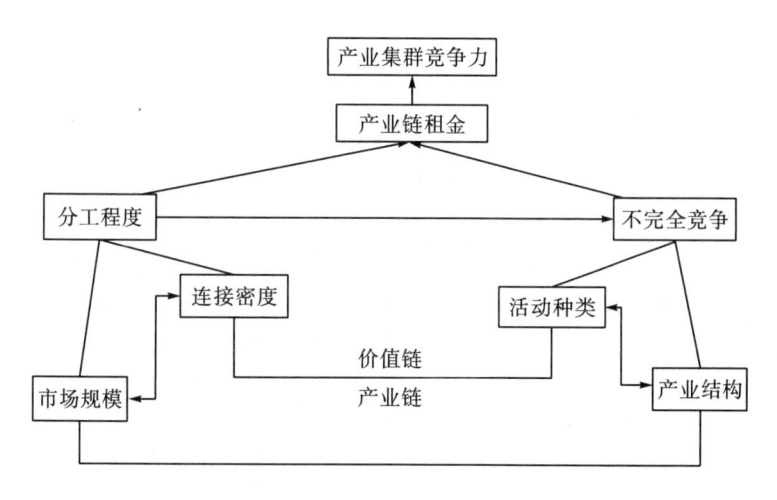

图 2-3 产业链分工与产业集群竞争力的关系

产业链稳定性由以下两个方面来决定。

1. 关于活动种类的选择

研究表明,企业主体互动是企业竞争优势源于主体之间更好的互动。而互动,通常是在一些非正式的信息交换、技术转移和知识共享的过程中实现的,这些互动活动体现为非正式和隐性的特点。然而,这些活动是产业链产生竞争优势的基础。针对特定的产业链中的企业,可以发现和创造这种互动性活动,如改善一些生产流程、促进更多的交易活动。但是,并不是所有的生产活动都可以通过完善和改善工作流程就可以增加互动、提高产量,有些生产活动仍然较大程度依赖知识或技术的载体——知识型员工、高技能人才。特别是在知识经济时代,更要注重发现和创造提高生产率的隐性策略,使隐性价值链与产业链发生连接,通过互动活动增强产业链的稳定性。

针对不同行业中从事隐性互动型的劳动生产要素占比分析见表2-2。

表 2-2 不同行业中从事隐性互动型的劳动生产要素占比

行业	比例/%
保险业	63
证券业	60
医疗保健	70
零售	45

从生产的长期来看,所有生产要素都可以调整。因此,针对长期生产决策,那些不需要从员工的互动中获得判断力和创新的产业,最终都会被资本和技术所逐渐替代,特别是那些简单重复性的工作,不具有高科技含量的企业生产。

2. 凝聚性

凝聚性(cohesion)或称为联结密度,是社会学研究社会结构的一个核心概念。从结构角度看,对应的是凝聚子群。关于什么是凝聚子群?Wasserman 和 Faust(1994)指出,凝聚子群是集合中的行动者之间具有相对较强、直接、紧密、经常的或者积极的关系,可以从四个角度对凝聚子群进行形式化处理[①]。产业链中不同的生产凝聚性会对产业链中的创新活动产生影响。对于一个着眼于知识创新活动为主体的产业,若其凝聚性越强,对整个产业链成员的影响都比较显著,则有利于知识的创新和学习型组织的构建。一般来说,产业链的凝聚性是通过三种途径形成的:第一种途径是信息网络的构建和信息等的传递。产业链最重要的传播是信息的传播,因此信息网络的构建是产业链凝聚性的重要途径。第二种途径是行业建设。行业的建设以及行业机构的设置,都对产业链的生态位形成具有重要影响。第三种途径是集体意识。产业链上必须要有一致的集体意识,才能使得产业链上有统一的行动规则,产业链始终都以这样的要求和标准进行生产,每个环节都严格履行,最终能够创造出产业链的一致竞争力,降低产业链中微观企业的机会主义行为。

[①] 关系的互惠性、子群成员之间的接近性或者可达性、子群内部成员之间关系的频次(点的度数)以及子群成员之间的关系密度相对于内、外部成员之间的关系的密度。

从产业链所在区域而言，如果产业链产生了凝聚性，那么对其所在区域也体现为社会凝聚性，并因此而获得社会竞争力，从而产生协同效应。区域的社会凝聚性有助于使竞争力变成长期的优势。产业链的凝聚性表示其通过凝聚而增强的竞争优势中，必然包含了对产业、企业、所在区域的联系和信任。而产业链稳定性则是凝聚性的一个结果。通过产业链凝聚，提高了产业链稳定性，最终产业链稳定性促进了产业集群的竞争优势。这就是基于产业链稳定性的产业集群竞争力提升的机理所在。

根据上述论证，不同性质的经济活动能够对产业链、所在区域产生不同结果，从不同的方面影响到产业链的稳定性，以及产业链租金，以至于最后对产业集群竞争力产生影响。因此，对产业集群多样化发展和产业链凝聚性的关注，就显得非常重要。而我们所关心的产业集群的竞争力，不是单个微观企业的竞争力，而是产业集群作为一个整体的竞争合力。从竞争合力的角度来看，产业链的稳定程度越高，其就更加能促进产业链凝聚性、社会凝聚性，并最终提升产业集群竞争力。

第3章 产业链稳定性与汽车后市场产业集群竞争力的相关分析

在研究现状及基本理论分析的基础上,本章将界定产业链稳定性、产业集群的边界和产业集群竞争力的含义与根源,同时还将界定汽车后市场,以及汽车后市场的产业集群竞争力概念。本章重点对产业链稳定性与汽车后市场产业集群竞争力的提升做相关分析,可为从产业链稳定性视角提出和设计汽车后市场产业集群竞争力评价指标体系做实证基础。

3.1 国内外汽车后市场的发展和研究现状

探索汽车后市场产业集群竞争力,必然涉及汽车后市场,本节将探索国外汽车后市场的发展现状、运营模式及业务单元发展概况以及国内汽车后市场的发展现状。

3.1.1 国外汽车后市场的发展现状、运营模式及业务单元发展概况

1. 国外汽车后市场的发展现状

自20世纪20年代开始,国外汽车后市场的发展依次经历了三个阶段。从全球范围来看,汽车后市场产业发达的地区和国家主要是欧洲、美国、日本。同时,巴西、印度、俄罗斯等新兴区域的汽车后市场产业也开始蓬勃发展。2017年,全球排名前10位的国家总计销售汽车6924万辆,其中,中国、美国、日本位列三甲。2017年全球部分国家的汽车销售量如图3-1所示。

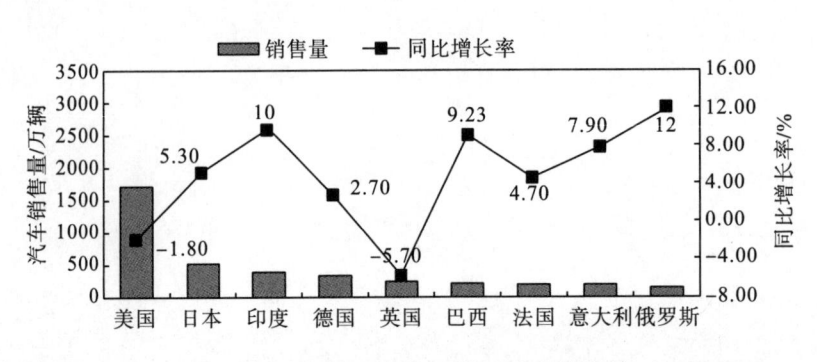

图3-1 2017年部分国家的汽车销售量

2. 国外汽车后市场的运营模式

在国外，汽车后市场已经有了比较成熟的运营模式，并且这些运营模式得到了大量推广和成功实施。以汽车产业发展较为成熟的地区为代表，以美国、日本以及欧洲一些国家为发源地，并面向全世界推广了 4S 店销售服务模式、汽车连锁经营模式、汽车服务超市模式等较为成功的模式。

1) 4S 店销售服务模式

4S 店销售服务模式是涉及范围最广的一种模式，这种经营模式最早在德国创立，但在日本发展最好。4S 是指 Sale、Sparepart、Service 和 Survey 这个四位一体的销售服务模式，即整车销售、零配件、售后服务和信息反馈。

2) 汽车连锁经营模式

汽车连锁经营模式以美国为代表。美国是一个在车轮上的国家，因此对汽车后市场的需求超过了世界上任何一个国家。而在美国的汽车后市场中，汽车连锁经营模式占据了绝大部分的市场。以维修养护子行业为例，NAPA、AutoZone 和 Pep Boys 的实体汽车维修和养护中心已超过 13000 个。而占据整个美国汽车维修市场 50%的市场份额的企业，仅仅只有八个大型连锁公司。以人尽皆知的 Carmax 品牌为例，其拥有实体维修点的数量以及二手车的销售数量都是惊人的。

3) 汽车服务超市模式

汽车服务超市模式以日本为代表。日本的汽车行业享誉全世界，特别是其独特的生产管理和经营模式，令美国的各类企业都竞相学习。汽车服务超市的主要经营范围包括日常的汽车售后维护和维修、汽车美容和改造、零部件销售等服务。这种模式能够一次性满足顾客的所有需求，并且可以针对不同类型和层次的消费者，提供多样化的品牌和服务。当市场的竞争性增强时，势必会降低其垄断性程度。因此，汽车服务超市模式在一定程度上能够扩大市场的总剩余，增进市场效率。澳德巴克斯（AUTOBACS）和黄帽子（Yellow Hat）是日本具有代表性的两家汽车服务超市，诞生于 20 世纪 80 年代，并且成为在日本境内拥有超过 500 家连锁店的最大汽车用品大卖场。

3. 国外汽车后市场的业务单元发展概况

国外汽车后市场产业主要涵盖汽车维修、汽车租赁、二手车交易、汽车运动、汽车改装、汽车金融、汽车保险等业务单元。

1) 汽车维修行业

汽车维修行业是汽车后市场产业最重要的组成部分。汽车销售以后，在使用过程中会因不同类型和层次的消费者而有不同的需求，但是汽车的维修却存在于每一类的消费者群体中。而这方面汽车后市场的发展现在逐渐朝着两个方向发展：第一个方向体现为汽车维修行业正在朝着从单一车型的专业性维修转变为更加综合性的维修，特别是随着汽车类型的迅速增加，以及新能源汽车市场的发展，这一方向是市场发展的需要；第二个方向体现为汽车维修行业正在由实体维修店向专业化、标准化的连锁型维修企业转变。工业 4.0 时代使得信息交换成为当今价值增值的重点，互联网的高度结合，以虚拟网络和企业网络为战略的发展成为现代维修行业获取竞争优势的要点。

表 3-1 对全球主要发达国家的汽车维修行业现状进行了梳理。

表 3-1 全球主要发达国家的汽车维修行业现状

国家	发展现状
美国	美国是世界上汽车保有量最大的国家，其经营模式主要以连锁化经营为主，经营规模最大的前8名连锁维修公司的维修企业收入占到整个行业的50%。大约有20个大型汽车零配件企业拥有500个以上的连锁机构 维修企业分布：个体企业占到整个行业的60%，股份有限公司占到30%，合资企业不超过10% 特点：连锁经营，分布面广；维修效率高，质量可靠；维修形式多样化；汽车维修业管理严格
日本	企业性质：个体企业占到整个维修企业的60%以上，而股份有限公司只有10%左右。企业规模：10人以下规模的企业大约占到80%，5人以下规模的企业大约占到60%，而超过百人的企业只有不到4%。日本的几大汽车企业同时也是汽车维修行业的关键材料提供者。日本主要以服务超市的模式来运营汽车后市场的各单元业务，澳德巴克斯(AUTOBACS)、黄帽子(Yellow Hat)等为代表企业 特点：以汽车服务超市为主要经营模式，引入竞争型市场，提高效率，降低垄断，为顾客提供更加人性化的服务
德国	德国目前汽车保有量为4800万辆。汽车维修企业超过4万个，汽车维修行业在整个汽车产业链中的利润超过总利润的50%，高于汽车销售和零部件供应。维修企业的结构大致可分为三类：①以企业规模为特点，主要是综合性的汽车维修和服务中心，固定投入大，覆盖范围宽，博世公司在世界范围内拥有超过1万个的综合性汽车维修店；②不同汽车公司的特约维修企业，主要是德国的几大汽车公司，以宝马、奔驰、奥迪为代表的企业公司为例；③无品牌限制的汽车快修店，主要承接基本的、某些专项的维修服务，提供的服务品种不够齐全，但比较快捷 特点：政府直接参与，实行准入制，以行业管理为主，由汽车维修行业协会来制定行业的一些规章制度，并通过行业自律，进行管理、协调、外联、研究等方面的活动

2) 汽车租赁行业

汽车租赁行业是排名在汽车维修行业之后的最大需求业务单元。据统计，全球的汽车租赁行业的正常运营车辆数量和每年的需求数量大约维持在 2000 万辆。汽车租赁行业的主要特点为：①运营车辆为主要需求车型，包括经济型车型和小型车辆；②与汽车生产厂商合作紧密；③租赁市场的经营模式主要为特许经营模式；④服务流程规范、简捷，大都实行会员制。随着全球经济水平和共享经济模式等的发展，汽车租赁行业呈现出迅速增长的趋势，并且面临着巨大的市场需求空缺。全球性的汽车租赁行业的代表企业有美国的 Hertz、Avis、Enterprise、National，以及法国的 Europcar。

表 3-2 对全球部分国家的汽车租赁行业的发展现状进行了梳理。

表 3-2 全球部分国家的汽车租赁行业的发展现状

国家	发展现状
美国	美国拥有非常成熟的汽车租赁市场。汽车租赁占总租赁行业的30%左右，其中小型车辆占到60%左右，大型货车占到40%左右。从租赁的时间来看，短期占到90%，长期仅占10%。市场份额排名前20的公司就有超过1000家的全国租赁点。以租赁形式销售的新车每年占美国汽车总销售量的30%左右，现在已超过40%。二手车的租赁业务约为每年40万辆
法国	法国汽车租赁服务在近年来呈现快速增长态势，每年增幅已经超过10%。法国的汽车租赁企业品牌 Avis 在2010年的营业收入已经超过原世界排名第一的 Hertz 企业，成为第一，而 Europcar 以19.2%的占有量排名第三
日本	目前，日本的长期租赁车辆已达到了306.3万台，跻身世界上汽车租赁行业相对发达的国家之一。其中小型车辆和大型货车占租赁行业的绝大多数比例，载客巴士和其他车型占极小比例。在新车销售低迷的日本国内，新车的长期租赁台数却不降反升，其数量已经超过了日本国内新车销售总数的12%。日本已经拥有超过6000家的汽车租赁公司，按照租赁时间来划分，日本的长期租赁行业涉及的主要业务为含维修保养的汽车，短期租赁行业中主要有丰田集团、欧力士公司、马自达公司和日产公司
俄罗斯	作为东欧和亚洲的代表，俄罗斯的汽车租赁市场也发展迅速，年增长速率达到30%以上，每年汽车租赁市场的市场总额已经超过4000万美元。俄罗斯租赁行业的汽车中，绝大多数都是俄罗斯的国产汽车

3) 二手车交易行业

汽车后市场中另一个重要的业务单元就是二手车交易行业。可以说，二手车市场间接推动了新车市场的发展。二手车的交易使得新车市场的流通速度加快，特别是在发达国家，二手车交易量大，交易体系完善，覆盖面广，交易模式多样。

表 3-3 对全球主要发达国家的二手车市场的主要经营模式及发展现状进行了梳理。

表 3-3　全球主要发达国家的二手车市场的主要经营模式及发展现状

国家	主要模式	发展现状
美国	厂家认证	二手车的年销量很高，是新车的 2~3 倍，且二手车市场发展成熟。以质量保证为先，通过对二手车标准等控制，确保在交易过程中的品质，通过质量检测和认证，促进二手车市场的繁荣发展。另外，经过认证的二手车的售后服务也能得到保障
日本	拍卖	市场范围广，规模和交易量都非常大，有成熟的交易模式。总计约有 150 家的拍卖场，并以会员制的方式进行二手车拍卖流通。通过建立可信、公正的二手车评估，促进拍卖流通
德国	品牌经销商	在德国，二手车销售约占汽车年总销售量的 2/3，其余 1/3 是新车。因此，可以看到二手车交易市场已经远远超过新车市场 二手车有三种交易方式：①个体间的私人交易；②在特许经销商处的二手车的流通；③非特许经销商处的二手车流通平台或机构

4) 汽车运动行业

汽车后市场中，汽车运动行业是占据精神层面的最主要的业务单元。而国际上的汽车运动主要是指竞技类运动，包括专业的赛车级别汽车运动和普通的汽车竞赛运动两种。按照国际惯例的参与度、热度划分，这些竞赛包括方程式汽车赛、拉力赛、越野赛、耐力赛、创纪录赛、直线竞速赛、场地赛、驾驶技巧赛、爬坡赛和卡丁车赛等。综合影响力度和开展范围来看，世界锦标赛是关注度最高的赛事；综合竞技水平来看，世界一级方程式锦标赛是目前四轮车赛中的最高水平。

5) 汽车改装行业

汽车改装源于赛车运动，其围绕提高以性能和操控为主的汽车各项内在技术指标为核心而进行。目前，汽车改装行业主要以个性化的定制改装、性能提升及地下赛车性能改装、品牌改装为主。

汽车改装行业中的优秀代表企业有：①专门为奔驰改装的 AMG、BRABUS；②为宝马改装的 AC Schnitzer；③为大众公司旗下的大众汽车和奥迪汽车改装的 ABT。在欧洲，汽车改装工厂主要分布在德国、法国和奥地利，比较有代表性的有 Oberscheider、MTM、Digi-Tec、Pole Position 和 WKR。日系车的专业改装公司有：①为丰田改装的 TOM'S、TRD；②为本田改装的 MUGEN、HRC；③为日产改装的 NISMO；④为富士改装的 STI 和 TEIN；⑤为三菱改装的 RALLLART 等。

在改装车市场，比较顶级的改装车展包括美国的 SEMA SHOW、日本的东京改装车展、德国埃森的国际改装车展等大型国际展览。这些大型国际改装车展推动了全球改装车市场的发展和交流。

表 3-4 对全球主要发达国家的汽车改装行业的主要经营模式及发展现状进行了梳理。

表 3-4　全球主要发达国家的汽车改装行业的主要经营模式及发展现状

国家	主要模式	发展现状
美国	个性化的定制改装	多数消费者选择对汽车外观和一些特殊部件进行改装,以追求外观造型的个性化和满足不同的审美需求。美国的汽车改装相关法规较松,消费者可以选择对车上任何一个零件进行改装。美国改装车配件企业与改装服务机的总数已经超过了1000家,营业已高达400多亿美元,市场空间巨大
日本	性能提升及地下赛车性能改装	汽车改装主要体现于汽车动力方面,其改装效果在于动力性能的提升,充分发挥其潜在动力。日本法律对汽车改装有一定限制,并不像欧美国家和地区那样宽松。为了满足大量的改装需求,又限制于严格的法律,由此产生了地下改装厂
德国	品牌改装	德国汽车改装已经形成较为成熟的产业,运行规范。针对汽车改装行业还成立了专门部门监管,以保证改装的安全和质量。德国汽车改装行业主要通过官方的正式形式,与汽车厂进行合作,如 AC Schnitzer、AMG、BRABUS 等

6) 汽车金融行业

随着全球金融市场的健全,以及金融保障相关法律体系的逐渐完善,通过贷款进行汽车购买已经越来越方便。查阅相关统计资料可知,在美国,大约80%的新车是通过贷款购买的;在德国,新车购买贷款比例约为70%;在印度,新车购买贷款比例为60%～70%。这是相当大的一个比例,因此可知汽车金融行业对整个汽车产业以及汽车后市场都具有基础性的影响作用。

总结国际市场上的汽车金融业实践,可以归纳出两个发展方向:①服务内容的丰富化。汽车金融行业不仅在汽车购买时需要涉及,而且在销售过程、使用过程和转手过程中都贯穿始终,如购车贷款、融资租赁、担保抵押、与汽车相关的各类保险、汽车应收账款保理、汽车应收账款证券化等汽车消费过程中的金融服务。②服务主体的丰富化。从事汽车金融的服务主体不仅包括汽车销售机构,还包括银行、证券、保险、担保、信托等机构,每个机构都在每个环节发挥着非常重要的作用,不可缺少。

表 3-5 给出了部分国家汽车金融行业的发展状况。

表 3-5　部分国家汽车金融行业的发展状况

国家	主要服务机构	主要服务模式	特征	代表企业
美国	银行、信贷、信托等机构	分期付款的销售模式、汽车分期付款合同的转让与再融资模式、融资租赁模式、信托租赁模式	以信用体系为基础	通用汽车金融公司(GMAC)、福特汽车信贷公司(FC)
德国	银行(金融公司的设立形式)	帮助经销商和进口商提供贷款、租赁等服务的间接"服务模式"	由市场来调控信贷利率,建立欧洲标准的信用体系	大众汽车金融服务股份公司(VWC)、梅赛德斯-奔驰汽车金融有限公司(MBAFC)
日本	制造商所属财务公司、制造商所属信贷公司	直接融资(传统式贷款)、间接融资、附担保的代理贷款	形成了信用体系,以会员制模式运行	丰田汽车金融(TFS)
三国汽车金融的共同特点:①金融产品丰富;②相关服务齐全;③市场氛围良好					

7) 汽车保险行业

作为汽车金融行业的其中一部分,但是又有着相对独立和巨大市场占有率的汽车保险行业,也可作为汽车后市场中一个重要的业务单元存在。由汽车数量增加带来的污染、燃料供应短缺、交通事故等问题,导致了人类的生命安全和财产安全都需要通过保险来分担不确定性风险。汽车保险,特别是第三者责任险和商业保险的需求量急剧上升,而与汽车有关的各类保险业应运而生。

表 3-6 将国外部分国家的汽车保险行业的发展情况进行了梳理。

表 3-6 国外部分国家的汽车保险行业的发展情况

国家	发展情况
美国	拥有世界上最发达的汽车保险市场,汽车保险业务量居世界之首。建立了无过失保险制度,以全部或部分替代传统的侵权责任制度。各州都有独立立法权。具有世界上最复杂但是水平最高的车险费率计算方法。大多数州都采用 161 级计划确定车险费率的基础,其中主要因素(保险人的年龄、性别、婚姻状况及机动车辆的使用情况)和次要因素(机动车的型号、车况、最高车速、使用地区、数量及被保险人驾驶记录等)。汽车销售商代理保险;直销方式普遍
英国	汽车保险发源地。1896 年首先创立了汽车保险。1899 年,汽车保险责任扩大,包括在发生交通事故时的损失。1906 年,成立了汽车保险有限公司,并且汽车保险有限公司的专门人员每年都为投保的汽车进行免费的车辆检查,以排除和及时发现可能存在的隐患,以降低损坏和理赔率。保费的确定综合考虑硬件和软件的共同作用,如投保车辆的风险状况,以及驾驶员的因素。保费的设计上考虑到对驾驶员有增加保险理赔记录的予以征收高额附加保费
德国	实行"责任处罚"原则,使投保人都承担一定的责任,以减小今后发生事故的概率,投保人自己都必须承担 325 欧元的"处罚",奖优罚次。根据出险情况确定保费档次
法国	汽车保险市场成熟规范,产品多样化,竞争程度较高,增进了市场效率,超过了传统的汽车保险服务范围。为了降低出险率,法国汽车保险业还具有一定的社会管理功能。具体而言,针对饮酒客户,可以在保险年度内为客户提供一次免费交通费用以支付可能酒后驾车的花费;针对汽车维修等服务,还为客户提供价格指导,并设立汽车修理研究中心等,其目的都是减少事故发生率
日本	世界上第三机动车保险大国。自赔责保险,类似强制性保险。汽车综合保险,类似商业险,投保与否由车主决定。实施强制性保险制度与自主选择的保险险种,让不同需求的客户有多种选择,并且使得基本保障能够得到覆盖

8) 汽车文化行业

发达国家的汽车文化行业起步早、发展成熟、基础设施完善,汽车文化行业市场繁荣。例如,美国于 1933 年创办了汽车电影院,目前已经普及 4000 余家。发达国家在以房车旅游(表 3-7)、汽车主题公园(表 3-8)、汽车博物馆(表 3-9)等为代表的汽车文化产业方面,特色鲜明,较国内而言,业绩更加突出。

表 3-7 国外知名房车旅游营地

营地所在国家	营地名称	营地特点
德国	巴登-符腾堡	巴登-符腾堡露营地依山傍水,位于德国南部的黑森林中,靠近莱茵河山谷,环境幽静,适合家族休闲和度假
挪威	盖伦格峡湾	盖伦格峡湾被列入联合国教科文组织的世界遗产名录之一。挪威政府每年投入巨资保护周边峡湾环境,露营地可容纳房车,在营位中还可以提供电力设施。从基本生活设施的完整来看,都是非常理想的选择
美国	拉斯维加斯	拉斯维加斯露营地位于美国内华达州赌城——拉斯维加斯附近,占地 16.6 公顷,是属于赌城周围具有热带风情的一处休闲营地。营地距离拉斯维加斯不远,但又相对独立,能够满足来到赌城的各类游客的选择要求,具有优美的自然风光
意大利	托斯卡纳	托斯卡纳露营地紧邻著名的基安蒂红葡萄园,不远处就有佛罗伦萨、阿雷佐、比萨和锡耶纳。其因具有优越的地理位置,又能凸显当地特色景点和文化风俗而闻名

续表

营地所在国家	营地名称	营地特点
克罗地亚	伊斯卡拉	伊斯卡拉露营地至今已有 40 余年的露营开放历史。其特点是完整的旅游体验,以及顶级运动体验。这里是国际网球锦标赛 ATP 克罗地亚公开赛的传统场地
奥地利	迈尔霍芬	迈尔霍芬露营地拥有美妙绝伦的自然景观。四面被山脉环绕、具有珍稀动植物、适宜户外运动成为露营的绝佳选择。露营地的基本设施也比较完整,拥有 200 个带有电力的营位

注:1 公顷=10000 平方米。

表 3-8 国外知名汽车主题公园

德国沃尔夫斯堡市大众汽车城主题公园	规模	占地 25 公顷
	主题	封闭式汽车城
	功能构成	(1)康采恩广场 (2)汽车塔楼 (3)顾客中心 (4)7 个独立的汽车品牌馆
	特色	结构与独特性
	定位	大众汽车城主题公园以传播汽车文化为主题,将大众汽车产品、景观设计、主题公园设计有机融入,加入科技元素,不仅展现了汽车文化的丰富多彩,还向全世界彰显了大众汽车公司的全球战略和雄厚的实力
阿布扎比法拉利主题公园(迪拜)	规模	占地约 20 万平方米
	主题	再现"马拉内罗"式的法拉利汽车文化主题公园
	功能构成	(1)Bell'Italia——意大利旅游景点再现 (2)he Pit Wall——互动影院 (3)Galleria Ferrari——法拉利展示馆 (4)Junior GT——儿童驾驶学校 (5)Carousel——法拉利未面世原型跑车展览 (6)Dining and Shopping——意大利美食概念餐厅和咖啡厅
	特色	独一无二的室内结构设计
	定位	对法拉利总部马拉内罗的完美投影。对法拉利的企业文化和发展历史的全方位展示,除了可以看到法拉利各个时期的跑车、赛车外,还有许多模拟场景

表 3-9 国外知名汽车博物馆

汽车博物馆名称	汽车博物馆简介	标志
德国宝马汽车博物馆	宝马汽车博物馆于 1973 年在慕尼黑建成,是一个 19 米高的碗形建筑。屋顶上描着宝马醒目的蓝白标志,从屋顶俯视蔚为壮观。展厅共 3 层,按照历史顺序盘旋而上地陈列着,每一件展品都可以插上耳机听英语解说	
德国保时捷汽车博物馆	保时捷汽车博物馆占地 5600 平方米,可分成三个主要展区:工作车间、陈列区、档案馆。展厅内展出从第一辆 356 到 Panamera 在内的 80 多辆保时捷发展历史上重要的车型	

续表

汽车博物馆名称	汽车博物馆简介	标志
德国奔驰汽车博物馆	作为创造实际上第一辆汽车的公司,奔驰汽车博物馆是世界上唯一能展示和记录120年的汽车工业发展史的博物馆。展区共有9层,面积为16500平方米,可参观到包括160辆展车在内的1500多件展示品	
德国大众汽车博物馆	大众汽车博物馆位于大众主题公园式汽车城内。汽车博物馆包括多个展厅,用于分别展示其旗下各个子品牌的不同产品,包括大众、西雅特、斯柯达、兰博基尼、宾利等展厅	
法国标致汽车博物馆	标致汽车博物馆是法国汽车企业标致汽车公司的创业史博物馆。博物馆于1988年开始向公众开放,馆内除了展示19世纪90年代以来标致公司生产的所有汽车,还有许多非汽车类展示品,以凸显其品牌历史,如锯子、咖啡磨、胡椒磨、手表弹簧、自行车等工具	
意大利法拉利汽车博物馆	法拉利汽车博物馆位于意大利摩德纳以南20分钟车程的小镇"马拉内洛"的"法拉利"总部。博物馆里的展示品记录了法拉利从1947年至今企业历史和企业文化。博物馆中主要展示法拉利经典跑车,还有从1947年至今所有的一级方程式冠军车。每年都有几十万的法"迷慕"名前往	
美国福特汽车博物馆	福特汽车博物馆于1929年建成,它陈列了美国汽车发展的一百多年中的具有代表的各式车型,不只是福特品牌,还有很多其他厂商的汽车。福特汽车博物馆的最大特点在于它展示的不单是汽车,而是对美国式生活的全方位展示	
日本丰田汽车博物馆	丰田汽车博物馆位于日本爱知县名古屋市。它收集保存了世界各国的汽车。博物馆分主馆和新馆两部分。主馆从历史的角度介绍实用型汽车的历史,新馆从文化的角度建立人类生活与汽车、科技等的关系	

3.1.2 国内汽车后市场的发展现状

汽车后市场发展壮大的基础是汽车保有量。据统计,2017年,中国民用汽车保有量达到21743万辆,仅次于美国,位居世界第二。但从汽车保有量的增速来看,中国却是超越美国,位于世界第一的。由此看来,中国的汽车后市场发展迅猛,并且市场前景广阔,市场容量巨大。统计资料显示,2016年中国汽车行业累计实现主营业务收入83345.25亿元,增长迅猛。2017年中国汽车产量为2901.54万辆,同比增长3.19%;2017年中国汽车销量2887.89万辆,同比增长3.04%。

目前,国内零部件制造与服务后市场等环节的利润比例与国外相比偏低,但成长性良好。

1. 国内传统汽车后市场产业的现状

1)汽车维修行业

目前,维修市场主要有4类企业:4S店、综合型修理厂、品牌连锁修理企业、小微型维修店。调查研究数据显示,消费者在面临汽车维修需求时,分别对以上四类企业的选择比例约为 5%、19%、2%、4%。

《2016—2020 年中国汽车维修行业现状分析与发展趋势研究报告》显示，截至 2016 年，全国汽车维修行业共有 48 万家机动车维修企业，与 2010 年的 36 万家相比，增加了约 33.3%。2011～2014 年汽车维修行业的经营走势稳定在 20%以上。目前，全国约有 1.3 亿辆汽车，平均车龄为 3.23 年，市场主要集中于维修、养护等方面。据预测，到 2020 年，中国汽车保有量将达到 2.5 亿辆，汽车维修行业产值有望超过 1 万亿元。

2) 汽车租赁行业

2002 年，我国租车行业开始逐渐起步。经过 10 余年的发展和培育，汽车租赁行业市场的总体规模于 2017 年已增至 655 亿元，并出现了神州、一嗨、首汽、大众、至尊等租车企业。表 3-10 将国内代表性租车企业至尊、一嗨和神州的发展现状进行了汇总。

表 3-10 国内代表性汽车租赁公司典型企业概况

公司名称	成立时间	初期服务	扩张	规模	车辆数目	租赁方式
至尊	2006.01	自驾为主	自营模式	30 个城市、100 个网点	1000 辆	两证一卡
一嗨	2006.01	代驾	加盟+直营	70 个城市	自有 1000 辆 加盟 3000 辆	两证一卡
神州	2007.09	自驾为主	自营	41 个城市、100 个门店、109 个服务点	约 4000 辆	两证一卡

从 2005 年开始，中国的汽车租赁业市场就开始持续高速增长，年复合增长率高达 26.35%。据不完全统计，2017 年中国汽车租赁行业市场的车辆规模约为 80 万辆，表 3-11 对 2017 年国内部分代表性汽车租赁公司的车辆规模及占比进行了梳理。

表 3-11 2017 年国内部分代表性汽车租赁公司的车辆规模及占比

租赁公司	2017 年车辆规模/万辆	占比/%
神州	10.25	12.81
一嗨	4.5	5.63
首汽	5.8	7.25
国信	2.4	3
至尊	1.0	1.25
其他	56.05	70.06
合计	80	100

3) 二手车交易行业

调查研究数据显示，在发达国家二手车的交易量是新车的 1.5~3 倍，美国达到了 2~3 倍。然而，我国的二手车交易量只占到新车总销售量的 1/3。大量的二手车交易市场还处于发展初期，没有形成稳定和有利的交易平台，同时也缺少相应的保障机制。但可以看到的是，我国的二手车交易行业发展潜力巨大。

数据表明，国内二手车交易量逐年递增（图3-2）；交易车型以轿车（基本型乘用车）为主（图3-3）；交易性质以车龄3～10年国产车本地直接交易为主（表3-12）。

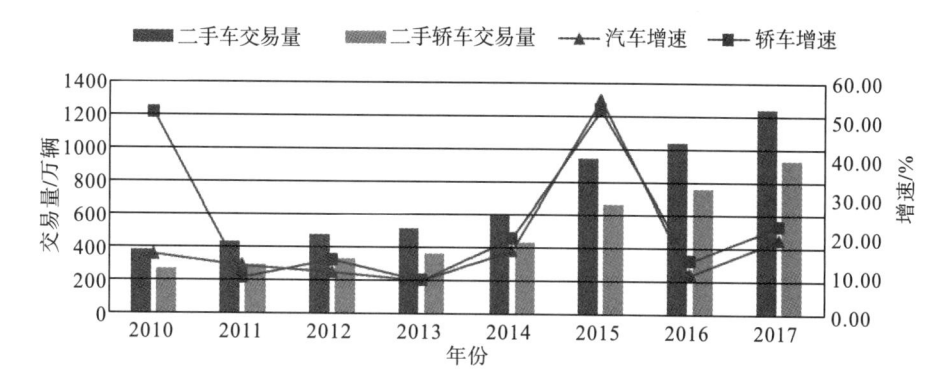

图 3-2　我国2010～2017年二手车交易量的增长情况

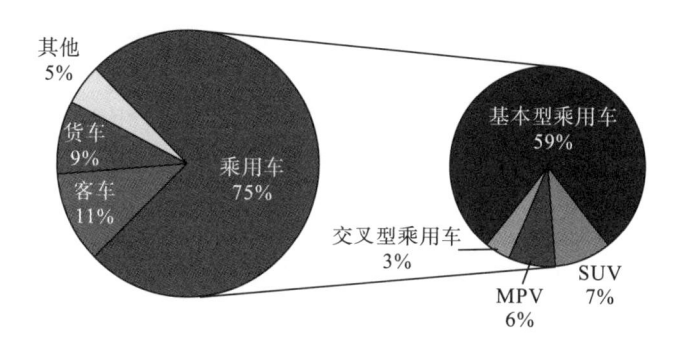

图 3-3　2017年我国二手车交易各车型份额

表 3-12　2017年我国二手车交易性质的对比变化　　　　　　　　　　（单位：%）

年份	直接交易	委托交易	异地转移登记	本地交易	私家车	国产车	3年内	3~10年	10年以上
2017	59	41	25.89	74.11	86.93	95.32	23.92	64.30	11.78
2016	70	30	19.37	80.63	84.17	95.57	22.97	69.95	7.08
2015	71	29	16.25	83.75	85.78	95.51	18.49	72.28	9.23

4）汽车美容与装饰行业

我国传统保守文化以及对汽车文化建设的不足，导致我国汽车美容与装饰行业存在消费者认知程度低、入市门槛低、产业集中度低，以及专业人才缺乏、行业标准缺乏、个性化服务缺乏的"三低三缺"的特点。

10万～20万元的中级轿车在私家车中的比例最大，如图3-4所示。据调查，普通级、中级、中高级私家车是消费主体，消费者中有美容装饰习惯的车主占60%～70%，单车消费金额下限为3000元。表3-13给出了开展汽车美容与装饰交易的国外代表品牌。

图 3-4 2017年汽车用户汽车价位分布图

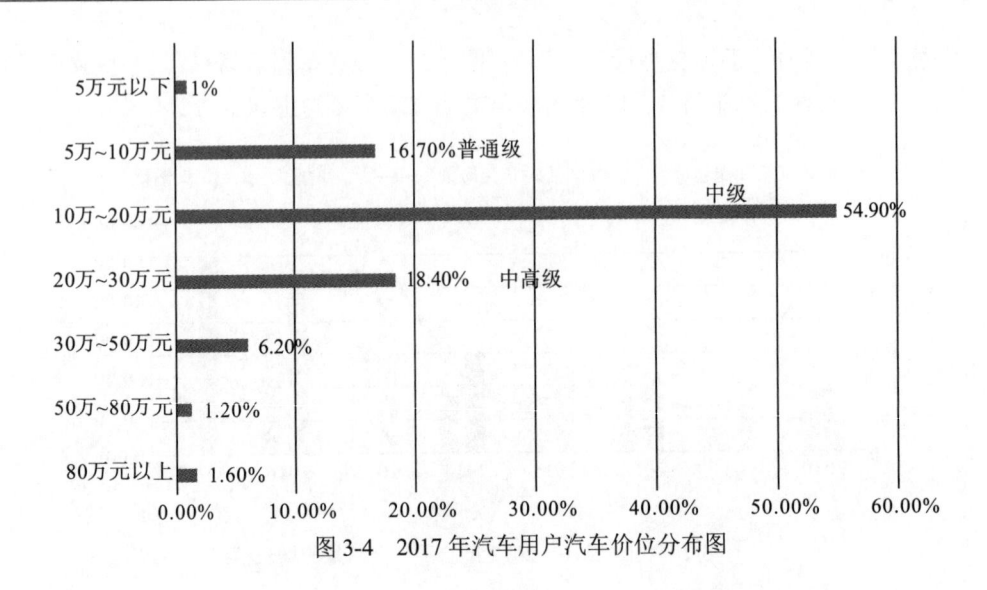

价位	比例
5万元以下	1%
5万~10万元	16.70% 普通级
10万~20万元	54.90% 中级
20万~30万元	18.40% 中高级
30万~50万元	6.20%
50万~80万元	1.20%
80万元以上	1.60%

表 3-13 开展汽车美容与装饰交易的国外代表品牌

公司名称	公司运作特点	在国内发展状况
固特异	门店零售	在全国范围内已经建立了近100家经销商、1600多个固特异签约店,并且在全国推广新形象的授权服务中心网络,为客户提供更完善的一站式汽车养护产品和服务
博世	网络化经营	在中国建立了自己的"博世专业维修"网络化经营商店,最早一批经销商如今都已经成为当地汽车服务领域的领头羊
黄帽子	"一站式"专业服务	2002年进入中国,为客户提供汽车零部件和其他用品、维修保养、检测等"一站式"的专业服务
蓝霸	连锁超市模式	美国蓝霸(NAPA)于2006年开始进入中国,这种模式集整车销售、零部件供应、装饰维修、信息平台、二手车交易、汽车租赁等汽车相关联市场为一体

5) 汽车保险行业

随着经济的稳步发展,机动车保险市场发展趋势基本延续了改革开放以来的良好态势,机动车保险行业在复杂多变的环境中实现了又快又好的发展,可持续发展能力不断增强。截至2011年底,国内有59家财产保险公司中的48家开展了机动车保险业务,其中中资37家、外资11家。我国汽车保险行业的发展历程如图3-5所示。

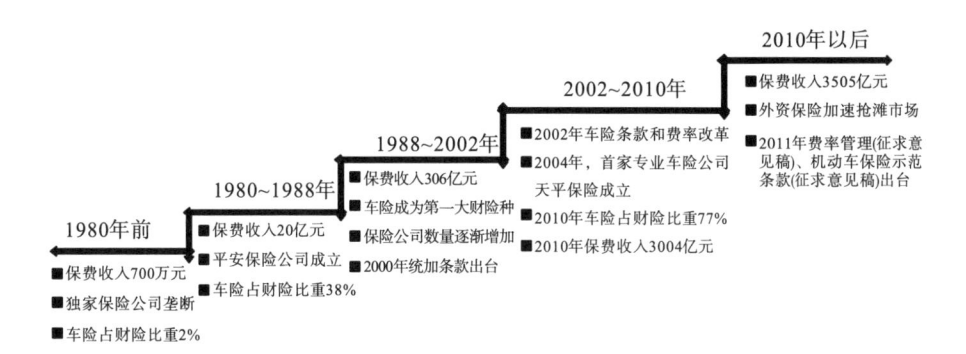

图 3-5 我国汽车保险行业的发展历程

2016 年，我国汽车保费收入超过 6028 亿元，同比增长约 9.28%。机动车保费收入在整个财产保险市场保费总量中的比例保持在 60%以上，发展趋势稳定明确，如图 3-6 和图 3-7 所示。

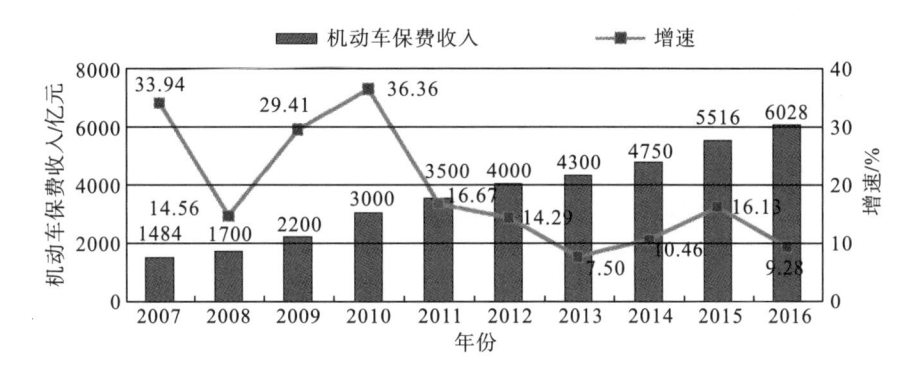

图 3-6 2007~2016 年我国机动车保费收入及增长

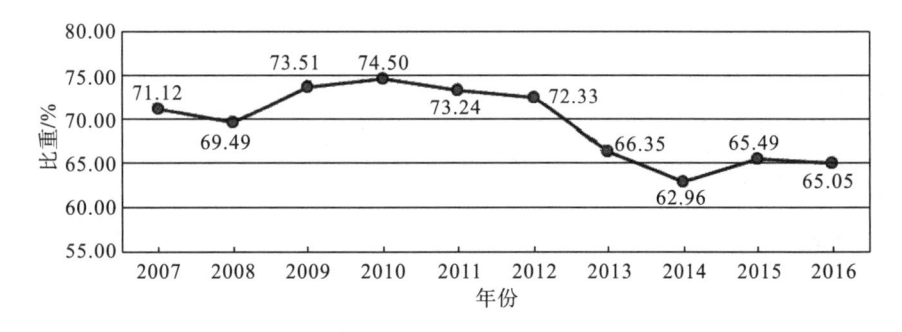

图 3-7 2007~2016 年我国汽车保费收入比重情况

同时，我国汽车保险的保险深度和保险密度均呈上升趋势，这反映出汽车后市场对于汽车行业的需求与日俱增，如图 3-8 和图 3-9 所示。

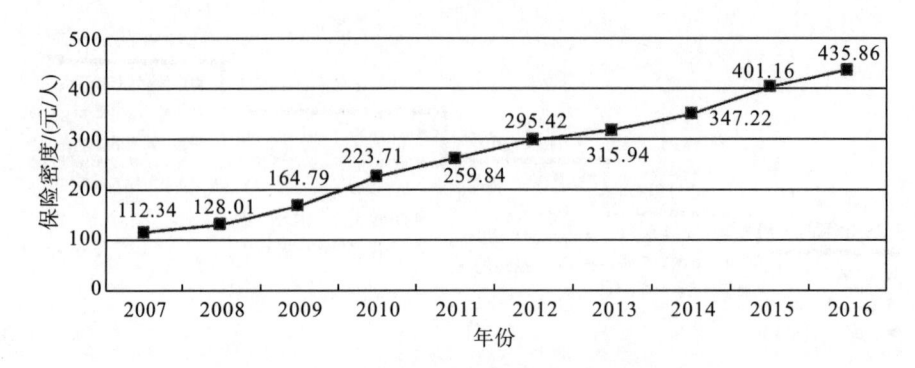

图 3-8 2007~2016 年我国汽车保险市场的保险密度

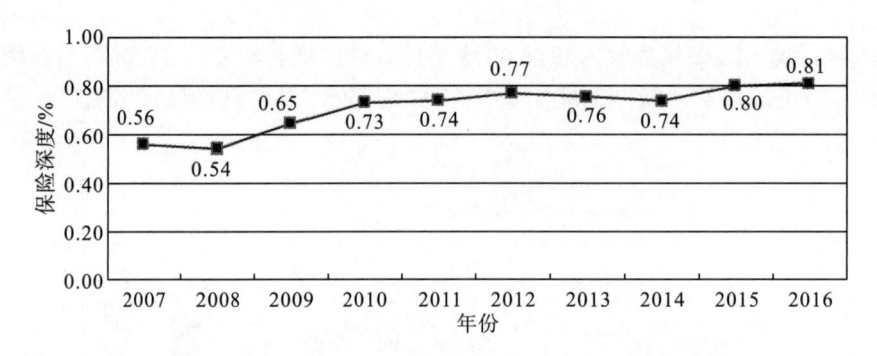

图 3-9 2007~2016 年我国汽车保险市场的保险深度

注：保险深度的计算公式为保险深度=一国保费收入/国内生产总值×100%

6）汽车会展行业

我国汽车会展行业经历了三个发展阶段，即政府包办阶段；政府主办、协会协办、企业承办阶段；企业市场化阶段，在此阶段市场化特征更加显现。我国汽车会展行业的市场化特征表现在资本运营、办展方式、场馆经营、竞争等方面。目前，我国汽车会展行业有向国际化、品牌化、信息化和专业化发展的趋势。

表 3-14 对我国四大汽车展览会的概况进行了简单介绍。

表 3-14 我国四大汽车展览会概况

展览会名称	展览会简介
北京国际汽车工业展览会	从 1990 开始，每两年一届，每逢双年举办一届。到 2011 年第十一届时，展会规模创下亚洲和国内汽车展览会的新纪录。展会面积达 22 万平方米，共接待 78.56 万海内外观众，海外媒体达到 200 余家
上海国际汽车工业展览会	从 1985 年开始，每两年举办一次。第十四届上海车展启用上海新国际博览中心全部 13 个室内展馆和室外场地，规模超过 20 万平方米。有 20 个国家和地区超过 2000 家中外汽车商参加车展，车展期间共接待参观者 70 万人次
广州国际汽车展览会	定位于"高品位、国际化、综合性"的高要求，从 2003 年至今，已经发展成为我国国内最知名的车展之一。2011 年第九届广州国际车展规模达 18 万平方米，有参展商 1000 家，观众逾 50 万人次
成都国际汽车展览会	代表西部车展最高规模和水平，以"品位汽车文化，体验动感生活"为主题，也是全国的品牌展会之一。2012 年，成都车展共启用了 9 个展馆共计 13 万平方米的展出规模，参展品牌 87 个，参展厂商 420 家，展出车辆千余辆。共吸引观众 58 万人次，销售车辆共计 19856 辆，其中豪车销售 873 辆。有 5182 名中外记者参加了此次车展并参与报道

2. 国内新兴汽车后市场产业发展现状

1) 汽车运动行业

随着汽车保有量的迅速增长,汽车运动在我国也获得了较快发展。但由于整体市场的不成熟,汽车运动对于广大消费者来说,还是属于新鲜事物,它在快速成长中,还存在"基础脆弱下的隐忧与困难"等问题:①本土汽车运动人才的缺乏;②本土汽车运动人才培养机制的缺失;③本土汽车运动的市场化程度较低;④国产汽车企业缺乏稳定的核心竞争优势。

近年来,中国汽车运动联合会为我国的汽车运动发展提供了许多的赛事安排和发展支持,如在上海举办的F1"收官"分站赛、世界摩托车锦标赛、V8超级房车赛等,以及在我国举办的汽车场地锦标赛,都表现出了对汽车运动的大力推进。由于赛事的带动,我国汽车运动在短时间内得到极大关注,并且相关的汽车运动也得到迅速发展。

表3-15对我国近年举办的本土知名汽车赛事进行了简单介绍。

表3-15 我国近年举办的本土知名汽车赛事

赛事名称	赛事简介
中国大学生方程式汽车大赛(FSC)	中国大学生方程式汽车大赛是由高等院校汽车工程或汽车相关专业在校学生组队参加的汽车设计与制造比赛。比赛给予参赛学生团队1年的时间,利用所学知识和技能,设计、制造出符合大赛规则和标准的小型单座赛车,使其能够达到在加速、制动、操控性等方面表现突出,并能够完成全部或部分赛事环节的比赛
中国房车锦标赛(CTCC)	中国房车锦标赛是由原全国汽车场地锦标赛于2009年更名而来,主要是在赛制上更加与国际化接轨。中国房车锦标赛包含2000cc组和1600cc组两个级别的比赛。每届中国房车锦标赛共设置八站比赛
中国汽车拉力锦标赛(CRC)	中国汽车拉力锦标赛是由中国汽车运动联合会及举办地人民政府联合主办的全国性汽车拉力赛事。截至2011年,赛事共有9站比赛,吸引了来自全国20个省市的21支车队、80辆赛车、83名车手参与角逐
中国方程式大奖赛(CFGP)	中国方程式大奖赛是我国唯一的最高级别方程式赛事。由我国最高水平的方程式选手参赛,代表了我国汽车运动最高水平,也是培养我国本土F1选手的摇篮。大奖赛经国际汽车运动联合会(FIA)和中国国家体育总局批准,由中国汽车运动联合会(FASC)主办,属于亚洲的洲际赛事

2) 汽车改装行业

2004年5月1日实施的《中华人民共和国道路交通安全法》规定:任何单位和个人不得拼装机动车或者擅自改变机动车登记的结构、构造或者特征,极大地限制了汽车改装市场的发展,但不断膨胀的市场需求也催生了车辆管理法律、法规的变革。2008年5月27日和2012年9月12日,公安部分别发布第102号令《机动车登记规定》和第124号令《公安部关于修改〈机动车登记规定〉的决定》,实际变相认可了车主可先改装后申请变更登记。变更登记的范围包括改变车身颜色、更换发动机和更换车身或者车架。政策瓶颈解除,必将触发更多的消费需求。可以预见,我国汽车改装行业的发展已经进入重要关头。

目前,我国汽车改装行业存在许多问题,体现为:产业的地区之间发展不均衡;专业化程度不高,不具备竞争优势;产品层次偏低,缺乏长期良性发展;改装车的技术评估和安全评估第三方机构缺失;人才层次和数量供不应求;未建立市场体制机制。总体来说,还处于亟待发展和推动的行业。

表 3-16 列出了进入我国市场的国外知名改装企业。

表 3-16 进入我国市场的国外知名改装企业

公司名称	品牌名称	主营业务
ABT	大众车系	内饰、动力以及悬挂改装
AMG	奔驰	引擎测试、调校、动力、外观改装，提供空气动力套件、轮圈、饰件
宝马运动部	宝马	内饰、动力及外观改装
TECHART	保时捷	整车、个性改装、专业维修、原厂零件提供
哈曼	宝马、兰博基尼等	定制化的高端改装
RALLIART	三菱	ECU 调校、动力及外观改装
MUGEN	本田	ECU 调校、外观以及排气系统改装

3) 汽车金融行业

我国汽车金融行业主要服务于汽车的消费信贷业务。经营汽车金融业务的主体包括汽车经销商、银行及其他非银行金融机构等。所涉及的汽车金融产品包括汽车信贷代理审批、汽车信贷提供、汽车保险、汽车置换、各种缴费增值服务等。我国汽车金融产品的构成如图 3-10 所示。

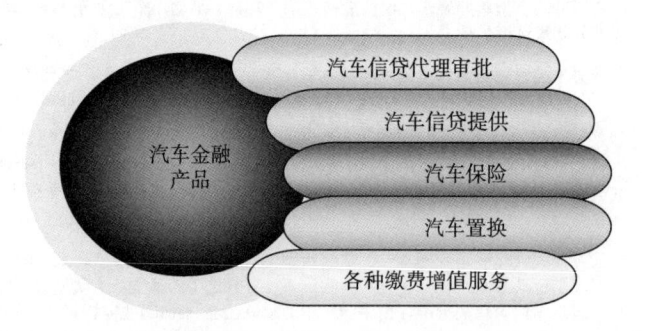

图 3-10 我国汽车金融产品的构成

根据各经营主体在信贷业务过程中所承担的职责及与消费者关联度的不同，可将国内汽车消费信贷盈利运作模式分为三种：以银行为主体的直接模式、以销售商为主体的间接模式和以非银行金融机构为主体的直接模式。

截至 2012 年 10 月，我国境内已经拥有 14 家汽车金融公司。

4) 汽车旅游文化娱乐行业

汽车旅游文化娱乐行业主要包括与汽车相关的旅游、主题公园、影院、博物馆以及汽车餐厅等，在我国起步较晚，但发展迅速。

汽车旅游：主要是指自驾汽车进行旅游，包括各类型的车辆。2016 年《中国旅游业"十三五"发展规划纲要》提出要"加快发展自驾车旅居车旅游"。目前，国内自驾车旅游的参与形式包括个人、团队和汽车俱乐部三种。居民自驾车旅游的出行目的主要是观光和休闲度假。汽车旅游文化娱乐行业的相关信息如图 3-11～图 3-13 所示。

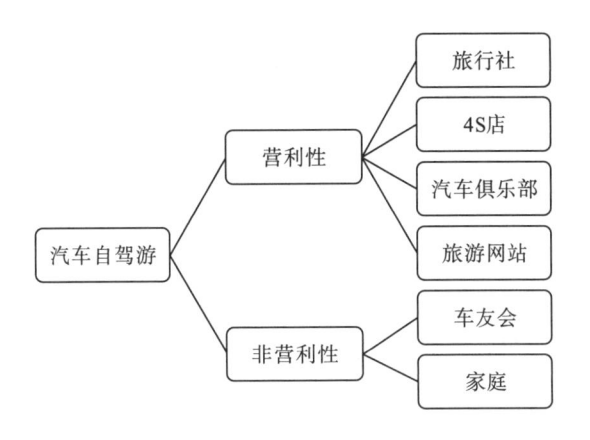

图 3-11 汽车自驾游组织形式

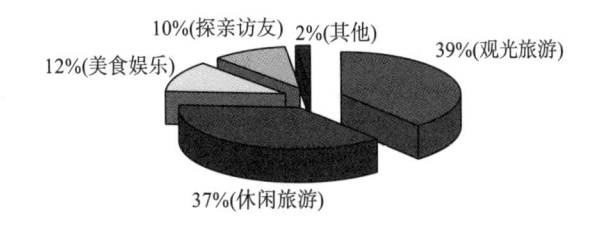

图 3-12 汽车自驾游各出行目的比例

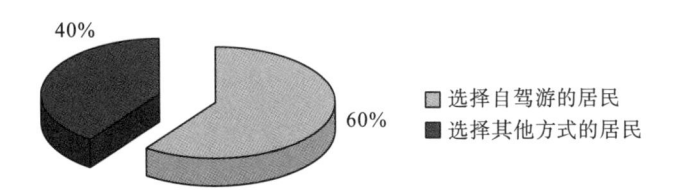

图 3-13 北京、上海、广州和深圳居民选择自驾游出行的比例

我国房车旅游业与国外相比，起步晚、发展慢、露营地数量少、规模小、配置低，具体比较如表 3-17 所示。

表 3-17 我国与国外房车露营地发展的对比

项目	中国	国外
露营地数量	我国目前共有 18 个适合汽车露营的营地，主要分布在京津地区和珠三角地区	在国外，特别是汽车产业发达的国家和汽车保有量较大的国家，露营地数目很多，大多是风景区或者有特殊主题的地区
规模与设施	总体规模不大，基础设施不完善，大多数只有基本的水和电，以及一些非常基础的网络设施，几乎没有娱乐设施	包含的规模层次较多，能够提供各个层次以及不同时间长短的露营需求。基础设施比较完善，不仅是基本的水、电、网络，还包括一些户外运动在内的运动服务区，以及一些高标准的休闲娱乐区
露营地管理体系	缺乏系统的、标准化的、成熟的露营地管理体系和相关的规范	发展成熟，具有可复制的、非常标准化的露营地管理体系和章程，露营地还具有高科技管理手段

续表

项目	中国	国外
露营地星级建设标准	缺乏统一的行业标准,以及标准划分,极大程度影响了国内营地的建设和发展	具有统一的行业标准,根据露营地的建筑、场地、设施来划分等级,并且会定期检查和评估,以保证高标准的营地服务

2007年,我国房车保有量是1550辆,2017年达到69432辆。按当前房车拥有数量来划分,国内的房车呈现出北方多于南方的格局。对国内房车保有量进行调查统计发现,一般有四类群体会选购房车,按照拥有的数量从高到低划分,分别是房车的租赁公司、房车露营地、企业商用和个体。

由于购置费用和日常维护费用高昂,房车旅游大都采用租赁形式,因此国内的房车大多数被租赁公司购买。许多旅行社、房车俱乐部都开始与各地景区和露营地合作,推出了房车旅游项目。

汽车主题公园:在国内起步晚,主要是指围绕汽车产品和汽车文化建设的大型汽车主题综合性公园。目前,我国只有北京、上海、长春等地规划建设有汽车主题公园(表3-18)。

表3-18 国内知名汽车主题公园概况

上海国际汽车城	规模	占地约98平方千米
	主题	兼具旅游与贸易特性的国际化汽车主题城
	功能构成	(1)汽车核心贸易区 (2)汽车主题公园 (3)安亭新镇 (4)F1赛场 (5)汽车制造基地 (6)汽车教育园区 (7)汽车研发区
	特色	时尚、科技、未来
	定位	发展汽车超市的经营模式,在此基础上扩展相关产品的销售、旅游、延展汽车产业链的前端和后端,以产品和服务为纽带,建设具有多功能的全程服务主体城,力求建成国际化的汽车交易和文化中心
北京世界汽车之窗	规模	占地约42.1万平方米
	主题	世界名车专卖店聚集,兼特色汽车园林文化旅游观光
	功能构成	(1)汽车专卖店 (2)汽车会展中心 (3)汽车公园 (4)汽车博物馆 (5)汽车宾馆
	特色	都市化花园式的旅游特色,常年对外开放
	定位	集汽车的展示、交易、运动和文化于一体,拓展新型汽车营销模式

续表

长春汽车文化园	规模	占地约 36 万平方米	
	主题	记录及再现中国五十余载汽车发展史	
	功能构成	(1) 汽车文化馆藏区	
		(2) 名品新车展销区	
		(3) 试乘试驾体验区	
		(4) 全面配套服务区	
		(5) 园林景观休闲区	
		(6) 专业赛车娱乐区	
	特色	坐落于中国汽车的发源地——长春，对我国汽车工业的发展具有强烈的标志性意义	
	定位	集汽车文化与娱乐于一体	

汽车影院：1998 年在我国问世，逐渐在国内大中型城市发展，主要集中于三类人群：家庭、情侣和外地车主。但国内的汽车影院在配套服务上还是与国际上的标准存在较大的差距：基础设施不完善，不能满足消费者日益增长的精神文化和物质需求。

汽车博物馆：我国汽车博物馆一般没有单独设立，而是作为汽车展览或主题公园的组成部分之一存在，主要分布在一线大中城市，如北京、上海、南京、长春等。

3.1.3 汽车后市场的界定

如果按照销售前与销售后所涉及的不同产品和服务，汽车市场可以划分为两种市场，即汽车前市场和汽车后市场。顾名思义，汽车前市场可以理解为与汽车相关的生产经营和服务链条的前端，而汽车后市场则是以销售为临界点的汽车产业链条的后端。本书所界定的汽车后市场产业集群不仅局限于涉及的下游服务行业，还包括上游的一些相关产业，如零部件制造、汽车维护美容材料的生产等，因此它不是一个完全意义上的服务集群，而是生产和服务相结合的产业集群。

汽车后市场的生产和服务两重属性，使得汽车后市场本质地区别于另一个概念——汽车售后市场。汽车售后市场主要是指销售汽车后，围绕消费者需求开展的一系列服务。而汽车后市场不仅包括售后市场，还包括生产链上游的一些生产和制造产业。检索汽车售后市场的相关文献可以发现，我国许多学者通常把汽车维修保养、汽车零配件服务等个别汽车后市场业务等价为汽车售后市场，相关研究也基本是围绕这几个业务展开的。曾珠等(2013)在其研究中构建的汽车售后服务本体模型，是通过对车主维修记录信息来预测和推断不同类别顾客可能会需要的其他售后服务，并用此研究结果来提高汽车维修企业的服务质量。徐文强(2011)在其研究中建立了汽车等售后服务产品物流配送中心的选址模型，建立模型的目的是缩短汽车维修保障周期，以便更好地提供服务。张洪(2005)在现代汽车售后服务管理体系的研究中，对汽车维修服务企业的保修技术服务、维修服务站运作、零部件库存管理进行了详细的研究。这些都是我国学者针对汽车售后市场做的研究，其可以认为是汽车后市场内容的一部分，对本书有比较重要的参考和借鉴价值。

本书认为，汽车售后市场属于汽车后市场的一部分，前者的参与对象主要是汽车本身，其发展重点在于车主对汽车本身的体验；后者的参与对象不仅包括汽车本身，还包括和汽车相关的事物，如汽车文化、汽车娱乐等，其内涵更加丰富，体系更为完整。

现有研究针对汽车后市场的定义又有不同的观点，其中以三种观点为主导。第一种观点是指消费者使用汽车过程中产生的对各种服务的需求，包括汽车美容、汽车的保养和维修、改装、燃油等。第二种观点是指在整车从销售商到达消费者手中开始的所有服务的总和。第三种观点是指作为汽车产业链的重要组成部分，这种比第二种观点等认识更加宽泛的范围，体现在不仅包括整车落地销售后的生产服务，还包括驾校、停车场、救援系统、各种交通的信息等服务。

因此，本书对汽车后市场应理解为：在汽车销售时及销售以后，消费者在整个过程中所获得的各种生产和服务的总和。也可以理解为，这期间实际上就是汽车离开销售商到消费者，并最终以退出使用市场和流通市场为节点的过程。而这些所有生产和服务的总和，是指包括物质上和精神上的各种最终产品与中间产品。

3.2 汽车后市场细分、产业链驱动因素分析、产业特征及产业链的产值份额

3.2.1 汽车后市场细分

1. 产业细分

汽车后市场的提出最初是根据汽车销售的前后所涉及的不同产业及其市场特点来划分的。经过调查研究与专家论证，本书认为，现在我国汽车后市场所涉及的业务单元大致有7个，产业细分的结果包括：①汽车保险行业；②汽车金融行业；③汽车维修及配件行业；④汽车IT行业；⑤汽车美容与装饰行业；⑥汽车文化及汽车运动行业；⑦二手车交易及汽车租赁行业。

2. 业务细分

在7个汽车后市场业务单元下，根据各单元涉及的业务，又可以更加细化地列举出19大业务：①汽车美容；②汽车装饰；③汽车养护；④汽车电子；⑤汽车娱乐影音系统；⑥汽车改装；⑦汽车饰品类；⑧汽车轮胎服务；⑨汽车专业维修；⑩汽车办公用品；⑪汽车租赁；⑫汽车俱乐部；⑬二手车业务；⑭汽车文化；⑮汽车融资；⑯汽车广告；⑰汽车资讯；⑱汽车培训；⑲汽车电子商务。

3. 功能细分

汽车后市场产业链上的各个业务单元在市场上产生链接和创造共同价值，使得后市场的7大业务单元和19大主要细分业务形成了一个相互联系、相互交织的价值网络。具有

核心功能的业务单元是市场所必备的，是市场的主体和核心，体现了市场的规模；实现辅助功能的业务单元是市场的配套和补充，其匹配程度体现了市场的效率；特色功能的业务单元是市场价值提升的渠道，其丰富度体现了市场的特色。各功能区的业务单元的增值程度不同，增值途径各异，这是认识和优化汽车后市场的基础。

因此，在以上分析的基础上可以将汽车后市场产业链划分为三个功能区，如图 3-14 所示。汽车后市场价值链围绕"核心-辅助-特色"的实现路径，将汽车销售与维修、各类汽车配套的产品和服务、汽车文化氛围营造以及汽车运动的推广，通过层层递进、相互交织，形成各业务单元相互联动、支撑，逐步增值的过程。

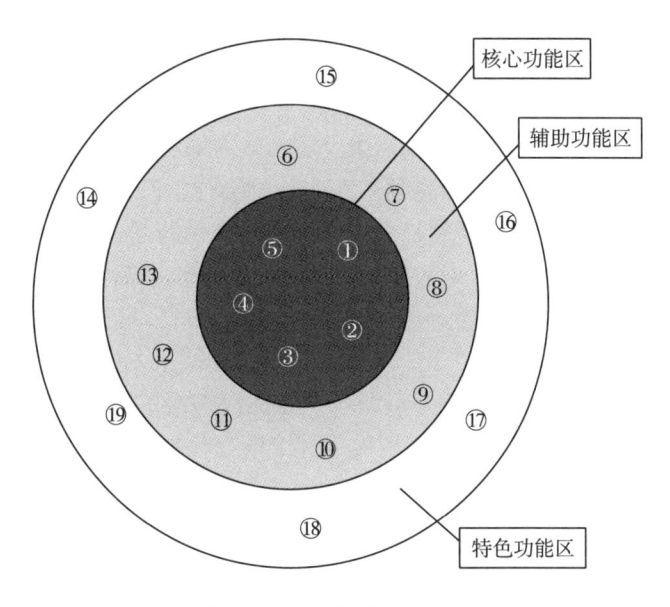

图 3-14 汽车后市场的业务细分

核心功能区(核心层)：①汽车养护；②汽车轮胎服务；③汽车专业维修；④汽车租赁；⑤二手车业务。辅助功能区(配套层)：⑥汽车美容；⑦汽车装饰；⑧汽车改装；⑨汽车饰品类；⑩汽车俱乐部；　汽车融资；　汽车培训；　汽车电子。特色功能区(延伸区)：　汽车电子商务；　汽车娱乐影音系统；　汽车办公用品；　汽车文化；　汽车广告；　汽车资讯。

尽管对汽车后市场进行了细分，但是我国国内汽车后市场发展中还存在诸多问题。例如，行业基础薄弱、服务理念落后、综合素质不高、市场秩序混乱、服务能力不足等问题均影响我国汽车后市场的发展。如何主动把握和积极适应经济发展新常态，强化我国汽车后市场产业的管理，提高自身的竞争能力，扩大汽车消费，推动国民经济更快更好发展，成为摆在我国汽车后市场产业面前的紧迫课题。

3.2.2 汽车后市场产业链的驱动因素分析

汽车后市场需求是指私家车主和组织车主对汽车后市场产品和服务的购买欲望与购

买力之和,汽车后市场驱动因素共有以下九类。

(1) 商品或服务价格:遵循市场经济中的需求定律,即汽车后市场商品和服务的价格与需求量变化成反比。特别是在竞争程度越高的市场,价格的影响越重要。

(2) 合理密度和合理容量:超过汽车合理密度和汽车合理容量,汽车行驶会在一定路段或区域产生交通拥堵,直接成本和间接成本增加,汽车后市场就接近饱和状态,上升空间不大。

(3) 汽车保有量:一个国家、地区或城市已经拥有汽车的数量,决定了汽车后市场的现实需求量。

(4) 消费者收入水平:消费者的收入增加时,会拉动对汽车装饰、汽车改装或其他汽车特色服务的需求量。

(5) 燃料和能源价格:汽(柴)油、天然气(CNG、LNG)、电力是与汽车后市场最相关的商品,其价格的变动会对汽车的购买需求及后市场产品和服务的需求量呈现逆向波动。

(6) 国家政策导向:国家对于市场的干预和控制会使得汽车后市场的供给和需求发生变化。国家通过限制价格、建立税制,来影响汽车后市场的需求和供给。

(7) 消费者收入预期:消费者对收入的预期是从影响汽车后市场需求的角度影响市场的。如果消费者对自己收入预期会上升,则会使得需求增加,需求曲线向右移动,进而增加需求数量,提高市场价格。

(8) 消费者的偏好:消费者的偏好反映了当完成汽车后市场的某种业务或者产品交易时,能够给消费者带来的效用程度。可用效用程度的变化来反映消费者的需求变化。如果消费者的偏好发生变化,则会引起汽车后市场需求量的变化。

(9) 人口总量:人口总量的增加是地区和国家发展的结果,也是城市化进程的结果。人口总量增加意味着消费者数量增加,对于市场需求,消费者数量增加,表示由单个消费者需求水平加总的市场需求曲线会向右移动,进而会引起汽车后市场需求量的增加。

3.2.3 汽车后市场产业特征

由于汽车后市场服务于满足消费者对于汽车产品、汽车文化等的各种需求,需要以满足消费者的需求为中心。汽车后市场的服务领域量多面广,内部分工细致,服务类型多样。从1990年起步至今,国内汽车后市场已经经历了开始阶段、高速发展阶段、重新洗牌阶段、品牌为龙头的多种服务模式并存的综合发展阶段。目前已经逐步形成了区别于其他行业的显著特征。

服务的区域化:汽车的使用情况与各地的路况、交通政策有很大的相关性。因此,需要考虑不同地区的消费者需求。汽车后市场业务单元为适应本地区域客户服务的需要而做出改变,其服务需求呈现出区域化特点。

服务的分工化:汽车后市场以满足不同消费者的最终需求为基础,消费者层次的变化和需求的变化,必然导致汽车后市场不仅要以围绕汽车销售以后的产品,还必须包括各种服务和文化等多重业务和功能。

服务的体系化:汽车售后的修、管、用、养、维、保、娱等业务都需要物流、资金流、信息流有良好的支持。高效快捷是消费者顺应高节奏现代生活的共同诉求。由于汽车制造商、售后服务提供商、零配件制造、供应商的协作日益密切,汽车后市场服务已经逐步成熟并形成体系。

服务的标准化:车型的不同导致了对不同系列汽车的产品和服务需要更加多样化。但多样化可能导致的结果是无法在统一的标准下提供同等水平的服务。这就意味着消费者接受的服务可能得不到保障。因此,建立标准化的服务既是消费者迫切的需求,也是市场稳步发展的要求。国家、地区需要制定行业标准和规则,并努力与国际接轨,可使我国汽车后市场能够提供更好的服务。

服务的品牌化:品牌是汽车后市场各业务单元主体维持竞争优势的有效手段。品牌化不仅可使竞争优势得以聚集,还可使对质量的高标准要求能够通过口碑等形式建立企业与消费者之间的互信,从而增强客户的品牌忠诚度。若要维持规模经济,一般市场势力较大的企业都非常注重服务品牌化的建设。

3.2.4 汽车后市场产业链的产值份额

按照国际上汽车产业的平均收入利润率波动范围4%～5%的区间,我国在2008年就已达到6.3%,高于世界平均水平1～2个百分点。

但通过仔细对比国内外汽车市场销售额的构成可以发现,我国的汽车市场仍然处于发展初期。在国外成熟市场,制造商仅占总销售额的20%,其余都是汽车后市场产生的价值:零配件、服务。而在我国的汽车市场中,制造商占到总销售额的40%,是国外的2倍,特别是汽车后市场中的服务,仅占总销售额的12%。因此,可以清晰地看到,虽然从数量上来说,我国汽车市场显示了较好的增长,但是结构不太合理,服务的比例过小,不利于汽车产业链的发展。成熟汽车产业的价值链分布如图3-15所示。

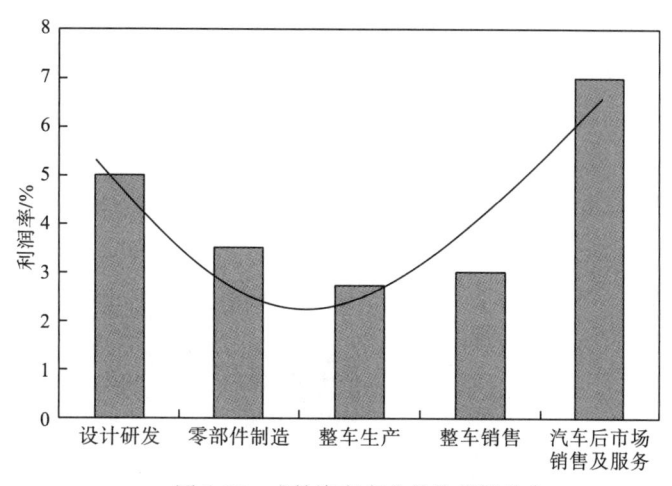

图3-15 成熟汽车产业的价值链分布

从国际上成熟的汽车产业价值链的分布情况来看,涉及整车生产的只占所有价值中最小的一个比例,而汽车后市场的销售及服务占比最大,约为70%。由图3-15的对比可知,我国的汽车后市场发展空间仍然非常巨大。

3.3 汽车后市场产业链的发展历程与发展规律

本书主要是探讨汽车后市场产业集群竞争力，因此在探索了国内外汽车后市场发展现状的基础上，需要进一步探讨汽车后市场的产业链发展历程和规律。

3.3.1 汽车后市场产业链的发展历程

19世纪60年代，随着产业革命的深化，为了充分维护用户利益和赢得竞争优势，由专业人员、专门机构、专有用品构成的汽车后市场应运而生。汽车后市场的发展主要经历了发展初期、发展中期和成熟期三个阶段，如图3-16所示。

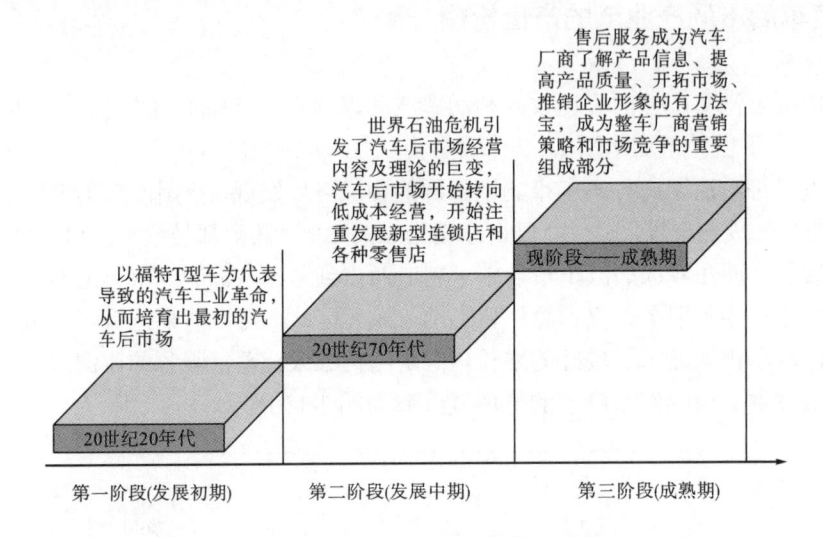

图3-16 汽车后市场的发展历程

我国汽车后市场的四个发展阶段，如图3-17所示。

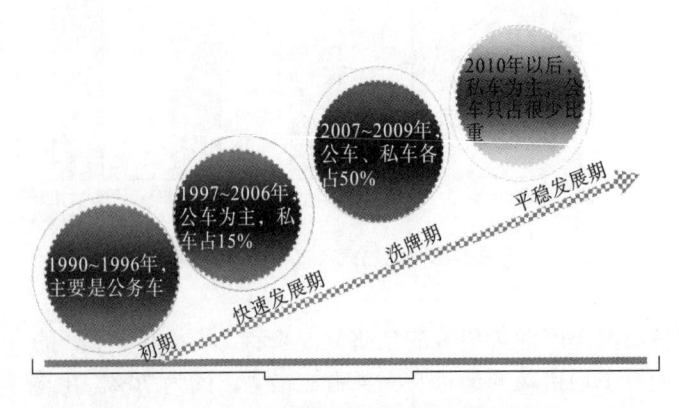

图3-17 我国汽车后市场的发展历程

3.3.2 汽车后市场产业链的发展规律

(1) 汽车后市场呈分工驱动型内生增长方式。劳动技术密集型的汽车后市场，其内部各业务单元分工加速了微观个体、中观层面乃至宏观的社会知识积累、技术进步，促进了新技术、新设备的发明和应用，推动了生产链的扩张。

(2) 汽车后市场呈防御性的高增长态势。汽车后市场规模增速和GDP增速之间存在正相关性，同时也和汽车保有量增速存在同向性。在经济衰退期，新车销量增速放缓，导致车辆在役年龄增加，从而增加了汽车后市场业务的需求。相对于新车市场，汽车后市场规模增速受经济波动的影响较小，具有防御性特征。

(3) 汽车后市场呈维修服务为主导的发展轨迹。从世界上成熟的汽车后市场来看，主要包括两种类型的业务：DIY (Do-It-Yoursef) 业务和 DIFM (Do-It-For-Me) 业务。虽然两种业务都有各自的优势，但以美国为代表的汽车产业发展成熟的国家主要侧重于选择DIFM业务，这样能够更大程度地促进市场的效率。就我国的生产要素特点分析，仍然存在高技能人才缺失、劳动密集型生产向资本密集型生产转型，因此也更加适合DIFM业务的发展。可以预见，在中国汽车后市场发展的将来，占据主导地位的会是DIFM业务。

(4) 汽车后市场呈国际化战略管理联盟的发展格局。21世纪起形成的"6+4"与"7+2"格局表明汽车产业已经逐步由企业间竞争的时代向国际化战略联盟发展。汽车后市场服务内容的标准化、服务形式的品牌化、服务特色的个性化促成以连锁经营为主体的汽车国际化战略管理联盟。

3.3.3 加快推进汽车后市场发展的实践总结

通过对国内外汽车后市场产业链的解读、产业发展历程回顾、发展现状分析和发展趋势研究，可以归纳总结出促进汽车后市场产业发展的一些基本经验。

(1) 促进汽车后市场产业快速发展，必须遵循汽车后市场的经济发展规律和规章制度，充分认识汽车后市场产业产品的商品性质。

(2) 促进汽车后市场产业快速发展，必须发挥好政府的政策调节作用。在政策制定和机制体制的建设上，以资源配置为基础，进行宏观调控和管理，有针对性地制定好规章制度。

(3) 促进汽车后市场产业快速发展，必须面向市场，在市场环境中充分发挥竞争与合作，并形成战略合作伙伴和投资者。

(4) 促进汽车后市场产业快速发展，必须通过建立产业基地、园区建设，加快对汽车后市场聚集地进行建设和完善。

(5) 促进汽车后市场产业快速发展，必须通过实施汽车后市场的优势产业和优势企业带动，促进主导优势核心竞争力的形成。

(6) 促进汽车后市场产业快速发展，必须完善以服务的品牌化为产业价值增值的重要基础，加快汽车后市场产业服务的标准化。

(7) 促进汽车后市场产业快速发展，必须坚持业态创新与产品创新。

(8) 促进汽车后市场产业快速发展，必须合理规划产业的结构和层次，形成各级地区的多向互动与协同，形成区域特色。

(9) 促进汽车后市场产业快速发展，必须加强我国企业的国际化战略和对外交流，使技术、知识和资本能够跨越国界流动，形成与国际接轨的竞争力。

(10) 促进汽车后市场产业快速发展，必须把握最重要的生产要素，即人的创新者推动作用，并努力搭建合作交流平台。

3.4 产业链稳定性与汽车后市场产业集群竞争力的典型相关分析

3.4.1 典型相关分析的理论基础

典型相关分析是分析两组变量之间的相关性。它与普通的线性相关分析不同，不考察两个变量在不同样本上的取值变化而计算其变化的相互依存性。典型相关分析是要解决两组变量的相关问题，也就是说，相关的已经不是两个单独的变量，而是用两组具有某种共同属性、指代某种含义的变量组，通过统计方法的计算找出相关系数。

典型相关分析的具体操作步骤为：①分别在两组变量中计算出各自的线性组合，这个线性组合需要满足线性组合之间最大相关系数的条件；②根据相关系数从大到小的顺序，依次找出若干组的相关性；③直到所有的相关性组合被提取完，运算结束。被找出的所有的线性组合配对就可称为典型变量，对它们计算相关系数，就能够得到两组变量的相关关系。

一般情况下，设 $X^{(1)} = \left(X_1^{(1)}, X_2^{(1)}, \cdots, X_p^{(1)} \right)$、$X^{(2)} = \left(X_1^{(2)}, X_2^{(2)}, \cdots, X_p^{(2)} \right)$ 是等待检验的两组变量。按照选取规则，分别选取若干组有代表性的综合变量 U_i、V_i，使得每一个综合变量是原变量的线性组合，即

$$U_i = a_1^i X_1^{(1)} + a_2^i X_2^{(1)} + \cdots + a_p^i X_p^{(1)} = a^{(i)'} X^{(1)}$$

$$V_i = b_1^i X_1^{(2)} + b_2^i X_2^{(2)} + \cdots + b_q^i X_q^{(2)} = b^{(i)'} X^{(2)}$$

首先，在保持典型变量唯一性的条件下，选取方差都等于 1 的 $X^{(1)}$、$X^{(2)}$ 的线性函数 $a^{(i)'} X^{(1)}$ 与 $b^{(i)'} X^{(2)}$，求使得它们相关系数达到最大的这一组。若存在常向量 $a^{(1)}$、$b^{(1)}$ 在 $D = \left(a^{(1)'} X^{(1)} \right) = \left(b^{(1)'} X^{(2)} \right) = 1$ 的条件下，使得相关系数 $\rho = \left(a^{(1)'} X^{(1)}, b^{(1)'} X^{(2)} \right)$ 达到最大，那么 $a^{(1)'} X^{(1)}$、$b^{(1)'} X^{(2)}$ 就是 $X^{(1)}$、$X^{(2)}$ 的第一对典型相关变量，它们之间的相关系数就称为典型相关系数。

然后，可以依次计算出第二对典型相关变量、第三对典型相关变量，直到将所有的典型相关变量找出。所有的典型相关变量可以用于衡量两组变量的相关程度。

最后，对相关系数进行统计显著性分析，可以得到典型相关关系是否显著，以此来说明选取的这些变量是否足够具有解释作用。如果统计显著性检验通过，那么可以认为变量组的选取比较合理，具有代表性，能说明和解释一定的问题；反之，则说明两组变量间相关程度不高，可能存在变量的选取问题或者本身两组变量在理论上就没有逻辑关系。

3.4.2 典型相关变量及典型相关系数

1. 计算原始数据的协方差

设有两组变量，$X^{(1)}$ 代表第一组的 p 个变量，$X^{(2)}$ 代表第二组的 q 个变量，假设 $p \leq q$。令 $\Sigma_{11} = \text{Cov}(X^{(1)})$，$\Sigma_{22} = \text{Cov}(X^{(2)})$，$\Sigma_{12} = \text{Cov}(X^{(1)}, X^{(2)}) = \Sigma'_{21}$，即将总的样本协差矩阵剖分为第一组变量的协差矩阵 Σ_{11}、第二组变量的协差矩阵 Σ_{22}，以及两组变量之间的协差矩阵 Σ_{12} 和 Σ_{21}。

2. 计算两个矩阵 A 和 B

$$\begin{cases} A = [\Sigma_{11}^{-1} \quad \Sigma_{12} \quad \Sigma_{22}^{-1} \quad \Sigma_{21}] \\ B = [\Sigma_{22}^{-1} \quad \Sigma_{21} \quad \Sigma_{11}^{-1} \quad \Sigma_{12}] \end{cases}$$

式中，A 为 $p \times p$ 阶矩阵；B 为 $q \times q$ 阶矩阵。可以证明，矩阵 A 和 B 具有相同的非零特征根，且非零特征根的个数 $r = \text{rank}(A) = \text{rank}(B)$。

3. 计算矩阵 A 和 B 的非零特征根

A 和 B 的非零特征根为 $\lambda_1^2 \geq \lambda_2^2 \geq \cdots \geq \lambda_r^2$；$a^{(1)}, a^{(2)}, \cdots, a^{(r)}$ 为 A 对应 $\lambda_1^2, \lambda_2^2, \cdots, \lambda_r^2$ 的特征向量；$b^{(1)}, b^{(2)}, \cdots, b^{(r)}$ 为 B 对应 $\lambda_1^2, \lambda_2^2, \cdots, \lambda_r^2$ 的特征向量。因此，最大特征根 λ_1^2 对应的特征向量 $a^{(1)} = (a_1^{(1)}, a_2^{(1)}, \cdots, a_p^{(1)})'$ 和 $b^{(1)} = (b_1^{(1)}, b_2^{(1)}, \cdots, b_q^{(1)})'$ 就是所求的第一对典型变量的系数向量，即

$$\begin{cases} U_i = a_1^i X_1^{(1)} + a_2^i X_2^{(1)} + \cdots + a_p^i X_p^{(1)} = a^{(i)'} X^{(1)} \\ V_i = b_1^i X_1^{(2)} + b_2^i X_2^{(2)} + \cdots + b_q^i X_q^{(2)} = b^{(i)'} X^{(2)} \end{cases}$$

最大特征根的平方根 λ_1 即两典型变量的相关系数，称为第一典型相关系数。同理，矩阵 A 和 B 的第二大特征根 λ_2^2 的平方根 λ_2 对应的特征向量 $a^{(2)}$、$b^{(2)}$，就是第二对典型变量的系数向量，称 $U_2 = a^{(2)'} X^{(1)}$ 和 $V_2 = b^{(2)'} X^{(2)}$ 为第二对典型变量，λ_2 为第二典型相关系数。类似地，依次可求出第 r 对典型变量：$U_r = a^{(r)'} X^{(1)}$ 和 $V_r = b^{(r)'} X^{(2)}$，其系数向量 $a^{(r)}$ 和 $b^{(r)}$ 分别为矩阵 A 和 B 的第 r 特征根 λ_r^2 对应的特征向量。λ_r 即第 r 典型相关系数。

在进行典型相关分析时，对于两随机向量 $X^{(1)}$、$X^{(2)}$，总共可以提取产业链稳定性与产业集群竞争力提升的 r 对典型变量，通过成对典型变量的提取减少分析变量，从而简化两组变量间的关系分析。

若第 k 个总体典型相关系数 $\lambda_k = 0$，则相应的典型变量 U_k、V_k 之间无相关关系，这样的典型变量可以不予考虑。由于第 k 个以后的典型相关系数逐渐减小，如果第 k 个典型相关系数不显著，则后面的典型相关系数均不显著。这样，可以建立如下原假设：$H_0 : \lambda_{k+1} = \lambda_{k+2} = \cdots = \lambda_k = 0$，$H_1 : \lambda_{k+1} \neq 0$。

用于检验的似然比统计量为：$\Lambda_k = \prod_{i=k+1}^{r} (1 - \hat{\lambda}_i^2)$。

统计量 $Q_k = -m_k \ln \Lambda_k$ 近似服从 $\chi^2(f_k)$ 分布，这是可以证明的，其中，$m_k = (n-k-1) - \frac{1}{2}(p+q+1)$，自由度 $f_k = (p-k)(q-k)$。

统计分析系统软件(SAS)会自动计算 $k=1$ 至 r 的上述卡方统计量以及对应的 P 值，如果 P 值小于给定的显著性水平 α，则拒绝原假设，表示第 k 个典型相关系数显著；如果 P 值大于给定的显著性水平 α，则不能拒绝原假设，表示从第 k 个开始往后的所有典型相关系数均不显著。

3.4.3 基于产业链稳定性的我国汽车后市场产业集群竞争力的指标体系选择

在选择产业链稳定性指标时，本着既能体现产业链稳定性的基本特点，又能做到比较简明的宗旨，本书选取"4S店数量"、"人均GDP"、"汽车保有量"和"轿车价格20万元的 R 值"四个指标。在考虑汽车后市场产业集群竞争力时，本书选取"企业数量"、"拥有业务数量加权比例"和"汽车产量集中程度"三个指标。

选取指标的主要依据为：①在后面设计基于产业链稳定性的我国汽车后市场产业集群竞争力指标体系时，主要考虑了七个方面的一级评价指标，分别是企业、市场、环境资源、政府、辅助机构、业务单元、服务能力。这七个一级评价指标的设计依据为分别考虑了产业链稳定性和汽车后市场产业集群竞争力这两个方面。②其中产业链稳定性的几个指标中，由于辅助机构这个指标所涉及的企业分类太多，在摸排统计时，会因时间上的误差造成统计误差，且误差较大，因此这里使用"4S店数量"作为辅助机构这个指标的量化；环境资源主要是指经济发展水平等因素，也是由于统计误差的控制，选取了可统计、可量化的"人均GDP"作为衡量的变量；在考虑市场指标时，考虑到市场规模统计的多样性，市场需求及其他能力难以量化，因此选择"汽车保有量"作为市场的衡量指标，"汽车保有量"在很大程度上影响着汽车后市场的规模、需求；在考虑政府方面指标时，由于各地经济环境、地理环境等很多因素的差异，政府的政策和导向在一定程度上依赖于当地最为重要的支柱产业，而考虑到研究的汽车后市场产业，本书选择了有针对性的"轿车价格20万元的 R 值"作为代表经济指导的衡量变量。③在汽车后市场产业集群竞争力的几个指标中，企业指标使用企业数量衡量，企业之间虽然存在竞争和合作，但总体来说处于一种动态的平衡中，因此企业数量能够代表企业的合作、竞争、成长和能力等；汽车后市场的业务指标衡量，主要是将本书确定的19种业务(包括5个核心业务层、8个配套业务层、6个延伸业务层)，按照地区拥有业务数量的加权比例选择了"拥有业务数量加权比例"这样的衡量变量；最后，在考虑汽车后市场的服务能力指标时，使用"汽车产量集中程度"来表示，汽车产量集中程度被认为是可以反映汽车后市场服务能力的一项指标。

通过汇集2014年度全国各项汽车产业调研报告、汽车后市场报道和研究文献，本书选择成都、北京、上海、广州、武汉、重庆6个地区作为代表，所整理的产业链稳定性和汽车后市场产业集群竞争力指标数据如表3-19所示。表中，X_1 代表"4S店数量"指标，X_2 代表"人均GDP"指标，X_3 代表"汽车保有量"指标，X_4 代表"轿车价格20万元的 R 值"指标；Y_1 代表"企业数量"指标，Y_2 代表"拥有业务数量加权比例"指标，Y_3 代表"汽车产量集中程度"指标,下同。

表 3-19 产业链稳定性和汽车后市场产业集群竞争力指标数据

	X_1	X_2	X_3	X_4	Y_1	Y_2	Y_3
成都	436	7.45	452	5.262	8913	97.21	2.02
北京	624	11.30	564	2.784	14828	100.00	8.73
上海	592	11.05	359	3.317	9600	99.74	9.93
广州	396	12.00	260	1.732	1268	100.00	8.35
武汉	299	11.08	261	4.922	4417	86.57	7.73
重庆	402	5.04	371	14.078	9466	96.45	9.90

资料来源:根据 2017 年相关资料整理。

3.4.4 产业链稳定性与我国汽车后市场产业集群竞争力的典型相关拟合过程

把上述反映产业链稳定性的 4 个变量 (X_1, X_2, X_3, X_4)作为第一组变量,反映汽车后市场产业集群竞争力的 3 个变量 (Y_1, Y_2, Y_3)作为第二组变量。运用 SPSS 18.0 和 SAS 7.0 统计软件进行典型相关分析。

首先利用 SPSS 软件将产业链稳定性的 4 个变量和汽车后市场产业集群竞争力的 3 个变量分别进行变量间相关性分析,以考察变量是否包含多样性,是否变量间存在相关,但又存在差别。这样做的理论基础是,只有在存在相关的前提下,典型相关分析才是有意义的,因为典型相关分析是要通过变量的线性变换提取每组变量的贡献最多的因素,以提取出的成对的变量再进行相关分析。而原始变量间又不能完全相关,如果完全相关,则失去了提取主要变量的意义。因此,比较合适的数据应该是存在相关,但相关系数有波动。表 3-20 和表 3-21 分别给出了产业链稳定性变量 X 间的相关系数和汽车后市场产业集群竞争力变量 Y 间的相关系数。

表 3-20 产业链稳定性变量 X 间的相关系数

变量 X	X_1	X_2	X_3	X_4
X_1	1.000	0.262	0.815	−0.384
X_2	0.262	1.000	0.349	−0.980
X_3	0.815	0.349	1.000	−0.398
X_4	−0.384	−0.980	−0.398	1.000

表 3-21 汽车后市场产业集群竞争力变量 Y 间的相关系数

变量 Y	Y_1	Y_2	Y_3
Y_1	1.000	0.937	0.010
Y_2	0.937	1.000	0.207
Y_3	0.010	0.207	1.000

从表 3-20 和表 3-21 可以看出,产业链稳定性的几个变量中,X_2"人均 GDP"和 X_4"轿车价格 20 万元的 R 值"的相关系数最大,为-0.980,因为 R 值是轿车价格与人均 GDP 的比值,所以这两组变量呈高度负相关关系是符合客观事实的;X_1"4S 店数量"与 X_3"汽车保有量"的相关系数为 0.815,也是客观现实的一个真实反映:汽车保有量与卖车、售后、服务的 4S 店数量密切相关。而汽车后市场产业集群竞争力的几个变量中,Y_1"企业数量"和 Y_2"拥有业务数量加权比例"有最大的相关关系,相关系数为 0.937,即表明各地区的企业数量和拥有业务数量基本呈强正相关关系,而 Y_3"汽车产量集中程度"与 Y_1"企业数量"、Y_2"拥有业务数量加权比例"的相关系数都非常小,分别是 0.010 和 0.207。

SAS 软件分析得出的产业链稳定性和汽车后市场产业集群竞争力的典型相关分析结果如表 3-22 所示。表 3-23 给出了典型相关系数的检验结果。

表 3-22 典型相关分析结果

序号	典型相关性	典型相关性调整	近似标准误差	平方典型相关性
1	0.998321	0.995701	0.001023	0.996645
2	0.856344	0.737299	0.168219	0.7333251
3	0.840730	0.830512	0.131108	0.706834

表 3-23 典型相关系数的检验结果

序号	特征值	误差	比例	累积	比值	F 值	df 数量	Den df	$P_r>F$
1	370.1443	369.0223	0.985042	0.985042	0.00069548	6.99	12	-2.354	0.0001
2	3.2098	12.9033	0.008542	0.993584	0.09435108	—	6	0.000	0.0013
3	2.4110	—	0.006416	1.000000	0.29316570	1.21	2	1.000	0.5414

表 3-22 和表 3-23 分别反映了两组指标的典型相关分析结果和典型相关系数检验结果。从分析结果看,第一对典型相关变量的典型相关系数为 0.998321,第二对典型相关变量的典型相关系数为 0.856344,第三对典型相关变量的典型相关系数为 0.840730,均表明产业链稳定性和汽车后市场产业集群竞争力存在正相关关系。分别对这三对典型变量的典型相关系数进行统计显著性检验,在显著性水平为 0.05 的条件下,前两对典型变量的典型相关系数的 P 值拒绝相关系数为 0 的原假设,通过了显著性检验,而第三对典型变量的典型相关系数没有拒绝相关系数为 0 的原假设,因此主要以前两对典型相关变量的典型相关系数来进行分析。

一般来说,如果所考察的数据的单位统一,数据具有直接可比较性,则可以直接在 SAS 典型相关分析中选择原始数据的非标准化的典型相关系数;反之,若变量所带单位不同,数据没有直接可比较性,则需要选择标准化的典型相关系数进行分析。由于产业链稳定性和汽车后市场产业集群竞争力的七个变量分别有不同的单位,为了使量纲统一有可比较性和可读性,这里选用标准化的变量典型相关系数。表 3-24 和表 3-25 表示提取出的代表原始变量总信息的典型变量 (U_1, U_2, U_3) 和 (V_1, V_2, V_3),并且每个变量与它所提取出来的典型变量之间的相关系数。

第3章　产业链稳定性与汽车后市场产业集群竞争力的相关分析

由表 3-24 可知，第一个典型变量主要负载了 X_2 "人均 GDP" 和 X_4 "轿车价格 20 万元的 R 值"的信息量，第二个典型变量主要负载了 X_3 "汽车保有量"的信息量。

表 3-24　标准化的产业链稳定性变量的典型相关系数

变量	U_1	U_2	U_3
X_1	2.4557	−0.6096	0.1085
X_2	6.2812	0.7615	−2.9082
X_3	−1.5179	1.2345	−0.5083
X_4	6.3464	0.4214	−3.7524

因此，可以用以下计算公式表示典型相关变量。

代表产业链稳定性的第一个典型变量为
$$U_1 = 2.4557X_1 + 6.2812X_2 - 1.5179X_3 + 6.3464X_4$$

代表产业链稳定性的第二个典型变量为
$$U_2 = -0.6096X_1 + 0.7615X_2 + 1.2345X_3 + 0.4214X_4$$

代表产业链稳定性的第三个典型变量为
$$U_3 = 0.1085X_1 - 2.9082X_2 - 0.5083X_3 - 3.7524X_4$$

由表 3-25 可知，前两个典型变量主要负载了 Y_1 "企业数量"和 Y_2 "拥有业务数量加权比例"的信息量。

表 3-25　标准化的汽车后市场产业集群竞争力变量的典型相关系数

变量	V_1	V_2	V_3
Y_1	−2.0881	2.3598	1.2551
Y_2	2.8017	−1.6239	−1.2379
Y_3	−0.3049	0.0442	1.1729

因此，可以用以下计算公式表示典型相关变量。

代表汽车后市场产业集群竞争力的第一个典型变量为
$$V_1 = -2.0881Y_1 + 2.8017Y_2 - 0.3049Y_3$$

代表汽车后市场产业集群竞争力的第二个典型变量为
$$V_2 = 2.3598Y_1 - 1.6239Y_2 + 0.0442Y_3$$

代表汽车后市场产业集群竞争力的第三个典型变量为
$$V_3 = 1.2551Y_1 - 1.2379Y_2 + 1.1729Y_3$$

3.4.5　产业链稳定性与我国汽车后市场产业集群竞争力的典型相关结果分析

根据SAS典型相关的分析结果，产业链稳定性变量和汽车后市场产业集群竞争力变量，以及它们典型变量的相关系数分别如表 3-26 和表 3-27 所示。

表 3-26　产业链稳定性变量及其典型变量的相关系数

变量	U_1	U_2	U_3
X_1	0.4293	0.4327	0.3736
X_2	0.1717	0.6244	0.6170
X_3	0.1544	0.8382	0.0570
X_4	−0.1416	−0.5850	−0.7416

表 3-27　汽车后市场产业集群竞争力变量及其典型变量的相关系数

变量	V_1	V_2	V_3
Y_1	0.5336	0.8389	0.1071
Y_2	0.7823	0.5960	0.1809
Y_3	0.2547	−0.2687	0.9289

产业链稳定性变量(X_1,X_2,X_3,X_4)和汽车后市场产业集群竞争力变量(Y_1,Y_2,Y_3)的典型变量(V_1,V_2,V_3)的相关系数如表 3-28 所示。

表 3-28　产业链稳定性变量和汽车后市场产业集群竞争力变量的典型变量的相关系数

变量	V_1	V_2	V_3
X_1	0.4293	0.4327	0.3141
X_2	0.1717	0.6244	0.5188
X_3	0.1544	0.8382	0.0479
X_4	−0.1416	−0.5850	−0.6235

由表 3-28 可知，主要负载 Y_1 "企业数量"和 Y_2 "拥有业务数量加权比例"信息的是 X_3 "汽车保有量"，这两者的相关系数为 0.8382，反映了这两者之间较为强烈的正向相关关系。在实际经济环境中，Y_1 "企业数量"和 Y_2 "拥有业务数量加权比例"越多的地区，因其能够满足汽车后市场的各种需求，会增加人们对于持有汽车的需求偏好，因此 X_3 "汽车保有量"也往往较多；而 X_3 "汽车保有量"较高的地区，为了满足汽车后市场的各种服务和需求，Y_1 "企业数量"和 Y_2 "拥有业务数量加权比例"也比较多。

汽车后市场产业集群竞争力变量(Y_1,Y_2,Y_3)和产业链稳定性变量的典型变量(U_1,U_2,U_3)的相关系数如表 3-29 所示。

表 3-29　汽车后市场产业集群竞争力变量和产业链稳定性变量的典型变量的相关系数

变量	U_1	U_2	U_3
Y_1	0.5336	0.8389	0.0900
Y_2	0.7823	0.5960	0.1521
Y_3	0.2547	−0.2687	0.7810

由表 3-29 可知，主要负载 X_3 "汽车保有量" 的信息代表 Y_1 "企业数量"，这两者的相关系数为 0.8389，因此反映了这两者之间较为强烈的正向相关关系。在实际经济环境中，X_3 "汽车保有量" 越多的地区，Y_1 "企业数量" 也比较多，以满足汽车后市场的需求；X_3 "企业数量" 越高的地区，因其各项服务、政策得到较好的实施，在一定程度上对汽车的销售、售后和汽车产业的各层面业务产生正向影响，从而使得 X_3 "汽车保有量" 提高。

无论从表 3-28，还是从表 3-29，都可以看到产业链稳定性与汽车后市场产业集群竞争力有着较强的正相关关系。典型相关分析的结果也进一步论证了在产业链稳定性的视角下构建汽车后市场产业集群竞争力评价指标的必要性和可行性。

第4章 汽车后市场产业集群产业链稳定性评价指标体系的构建

第3章探索了产业链稳定性与汽车后市场产业集群竞争力的相关分析，并对其进行了典型相关分析，说明汽车产业链稳定性与汽车后市场产业集群竞争力具有典型相关。既然具有典型相关，那么汽车后市场产业集群竞争力的评价指标体系如何构建？基于产业链稳定性视角下的汽车后市场产业集群竞争力的评价指标如何构建？这是两个必须解决的问题。本章主要构建汽车后市场产业集群产业链稳定性的评价指标体系，并对其进行实证分析。在此基础上，第5章将构建基于产业链稳定性视角下的汽车后市场产业集群竞争力的评价指标。

4.1 产业链稳定性及汽车后市场产业链稳定性的内涵

4.1.1 稳定性的内涵

根据《中国大百科全书——自动控制与系统工程》的界定，稳定性是指系统受到扰动后其运动能保持在有限边界的区域内或回复到原平衡状态的性能。

关于稳定性问题的探讨，必须涉及复杂性的问题。在这方面，生物学家与控制论及物理学家的观点是不太一致的。生物学家认为复杂的系统应当比简单的系统更稳定，而控制论及物理学家则认为简单的系统比复杂的系统更稳定。这种矛盾被陈平(2002)称为"复杂性悖谬"。生物学家与控制论及物理学家对于复杂性与稳定性关系的具体分析，可以参考胡国平(2009)博士论文《产业链稳定性研究》中的相关论述，在此不再赘述。

4.1.2 产业链稳定性的内涵

关于稳定性的问题可以从静态和动态两个方面进行思考。从静态来看，稳定性问题就是考察一个系统从初始状态扰动所引起的受扰运动能不能趋近或者逐渐返回到原来的平衡状态，这种受扰运动受到时间变化的影响。从动态来看，就是系统受到扰动以后的动态平衡状态的分析，可以这样说，任何系统均不是在任何时间内都能够保持稳定，而是在系统受到扰动以后由原来的平衡状态重新走向新的平衡状态的过程。

产业链就是由多个企业组成的一个战略联盟，组成这个战略联盟的企业之间是一种战略上的合作关系，更重要的是它们是一个利益共同体。组成这个利益共同体的企业在分工过程中必须得到自己合理的回报，否则就会有企业破坏这个利益共同体，造成产业链的断裂。可以说构成整个产业链的企业合理的利益分配是至关重要的，只有这样产业链才稳定，产业链动态稳定了，各个企业之间的合理分工才能正常进行，所以产业链的稳定性问题是研究产业集群竞争力非常重要的问题。

根据现有研究文献对稳定性的界定，再结合本书对产业链的理解和界定，我们认为产业链稳定性可以从两个方面进行理解：其一，在静态封闭条件下，如何保持某一具体产业的产业链条构成的完整性、各个企业之间的有效链接以及组成产业链的各个企业的正常运转；其二，在动态开放条件下，产业链必然受到内外部环境的影响，构成产业链的各个企业如何相互协调，化解风险，最终走向新的平衡状态。根据现有的相关研究文献，产业链稳定性必须体现出产业链的完备度、产业链供需平衡关系和产业链的开放程度等方面的内涵。

4.1.3 汽车后市场产业链稳定性的内涵

探索汽车后市场产业链稳定性对汽车后市场健康、可持续发展至关重要，只有健康可持续发展的汽车后市场，才能提升汽车后市场产业集群的竞争力，汽车后市场产业集群的竞争力提升了，才能服务于区域经济发展的需要。

根据前面的论述，产业链稳定性问题是从静态和动态两个方面进行分析的，那么关于汽车后市场产业链稳定性也需要从静态和动态两个方面进行界定。在静态条件下，主要考虑汽车后市场产业链条是否完整、产业配套是否完善、汽车后市场各个组成要素之间的链接是否有效、产业链运转是否正常等。在动态条件下，主要考虑汽车后市场产业链的纵向延伸、横向拓展的问题，也就是，当汽车后市场产业规模与实力不断增大时，其产业集群竞争实力不断提高的问题。

因此，汽车后市场产业链的稳定性主要考虑产业链的完整性和产业链的动态升级能力。根据相关研究文献，产业链的完整性与产业链的动态升级能力一般用长度(length)、宽度(width)、厚度(thickness)、产业之间的关联性(correlation)和产业链的生存发展环境(environment)来进行描述和衡量。这里分别用每一个单词的第一个字母表示，即汽车后市场产业链的 LWTCE 结构图，如图 4-1 所示。

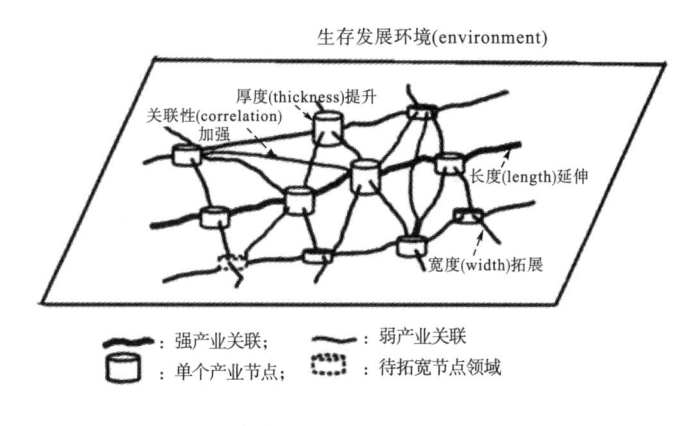

图 4-1 汽车后市场产业链的 LWTCE 结构图

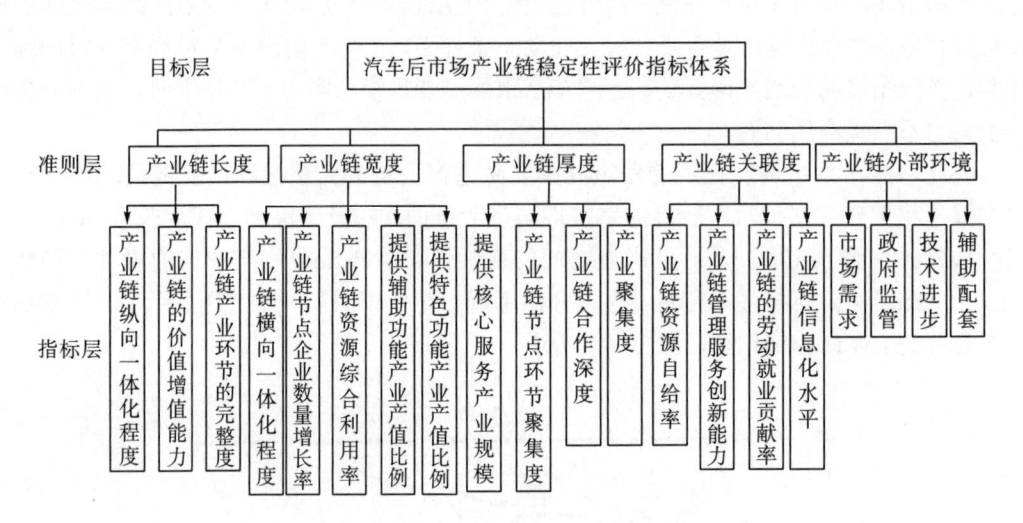

4.2 汽车后市场产业链稳定性评价指标体系

在界定了稳定性、产业链稳定性、汽车后市场产业链稳定性的基础上，本节将构建汽车后市场产业链稳定性评价指标体系，这个评价指标体系是汽车后市场产业集群竞争力评价指标体系的基础工作，也是本书后面提升汽车后市场产业集群竞争力制度设计的基础。

4.2.1 评价指标的选取原则和体系构建

1. 评价指标的选取原则

根据汽车后市场的特点，在汽车后市场产业链稳定性评价指标选择时的基本原则有客观实用性原则、独立可操作性原则、动态持续发展原则和典型代表性原则。

2. 评价指标的体系构建

经过考虑汽车后市场产业链的静态与动态双重稳定评价，同时考虑汽车后市场产业链的特性，并查阅相关研究文献、咨询企业界和高等学校的专家，以及进行实地调研后，所构建的汽车后市场产业链稳定性评价指标体系如图4-2所示。

目标层	汽车后市场产业链稳定性评价指标体系
准则层	产业链长度 | 产业链宽度 | 产业链厚度 | 产业链关联度 | 产业链外部环境
指标层	产业链纵向一体化程度；产业链的价值增值能力；产业链产业环节的完整度 | 产业链横向一体化程度；产业链节点企业数量增长率；产业资源综合利用率；提供辅助功能产业产值比例；提供特色功能产业产值比例 | 产业核心服务产业规模；产业链节点环节聚集度；产业链合作深度；产业聚集度 | 产业链资源自给率；产业链管理服务创新能力；产业链的劳动就业贡献率；产业链信息化水平 | 市场需求；政府监管；技术进步；辅助配套

图4-2 汽车后市场产业链稳定性评价指标体系

4.2.2 评价指标释义

表4-1给出了汽车后市场产业链稳定性评价指标的释义。

表 4-1 汽车后市场产业链稳定性评价指标释义

准则层	指标层	释义
产业链长度	产业链纵向一体化程度	产业链上的产业及企业的集成化程度
	产业链的价值增值能力	汽车销售后到汽车报废之前,发生价值增值过程的总次数
	产业链产业环节的完整度	产业链包含的产业类别和数量及提供的服务类型
产业链宽度	产业链横向一体化程度	横向企业的数量占汽车后市场汽车产业中企业总数量的比例
	产业链节点企业数量增长率	用产业链横向各环节以及每一环节中各个节点企业数量的增长率来描述
	产业链资源综合利用率	反映横向拓展是否合理有效,资源利用率越高,说明横向拓展进行越顺利
	提供辅助功能产业产值比例	汽车金融产业和汽车保险产业的产值之和与汽车后市场产业的总产值的比值
	提供特色功能产业产值比例	汽车文化和汽车 IT 产业的产值总和与汽车后市场产业的总产值之比
产业链厚度	提供核心服务产业规模	汽车养护行业、维修及配件行业、二手车交易及汽车租赁行业的发展规模
	产业链节点环节聚集度	反映产业及企业的发展进步潜力
	产业链合作深度	表现为产业链内企业、产业之间的信任程度、竞合关系和相互依赖程度
	产业聚集度	区域与全国的汽车后市场产业总产值的增长速度之比
产业链关联度	产业链资源自给率	通过产业链的资源自给率来描述产业之间最基础的供需联系
	产业链管理服务创新能力	体现产业之间在质量和技术上的关联
	产业链的劳动就业贡献率	描述劳动就业联系
	产业链信息化水平	体现产业链之间沟通交流的程度
产业链外部环境	市场需求	描述消费者的消费需求总和
	政府监管	如相关制度的制定和市场环境的维护
	技术进步	降低企业的生产成本,提高应变能力
	辅助配套	如持续提供经济方面的支持,它影响产业链未来的发展及其稳定性

4.2.3 汽车后市场产业链稳定性评价模型

1. 确定指标权重

1) 不同层次指标的权重确定步骤

(1) 将判断矩阵的每一列正规化 $\bar{a}_{ij}$,$\bar{a}_{ij} = a_{ij} \Big/ \sum_{j=1}^{n} a_{kj}$ $(i,j=1,2,\cdots,n)$。

(2) 判断矩阵的每一列进行正规化处理后的按行加总 $\bar{W}_i$,$\bar{W}_i = \sum_{j=1}^{n} \bar{b}_{kj} (i,j=1,2,\cdots,n)$。

(3) 对 $\bar{W}_i (i=1,2,\cdots,n)$ 进行正规化 W_i,得 $W_i = \bar{W}_i \Big/ \sum_{j=1}^{n} \bar{W}_i$ $(j=1,2,\cdots,n)$,所得到的 $W=(W_1,W_2,\cdots,W_n)^{\mathrm{T}}$ 为所求的特征向量(即权重)。计算判断矩阵的最大特征根 $\lambda_{\max}$,$\lambda_{\max} = \sum_{i=1}^{n} \frac{(AW)_i}{(nW_i)}$,$(AW)_i$ 表示向量的第 i 个元素。

2)对判断矩阵进行一致性检验

(1)计算判断矩阵的一致性CI，$CI = \dfrac{\lambda_{max} - n}{n-1}$，$n$为判断矩阵的阶数，$\lambda_{max}$为判断矩阵的最大特征根。

(2)根据判断矩阵的阶数，查阅表4-2得到相应判断矩阵的平均随机一致性指标RI。

表4-2　1～10阶的判断矩阵的RI值

阶数	1	2	3	4	5	6	7	8	9	10
RI	0.00	0.00	0.58	0.90	1.12	1.24	1.32	1.41	1.45	1.49

(3)计算一致性比率CR，$CR = \dfrac{CI}{RI}$，当$CR < 0.1$时，认为具有比较满意的一致性；否则，需对调查者进行信息反馈，使数据具有满意的一致性。

3)目标层权重的确定

根据对专家的调查问卷结果，运用层次分析法计算数据并进行评价指标权重求解(表4-3)，即得50位调查对象各自的权重向量。

表4-3　准则层指标权重表

序号	产业链长度	产业链宽度	产业链厚度	产业链关联度	产业链外部环境	一致性检验结果CR
1	0.3992	0.0586	0.3045	0.1512	0.0865	0.0586
2	0.4218	0.0561	0.1509	0.1031	0.2681	0.0846
3	0.2684	0.0674	0.1888	0.1074	0.3679	0.0624
⋮						
48	0.2022	0.1291	0.0886	0.5365	0.0437	0.0394
49	0.1808	0.0522	0.0358	0.4672	0.2639	0.0782
50	0.3201	0.1135	0.0503	0.3201	0.1960	0.0167

对50位调查对象各自的权重向量进行综合平均处理，可得到准则层最终的权重向量：
$$W = (0.2516, 0.1531, 0.1060, 0.2598, 0.2321)$$

4)指标层权重的确定

表4-4给出了权重向量的最终排序。

表4-4　权重向量的最终排序

一级指标		二级指标		
指标	对目标层	指标	对一级指标	对目标层
产业链长度	0.2516	产业链纵向一体化程度	0.3517	0.0885
		产业链的价值增值能力	0.4289	0.1079
		产业链产业环节的完整度	0.2196	0.0552

续表

一级指标		二级指标		
指标	对目标层	指标	对一级指标	对目标层
产业链宽度	0.1531	产业链横向一体化程度	0.3781	0.0579
		产业链节点企业数量增长率	0.2106	0.0322
		产业链资源综合利用率	0.1973	0.0302
		提供辅助功能产业产值比例	0.1251	0.0192
		提供特色功能产业产值比例	0.0889	0.0136
产业链厚度	0.1060	提供核心服务产业规模	0.3374	0.0358
		产业链节点环节聚集度	0.2487	0.0264
		产业链合作深度	0.1665	0.0177
		产业聚集度	0.2476	0.0263
产业链关联度	0.2598	产业链资源自给率	0.3168	0.0823
		产业链管理服务创新能力	0.3063	0.0796
		产业链的劳动就业贡献率	0.1765	0.0459
		产业链信息化水平	0.2005	0.0521
产业链外部环境	0.2321	市场需求	0.4895	0.1136
		政府监管	0.1618	0.0376
		技术进步	0.2377	0.0552
		辅助配套	0.1111	0.0258

2. 构建模糊评估矩阵

1）制定评价等级

设评价等级集 $V=\{v_1,v_2,\cdots,v_n\}$，n 为评价等级的个数，可根据实际情况划分，一般取 $n=3\sim 5$。

本书将评价等级分为 5 等，即 $V=\{v_1,v_2,v_3,v_4,v_5\}$，其中 v_1=100，v_2=80，v_3=60，v_4=40，v_5=20，评价结果 $U_i(80,100]$ 表示非常满意；$U_i(60,80]$ 表示满意；$U_i(40,60]$ 表示一般满意；$U_i(20,40]$ 表示不太满意，$U_i(0,20]$ 表示不满意。

2）构建模糊评估矩阵

$$\boldsymbol{R}_k=(r_{kij})_{n\times m}=\begin{pmatrix} r_{k11} & r_{k12} & \cdots & r_{k1n} \\ r_{k21} & r_{k22} & \cdots & r_{k2n} \\ \vdots & \vdots & & \vdots \\ r_{km1} & r_{km2} & \cdots & r_{kmn} \end{pmatrix}$$

式中，r_{kij} 表示 a 层因素集中第 k 个因素的第 i 个因素能被评为 v_j 的隶属度。一般将其归一化处理，有 $r_{ij}=\dfrac{S_{ij}}{N}$（式中，N 为参与评价的专家总数；S_{ij} 为有 S 个专家认为第 i 个因素属于第 j 个评价）。

3) 计算评价等级隶属度向量

$$R_a = \begin{pmatrix} B_1 \\ B_2 \\ \vdots \\ B_k \end{pmatrix} = \begin{pmatrix} b_{11} & b_{12} & \cdots & b_{1m} \\ b_{21} & b_{22} & \cdots & b_{2m} \\ \vdots & \vdots & & \vdots \\ b_{k1} & b_{k2} & \cdots & b_{km} \end{pmatrix}$$

式中，R_a 为第 a 层因素集对于评价集 V 的隶属度向量。对矩阵 R_a 进行模糊变换，可得到第 a-1 层因素集对于评价集 V 的隶属度向量。以此类推，最终可以求出第 1 层因素集 U_1 对于评价集 V 的隶属度向量 B_1。

3. 计算稳定性综合评分

利用以下公式可以得出各层级因素的稳定性综合得分，即

$$c = \sum_{i=1}^{n} b_n y_j$$

式中，c 为稳定性综合得分；y_j 为第 j 个评价等级对应的评分值；n 为各层级因素个数；b_n 为子因素对评价集的隶属度。

4.3 实证分析及其基本结论

根据前面构建的汽车后市场产业链稳定性评价指标体系，本节选定 20 位权威系数一致的专家，对成都经济技术开发区汽车后市场产业链的发展现状进行问卷调查，得到的调查结果如表 4-5 所示。

表 4-5　问卷调查结果

	指标	非常满意	满意	一般满意	不太满意	不满意
产业链长度	产业链纵向一体化程度	0	4	5	8	3
	产业链的价值增值能力	0	2	8	7	3
	产业链产业环节的完整度	0	2	6	9	3
产业链宽度	产业链横向一体化程度	0	2	8	6	4
	产业链节点企业数量增长率	2	7	6	4	1
	产业链资源综合利用率	0	3	9	5	3
	提供辅助功能产业产值比例	0	2	5	9	4
	提供特色功能产业产值比例	1	2	5	11	1
产业链厚度	提供核心服务产业规模	2	4	7	5	2
	产业链节点环节聚集度	3	7	5	4	1
	产业链合作深度	0	1	10	6	3
	产业聚集度	4	8	4	3	1

续表

	指标	非常满意	满意	一般满意	不太满意	不满意
产业链关联度	产业链资源自给率	3	9	5	2	1
	产业链管理服务创新能力	0	4	6	7	3
	产业链的劳动就业贡献率	2	5	8	4	1
	产业链信息化水平	0	4	9	4	3
产业链外部环境	市场需求	5	8	4	3	0
	政府监管	2	5	6	5	2
	技术进步	5	10	4	1	0
	辅助配套	4	8	3	5	0

按照上述汽车后市场产业链稳定性评价模型的计算过程，经过确定因素集和权重向量、建立评价等级集、构建模糊评估矩阵的步骤，最后进一步求得成都经济技术开发区汽车后市场产业链稳定性评价结果如表 4-6 所示。

表 4-6 成都经济技术开发区汽车后市场产业链稳定性评价得分

指标	得分
产业链长度稳定性	49.5720
产业链宽度稳定性	52.2600
产业链厚度稳定性	60.1760
产业链关联度稳定性	59.9760
产业链外部环境稳定性	73.0800
综合	59.0128

根据表 4-6 的评价结果，成都经济技术开发区汽车后市场产业链结构稳定性总体处于不太满意状态，其中长度稳定性、宽度稳定性和关联度稳定性处于不太满意状态，厚度稳定性和外部环境的稳定性处于比较满意状态。

选择成都经济技术开发区汽车后市场产业链的原因在于成都经济技术开发区汽车后市场产业链能够代表一般的汽车后市场产业链。成都经济技术开发区是 1990 年中共中央、国务院为加快内陆地区的对外开放，保护历史文化名城而创建的。2000 年 2 月，国务院正式批准该区为国家级经济技术开发区，不托管任何乡、镇、街道，是国务院批准的成都市总体规划向东发展的重点区域。成都经济技术开发区的定位是成都国际汽车城，具体的布局以汽车产业综合功能区为依托。在汽车整车方面已经引进了一汽大众、一汽丰田、中嘉沃尔沃、吉利高原、成都大运、一汽专用、川汽等国内外企业。在汽车零部件方面已经引进了博世底盘、一汽富奥、富维-江森、汉高、富奥-伟世通、上海贝洱、天纳克同泰、蒂森克虏伯-富奥、一汽铸造、福耀玻璃、德尔福派克、麦格纳唐纳利等国内外企业 180 余家。在工程机械方面引进了神钢、卡特彼勒、南车隧道、海瑞克、中石济柴等国内外企业。2012 年成都经济技术开发区规模以上工业企业实现主营业务收入 1067 亿元，工业增加值

442.7 亿元，利税总额 346 亿元。2012 年经济开发区主营业务收入亿元以上企业 72 家，其中 100 亿元以上企业共 3 家，200 亿元以上企业 2 家；利税总额千万以上企业 61 家，其中亿元以上企业 9 家，50 亿元以上企业 3 家，100 亿元以上企业 1 家。全年实现整车和工程机械产量 37.5 万辆。[①]

本书力求从汽车后市场产业链结构稳定性视角，探求提升汽车后市场产业集群竞争力的有效途径，所得结论能够丰富产业集群竞争力理论的研究成果，在这里探索产业链稳定性的评价指标体系可为汽车后市场产业集群竞争力的制度安排奠定基础。

4.3.1 打造完整汽车后市场产业链

根据实证分析的结果，产业链长度稳定性得分为 49.5720，产业链宽度稳定性得分为 52.2600，这说明长度和宽度的稳定性处于不太满意的状态。产业链关联度稳定性得分为 59.9760，也处于不太满意的状态。要改变这种情况，打造完整的汽车后市场产业链是可行的办法之一。

根据前面的界定，产业链长度涵盖产业链纵向一体化程度、产业链的价值增值能力和产业链产业环节的完整度。因此，打造完整汽车后市场产业链，需要增加产业链内一体化企业的比例、增强产业链环节上的价值创造能力和增强产业环节的完整度。从产业链长度看，产业链的纵向延伸显得不足，需要大力发展汽车租赁行业、汽车金融行业、汽车IT行业等相关产业。

产业链宽度涵盖产业链横向一体化程度、产业链节点企业数量增长率、产业链资源综合利用率、提供辅助功能产业产值比例、提供特色功能产业产值比例。从产业链宽度看，产业链的横向延伸不足，需要大力发展汽车保养行业、汽车美容与装饰行业、汽车维修及配件行业、汽车文化及汽车运动行业等相关产业。

产业链关联度涵盖产业链资源自给率、产业链管理服务创新能力、产业链的劳动就业贡献率和产业链信息化水平等。就成都经济技术开发区看，目前汽车文化及汽车运动行业已经有了初步的发展，在此基础上加快建设力度，如国际标准赛车场、环龙泉山越野赛道等汽车运动基础设施建设，积极引进各种汽车专业赛事，着力构建中国汽车运动的旅游目的地，率先建成引领中国西部一流的综合性汽车运动之城。

4.3.2 整合汽车后市场各业务单元

汽车后市场由相互关联的一系列企业构成，这些不同的企业构成不同的业务单元。各个业务单元之间的动态稳定对产业集群竞争力的提升具有重要作用，需要对这些业务单元进行资源整合，提升企业规模，拓展企业经营项目。

根据第 3 章中的相关论述,汽车后市场产业链上的各业务单元在市场上产生链接和共同创造价值，使得后市场的 7 大业务单元和 19 大主要细分业务形成了一个相互联系、相互交

[①] 比较完整的 2012 年以后的数据未能找到，这里用 2012 年的数据也能说明问题。

织的价值网络。本书把这个价值网络分为核心功能区、辅助功能区和特色功能区。[①]充分发挥核心功能区业务单元的市场主体和核心作用,这些核心功能区的业务包括汽车养护、汽车轮胎服务、汽车专业维修、汽车租赁和二手车业务,它们是市场所必需的,可以体现市场的规模。充分发挥辅助功能区业务单元的市场配套和补充作用,这些辅助功能区的业务包括汽车美容、汽车装饰、汽车改装、汽车饰品、汽车俱乐部、汽车融资、汽车培训和汽车电子商务,这些业务体现了市场的效率。充分发挥特色功能区业务单元的市场价值提升渠道,这些特色功能区业务包括汽车电子商务、汽车娱乐影音系统、汽车办公用品、汽车文化、汽车广告和汽车资讯等,这些也是汽车后市场的特色。

4.3.3 创新汽车后市场产业链中企业经营模式

让汽车后市场产业链中的这些企业进行合理分工,获得合理的报酬,其经营模式的选择是非常重要的。同时,不同的产业集群和不同的企业,由于受到当地的人文环境、基本的价值判断、风俗习惯、购买能力、消费习惯等多种因素的影响,采用的经营模式也会不一样,但是建立连锁经营模式和实施品牌服务策略对很多企业都是实用的,同时也需要在具体的经营过程中进行创新。

1. 建立连锁经营模式

在汽车后市场产业链中企业采用连锁经营有诸多优势,那么如何发展汽车后市场连锁经营?本书认为,可以从以下三个方面进行思考。其一,汽车后市场产业链中的服务企业的组织形式联合化与标准化。连锁经营必须是在标准化基础上的联合,这里标准化的关键是服务和商品的标准化。其二,在经营方式上采取一体化和专业化。连锁经营的核心是经营方式的统一和专业化,这是连锁企业与普通企业的根本区别。其三,管理方式的规范化和现代化。连锁经营必须获得规模效益,管理方式的规范化和现代化是基本保证。

2. 实施品牌服务策略

在提升汽车后市场产业链的竞争力中,我们必须确立汽车后市场产业链中企业的全方位服务、标准化服务和人性化服务的观念,创建具有本土特色的汽车后市场的品牌服务。在汽车后市场产业链竞争的探索中,有关汽车后市场产业链中的企业的服务质量在消费者对汽车消费中所起的作用将会越来越大。创建汽车后市场产业链中企业具有本土品牌服务,应该从以下三个方面入手。其一,要求这些企业必须站在客户的立场上思考问题,这是关键也是核心,不为客户所想,客户必然抛弃你。其二,要为客户着想,就必须不断开发新的服务项目,不断提升客户的满意度。其三,建立良好的客户关系,不仅要不断提升服务质量,而且要在情感与精神上给客户留下愉悦的印象。

---

① 参见第 3 章的相关论述。

第5章 产业链稳定性视角下汽车后市场产业集群竞争力评价指标体系的构建

第3章探讨了产业链稳定性与汽车后市场产业集群竞争力的关系,并进行了典型相关分析。第4章探讨了汽车后市场产业集群产业链稳定性的问题,并且构建了评价指标体系,进行了实证分析。本章以第3章和第4章为基础,在界定汽车后市场产业集群的边界以及利用投入产出法进行具体应用分析的基础上,构建基于产业链稳定性的汽车后市场产业集群竞争力评价指标体系,同时利用层次分析法确定评价指标体系各级的权重。

5.1 研究现状及构建指标体系的目的和意义

5.1.1 产业集群竞争力评价指标

评价指标是评价事物的参照和工具。关于竞争力评价指标,最早是为了对国家竞争力进行评价,系world economic forum,WEF(世界经济论坛)和international institute for management deuelopment,IMD(洛桑国际管理发展学院)建立,利用的方法是层次分析法。后来国内外的研究者对产业集群竞争力的评价指标的构建也利用了这一研究思路和方法。关于产业集群竞争力的评价指标研究者众多,不是本书所能完全梳理出来的,并且不同的研究者从不同的视角构建了研究产业集群竞争力的评价指标,下面主要列举一些与本书关联度高的研究文献。

Pietrobelli(1998)从人力资本、企业绩效、企业家、不动产、资金服务情况、组织关系六个维度出发,设定了14个指标来探索产业集群竞争力;Padmore和Gibson(1998)从资源、基础设施、供应商及相关产业、企业机构战略和竞争、当地市场、接近外部市场程度六大要素出发,设定供给变量、结构变量、需求变量三个指标类型,建立GEM模型探索产业集群竞争力;Feser(2001)从时间、空间、关联关系三个动态维度建立了集群竞争力评价指标;Mitra等(2004)充分考虑到集群的地理集中性问题,把地域密度、宽度、深度纳入评价指标中,设置了11个一级属性指标。

金碚(2003)提出了构建指标体系需要进行基本的理论分析,并提出了初步构想;在此基础上组织专家进行指标以及体系的初始设计;将这种初始设计的指标通过问卷调查的形式,进行筛选、计算和反馈;最后修订指标及其指标体系。田志友等(2005)提出了个案归纳到理论推导、影响主体确定到系统结构分解、流程遍历分析、评价主体动机分析与评价客体换位思考相结合的分析思路,整个过程充满了辩证法,同时也进行了实例分析。赵修文(2011)从人力资本整合的角度构建了产业集群竞争力的评价指标体系。

5.1.2 汽车后市场产业集群竞争力评价研究现状及评述

1. 汽车后市场产业集群竞争力评价研究现状

美国、日本和欧洲的部分国家和地区，系汽车产业发达以及汽车保有量靠前的地区，汽车后市场已经发展得比较成熟和规范。

孟芳(2003)对汽车后市场的服务范围进行了细分，并以此为基础构建了汽车后市场综合服务体系。她认为汽车后市场应存在资源共享和联合竞争力，并分析了服务体系的竞争优势和保证服务体系正常运行的条件。陈凤(2006)详细分析了汽车后市场的功能系统、环境系统和支撑系统，建立了汽车后市场体系结构。同时在汽车维修行业的经营模式分析中，探索了维修企业和汽车制造厂商联盟的博弈，认为合作战略能保证企业在残酷的市场竞争中得到长久的发展，参与方不能只注重短期决策，还要注意合作方式。独立强(2007)利用结构-行为-绩效(structure-conduct-performance，SCP)[①]的分析范式，分析了南京汽车后市场的市场结构、厂商行为和市场绩效及其相互关系，同时指出南京汽车后市场存在市场结构不完善、市场规模有缺陷、资源配置效率和生产效率低的问题，并提出了相关措施建议。

在中国期刊全文数据库中(中国知网)，以"篇名"为检索项，以"汽车后市场产业"为检索词，采用模糊匹配，对相关文献进行检索，共有 5332 条记录，其中核心期刊 2 篇，CSSCI 论文 0 篇，主要是关于建立汽车后市场产业园和产业集群的相关报道。以"汽车后市场产业集群"为检索词，共有 5 条记录。以"汽车后市场产业集群竞争力"进行检索，共有 3 条记录。以"汽车后市场产业集群竞争力评价"进行检索，共有 3 条记录。在博、硕论文数据库中，以"汽车后市场"为检索项进行检索，共有 103 篇文章，分别是关于汽车后市场的 SCP 问题、发展整合、服务连锁经营、展会差异化和营销渠道冲突管理等问题，真正涉及产业集群竞争力的文献仅 1 篇。

2. 研究现状评述

从现有的研究文献看，对汽车后市场产业集群竞争力的研究基本还停留在表面，大多是从商业模式、发展述评、结构体系、服务质量等方面展开的，对汽车后市场进行系统的、较深入的理论探讨的文献较少，从产业集群的角度来对汽车后市场进行研究的文献更少。基于汽车后市场产业集群的个性，结合一般产业集群的共性，建立汽车后市场产业集群竞争力评价体系，对发展我国汽车后市场产业和提升产业集群竞争力具有重大意义。

---

① 结构-行为-绩效(structure-conduct-performance，SCP)模型是由美国哈佛大学产业经济学权威贝恩(Bain)、谢勒(Scherer)等建立的。该模型提供了一个既能深入具体环节，又有系统逻辑体系的市场结构(structure)-市场行为(conduct)-市场绩效(performance)的产业分析框架。SCP 框架的基本含义是，市场结构决定企业在市场中的行为，而企业行为又决定市场运行在各个方面的经济绩效。

5.1.3 评价指标体系构建的目的和意义

1. 评价指标体系构建的目的

本书在调研我国汽车后市场产业集群的基础上，探索了汽车后市场产业集群竞争力的各种影响因素，并建立了一套比较客观的适用于我国汽车后市场产业集群竞争力的评价指标体系；根据汽车后市场的各种统计数据，利用这个评价指标体系，采用合适的数据处理方法，对汽车后市场产业集群竞争力进行了评价，力争能够反映汽车后市场产业在市场竞争中的优势和劣势，以期能为汽车后市场产业集群竞争力的评估提供一个有价值的参考，也能为政府制定发展战略和产业规划以及出台相关的产业政策提供支撑。在此基础上，提出了提升汽车后市场产业集群竞争力的制度安排。

2. 评价指标体系构建的意义

1) 理论意义

目前专门研究汽车后市场产业集群竞争力评价的文献不多。根据国内外的研究文献，理清汽车后市场产业集群的竞争力到底由哪些因素构成，在这些影响因素中分清哪些是主要的，哪些是次要的，是否与其他产业的产业集群的影响因素一样。因此，从产业链稳定的视角，探讨我国汽车后市场产业集群的竞争力，构建汽车后市场产业集群竞争力评价的分析框架，可以为汽车后市场的迅速发展提供理论指导。

2) 现实意义

汽车后市场产业集群竞争力的关键因素到底是什么？如果能够在理论分析的基础上，构建研究的指标，并利用这些指标，对汽车后市场产业集群竞争力进行科学的评价，一定程度上能为政府在解决区域集群面临的问题时提供有效的指导，有利于各种要素的有效聚集，同时也便于对各种要素进行有效整合。对这些要素的整合，有利于构建适合区域发展的核心竞争力，对区域经济发展的现实意义是不言而喻的。

5.2 评价指标选取、模型构建及研究假设

5.2.1 汽车后市场与汽车售后市场内涵的界定

现有研究文献对汽车售后市场和汽车后市场的界定十分模糊。检索汽车售后市场的相关文献后发现，我国许多学者通常把汽车维修保养、汽车零配件服务等个别汽车后市场业务等价为汽车售后市场，相关研究也基本是围绕这几个业务展开的。张洪(2005)对汽车维修服务企业的保修技术服务、维修服务站运作、零部件库存管理进行了详细的研究。徐文强(2011)针对如何缩短汽车维修和保养，建立了汽车售后服务备件物流配送中心选址模型，具体对汽车售后服务备件物流配送中心选址进行了探索。曾珠等(2013)根据车主的历

史维修数据，构建了汽车售后服务本体模型，预测了车主可能需要的后续服务。

根据现在的相关文献研究，汽车前市场，即汽车售前市场，包括汽车材料交易、汽车生产制造，处于汽车产业链的上游。汽车后市场，即汽车销售以后的市场，是汽车售出以后围绕汽车产生的一切交易活动的总称。如果从汽车后市场涉及的具体服务业务来看，其处于汽车产业链的下游。本书所界定的汽车后市场产业集群不仅局限于涉及的下游服务行业，还包括上游的一些相关产业，如零部件制造、汽车维护美容材料的生产等，因此它不是一个完全意义上的服务集群，而是生产和服务相结合的产业集群。

本书认为，汽车售后市场属于汽车后市场的一部分，前者的参与对象主要是汽车本身，发展重点在于车主对汽车本身的体验；后者的参与对象不仅包括汽车本身，还包括和汽车相关的事物，如汽车文化、汽车娱乐等，其内涵更加丰富，体系更为完整。

5.2.2 汽车后市场产业集群竞争力评价指标的选择

设计汽车后市场产业集群竞争力的评价指标，首先必须确定评价指标的设计原则。评价指标体系是否科学合理，直接影响评价结果的科学性和准确性。本书所界定的汽车后市场产业集群，是生产和服务相结合的产业集群，它是一个兼具复杂性和动态性的综合系统。为了使评价指标能够可操作、可信、统一标准，在设计时必须满足下列基本原则。

(1) 客观准确性原则。对事物进行评价，客观准确是最重要的，也是首先要遵循的原则之一。选取评价指标，要以理论为基础、事实为依据，能切实反映出产业集群和汽车后市场产业的实质。

(2) 系统代表性原则。产业集群是一个经济综合体系，各个主体间都相互关联，相互作用，汽车后市场产业是汽车配件、汽车维修等产业的综合。所选取的评价指标，要全面反映综合系统的各个因素，汽车后市场涉及众多子行业，因此要站在宏观的角度选取具有代表性的、能反映其产业竞争力要素的评价指标。

(3) 实际通俗性原则。评价的目的是用于实践，选取的评价指标不能脱离实际，必须是可观或可测的。在选择评价指标时，要详尽地分析其所反映的内容，避免指标设置重复。鉴于汽车后市场这一概念没有被普遍使用，而且对它的研究也大多停留在表面，所以指标应该通俗易懂，对其的定义要明确。

(4) 动态预测性原则。产业集群是复杂的动态系统，它所包含的要素也处于不断运动变化之中，其竞争力的构成也在不断发生改变。动态预测原则就是总结现在，预测未来，为将来的产业发展进行预测和管理。

(5) 战略可持续性原则。构建产业集群竞争力的评价指标必须用战略眼光审视集群的发展，必须深入思考整个集群的可持续发展能力，而不能简单地局限于市场份额、企业规模等因素。

在上述原则中，本书并没有拟定定性和定量相结合的原则，原因是目前我国的统计部门只是针对汽车后市场的个别子行业，如汽车保险、二手车交易等行业的相关数据，并没有专门的机构去统计国家或某个地区的整个汽车后市场的相关数据，要获得定量数据具有非常大的困难。因此，本书考虑用定性的数据做定量的分析。

根据前面"国内外研究现状评述"中的论述，专家学者根据不同的视角和不同的产业集群类型选取不同的评价指标。根据汽车后市场产业的业务功能单元和服务能力特点，本书初步选取"企业"、"市场"、"环境资源"、"政府"、"辅助机构"、"服务能力"和"业务单元"作为一级评价指标，并选取若干个二级评价指标，征询专业人员的建议。经过反复筛选4轮征询意见后，最终设置了7个一级评价指标和37个二级评价指标，具体内容如表5-1所示。

表 5-1　汽车后市场产业集群竞争力评价指标

一级评价指标	企业	市场	环境资源	政府
二级评价指标	企业间的合作 企业间的竞争 核心企业的成长 企业创新能力 企业文化	市场需求 市场规模 市场认可度 市场应变能力 市场拓展能力 市场营销能力	经济发展水平 基础设施 相关产业的发展 外来投资 人才引进 技术资源 社会网络关系 人文环境	政策导向 市场管理 经济指导 土地规划

一级评价指标	辅助机构	业务单元	服务能力
二级评价指标	行业组织服务能力 教育培训机构服务能力 研发机构服务能力 金融机构服务能力 信息机构服务能力 管理咨询机构服务能力	核心功能业务 辅助功能业务 特色功能业务	对象区域化程度 需求分工化程度 过程体系化程度 内容标准化程度 形式品牌化程度

5.2.3　汽车后市场产业集群竞争力评价指标基本内涵的界定

1. 集群企业层面的评价指标

1）企业间的合作

产业集群内的相关企业通过合作，协调产业链上的利益分配关系，达到互利共赢的目的。充分利用好合作的整体优势，不断加快产品的开发和市场的投入，并且合作各方费用共摊。只有这样，才能有效增强企业乃至整个集群抵御风险的能力，以及企业自身的竞争力，进而提升整个集群的竞争力。企业间的合作具体表现为企业间的知识整合、资源共享、合并、收购等。

2）企业间的竞争

集群内企业不断发展的动力机制就是企业之间必须有竞争，这种竞争不是恶性竞争，而是一种良性竞争，它能够激发企业的自主研发能力，带动企业进行技术创新和管理创新，促进企业自身的发展。这种良性竞争在增强集群内企业自身竞争力的同时，也会不断提升整个产业集群的竞争力。企业间的竞争具体表现为企业间的品质竞争、品牌竞争、价格竞争等。

3）核心企业的成长

核心企业是就整个产业链和产业集群中贡献最大的企业而言的，其发展不仅与自己有关，还引领和牵动着产业集群内其他企业的发展，常常被看成促进集群生长的"发动机"和"推动力"，对提升产业集群的整体竞争优势和促进集群的不断发展具有重要作用。这些核心企业的成长模式和成长阶段决定着集群的发展程度与运行绩效。

4) 企业创新能力

企业创新能力的高低是衡量企业管理好坏的一项重要内容，包括产品创新、管理创新、市场营销创新等，是衡量一个企业对现有相关资源的整合能力。随着市场技术竞争的不断加剧，企业创新能力对企业市场竞争力的影响越来越大。

5) 企业文化

企业文化是企业价值观管理的重要内容之一，它能构成企业价值体系，影响员工的基本价值判断。适合企业发展的、符合主流价值的企业文化能够增强员工的凝聚力，推动企业的持续发展，为企业和产业集群带来正的外部性。企业文化表现为企业员工的工作态度、员工人际交往等。

2. 集群市场层面的评价指标

1) 市场需求

产业集群的市场需求是消费者需求的总和，可用来衡量市场是否具有发展前景，以及集群内的产品或服务未来的表现情况。它不仅能推动产业发展，还能提升产业集群竞争力。汽车保有量决定了汽车后市场的现实需求量，消费者的偏好也决定着市场的需求。

2) 市场规模

市场规模是指产业集群市场规模，这个规模越大，整个产业集群提供的产品和服务就能够实现较高的利润，市场规模越大，其综合实力可能就越强，就越有竞争力。市场规模表现为集群实现的产值、产品市场占有率等。

3) 市场认可度

市场认可度是用来反映消费者对企业的满意程度。如果一个企业提供好的产品或服务质量，那么这个企业得到消费者的认可度就会较高，回头客就会增多，企业和集群的发展前景就会越好。市场认可度表现为集群内产品质量或服务质量、集群美誉度等。

4) 市场应变能力

产业集群内的企业对市场变化的反应速度、察觉能力及市场变化带来问题的处理能力，就是市场的应变能力。作为产业集群本身，需要时时洞察市场的变化，并进行战略调整，方能抵御各种风险和提升竞争力。市场的应变能力具体表现为对市场变化的察觉能力以及处理问题的能力等。

5) 市场拓展能力

在集群内部避免不了同类企业之间的过度竞争，为了解决这类问题，集群必须积极参与新市场的开拓，扩大集群产品的市场容量。作为集群，只有不断提高市场开拓能力，在新市场中不断增强自身优势，竞争力才能得到提升。市场的拓展能力表现为对本国市场和国外市场的拓展。

6) 市场营销能力

营销能力与技术技能、生产能力一样，是企业和集群发展所依赖的必要因素，营销能力不强，会导致企业或集群很难在市场中占有一席之地。市场营销能力表现为营销网络建设、充分利用市场营销信息的能力等。

3. 集群环境资源层面的评价指标

1) 经济发展水平

经济发展水平是一个区域产业发展的基础。经济发展水平较好，消费者有能力满足他们的消费需求，产业才能有市场，集群的竞争力才会增强。

2) 基础设施

基础设施直接影响集群内企业的运作和企业员工的生活工作，基础设施完善，才能更好地吸引企业的入驻和人才的聚集，使集群发展壮大。现有研究文献均非常强调基础设施对产业集群竞争力的影响。

3) 相关产业的发展

企业的集聚和产业本身发展的好坏，直接影响集群的形成，好的产业基础更有利于形成集群的竞争力。

4) 外来投资

外来投资可为集群的发展注入兴奋剂，不仅能弥补企业资金来源的不足，还可以利用本地先进技术引进资金，促进经济的增长和发展，使科学技术转化为生产力，同时引进国际知名品牌企业，可以提升集群的知名度。

5) 人才引进

没有适合产业发展的人才，要发展任何产业都是一句空话。任何竞争，归根到底都是人才的竞争，产业集群的发展当然也离不开有竞争力的人才。人才引进不仅要引进专业技术人才，也要引进管理人才和服务人才。

6) 技术资源

在产业集群的发展过程中，技术资源是必不可少的。假定其他条件不变的前提下，技术资源能够提升产业集群的竞争力，从而为产业集群带来机制优势。技术资源具体表现为集群对先进的技术、设备、管理制度等的吸引能力。

7) 社会网络关系

依靠社会人际关系建立起来的社会网络关系，能够进行有效的分工与协作，且能有效地降低交易行为的成本，同时能够在经营决策上促使企业的信息顺畅流通，提出有效的市场应变对策，其作用不可小视。

8) 人文环境

在市场发展早期要素市场缺失的情况下，人文环境因素对产业集群中集群主体和要素资源的聚集发挥了重大作用。人文环境直接或间接影响集群内所有劳动者的素质、心态和生活方式，间接影响集群的发展。人文环境表现为集群内的生活氛围、工作方式等。

4. 集群政府层面的评价指标

1) 政策导向

"政策导向"主要衡量现有的相关政策是否科学、完善，是否有利于产业集群的发展和制度的导向作用。宏观经济政策、产业政策等都会直接影响产业集群的发展。政策导向表现为出台的"集群规划""集群投资优惠政策"等。

2) 市场管理

产业集群的发展离不开相关秩序的建立，这种秩序往往通过政府这只有形的手来维持集群内相关企业的公平竞争，它有助于激发企业生产服务的积极性和营造企业间良性竞争的竞争环境。市场管理包括市场环境维护、规范竞争秩序等。

3) 经济指导

政府的每一项经济政策的出台都会对集群产生一定程度的影响，作为政府，应引导产业集群正确的转向和朝健康的方向发展。

4) 土地规划

产业集群的重要特点就是相关产业地理上的集中性，这要求政府必须进行土地规划，这种规划本质上就是衡量政府如何有效解决集群企业集体用地问题。

5. 集群辅助机构层面的评价指标

1) 行业组织服务能力

作为行业企业公共利益组织的行业组织，是一种非盈利性社会团体，它不仅能够实现行业服务和自律管理，还能够架起企业和政府间的桥梁。行业组织的服务能力表现在制定行业标准、建立信用体制以及制定产业政策中能够发挥良好的协调作用。

2) 教育培训机构服务能力

教育培训机构一般包括集群内的高等院校以及各种专门的培训机构等，主要是为集群内企业输送各种类型的人才和提供各种培训服务。教育培训机构为来自产业集群中不同企业的员工提供一个相互可以交流的平台，使集群内一些隐性知识得到迅速传播和扩散，这种隐性知识可加速集群内企业的创新活动。

3) 研发机构服务能力

产业集群及产业集群中的相关企业必须加强与研发机构的合作，研发机构具有较强的研发能力，能够将科技信息和知识转化为新产品。同时，研发机构也是集群中的知识和技术源头，其服务能力的高低必然影响产业集群竞争力的强弱。

4) 金融机构服务能力

集群及集群企业的发展除了依赖人力和土地外，还需要资金。产业集群及其相关企业要发展壮大，需要金融机构的支持。金融机构服务能力具体表现为集群内的金融机构通过投资、贷款等多种形式支持集群及其相关企业的发展。

5) 信息机构服务能力

产业集群内的信息机构是必不可少的，因为集群内的企业需要信息机构为其提供信息服务，这些机构服务能力的优劣直接影响产业集群及其企业的发展。

6) 管理咨询机构服务能力

产业集群及其企业的发展同样需要从事软科学研发并出售"智慧"的公司，它们接受委托者的意向和要求，运用他们专业的知识和经验，提供具体的服务。服务能力的高低主要取决于提供咨询服务的质量。

6. 集群业务单元层面的评价指标

作为集群业务单元的汽车后市场产业链上的各业务单元，在市场上的价值实现形式可看作一个价值单元，它们之间的关系体现为一个市场价值网络体系。各功能区的业务单元的增值程度不同，且增值途径各异，这是认识和优化汽车后市场的基础。

1) 核心功能业务

核心功能业务主要是衡量集群中核心功能区的业务是否完备。具有核心功能的业务单元不仅是市场所必备的，还是市场的主体和核心，它体现了市场的规模。在这里，核心功能业务主要包括汽车的各种保险、维修及零部件交易和汽车租赁以及二手车交易等业务。

2) 辅助功能业务

辅助功能业务主要是衡量集群中辅助功能区的业务是否完备。具有辅助功能的业务单元是市场的配套和补充，其匹配程度体现了市场的效率。辅助功能业务主要包括汽车美容与装饰、汽车改装、汽车电子商务以及汽车俱乐部等业务。

3) 特色功能业务

特色功能业务主要是衡量集群中特色功能区的业务是否完备。具有特色功能的业务单元是市场价值提升的渠道，其丰富度体现了市场的特色。特色功能区包括汽车文化、汽车广告、汽车资讯等。

7. 集群服务能力层面的评价指标

21世纪起形成的"6+4"格局和"7+2"格局[①]表明汽车产业已经逐步由企业间竞争向战略联盟发展。汽车后市场呈现服务对象区域化、服务需求分工化、服务过程体系化、服务内容标准化、服务形式品牌化，这些促成了以连锁经营为主体的汽车国际化战略管理联盟。

1) 对象区域化程度

汽车的消费特征与当地道路质量、气候条件、文化习惯等因素密切相关，各地区不仅消费者需求特征不同，客户需求也各异。由于汽车后市场业务单元为适应本地区域客户服务的需要而做出改变，所以其服务需求呈现出区域化特点。企业根据集群所在地的实际情况和消费者的需求特征做出战略规划，可以使企业迅速地渗透本地市场，提升其市场竞争力，从而提升集群的整体竞争力。

2) 需求分工化程度

从产业链的视角，若集群及其集群内的企业缺乏专业化分工，可能会导致集群内企业的低水平重复和过度竞争，势必影响企业的成长，阻碍产业链的延伸，从而危及产业集群的竞争力。消费者需求的多样化和个性化，必然要求汽车后市场以不同消费者的需求细分为基础，这一基础必然形成汽车后市场保养、改装等多种服务的综合体。

[①] 世界汽车产业"6+4"格局和"7+2"格局："6"指的是：通用系、福特系、戴姆勒-克莱斯勒系、大众系、丰田系和雷诺-日产系；"4"指的是：标致-雪铁龙系、本田系、宝马系和菲亚特系。"7"指的是通用+上汽、福特+马自达+长安、丰田+富士重工、大众+铃木、标致雪铁龙+宝马、雷诺+日产+戴姆勒、菲亚特+克莱斯勒+三菱；"2"指的是本田和现代起亚。

3) 过程体系化程度

汽车后市场的修、用、养、保、娱等均离不开物流、资金流、信息流的支持。在这个过程中，需要汽车制造生产商、汽车售后服务提供商、汽车零配件制造供应商形成密切的协作关系，这种密切的协作关系形成了汽车后市场的服务体系。高效快捷是消费者顺应高节奏现代生活的共同诉求，服务过程没有形成完整的体系，将会导致企业乃至集群不能高效地满足消费者的需求，削弱集群的竞争力。

4) 内容标准化程度

汽车型号种类繁多，服务方式千差万别。如何让不同消费者在等值条件下享受同质的优良服务？那就必须坚持内容标准化。内容标准化主要体现在，通过国家或区域政府或者行业组织制定行业规准，规范服务标准，或者汽车后市场各业务单元主体选择通过国际标准化组织(International Organization for standardization，ISO)认证。

5) 形式品牌化程度

品牌是汽车后市场各业务单元主体维持竞争优势的有效手段。如果实行品牌化服务，那么就能够增强对客户的吸引力，同时也能够维系客户的忠诚度。

5.2.4 汽车后市场产业集群竞争力模型构建、研究假设及初始结构方程

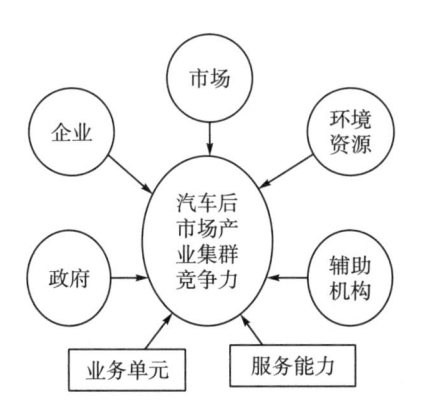

1. 汽车后市场产业集群竞争力模型构建

为衡量汽车后市场产业集群的竞争力，探究评价指标之间的关系，本书建立了汽车后市场产业集群竞争力模型，如图 5-1 所示。在这里，企业、市场、环境资源、政府、辅助机构、业务单元和服务能力界定为汽车后市场产业集群竞争力的一阶因子，汽车后市场产业集群竞争力是它们的二阶因子。一阶因子中，企业、市场、环境资源、政府、辅助机构主要体现一般产业集群的特点，业务单元和服务能力主要体现汽车后市场产业集群的特点。

图 5-1 汽车后市场产业集群竞争力模型

2. 研究假设

对这七个因子之间存在的关系做出假设，具体如表 5-2 所示。

表 5-2　汽车后市场产业集群竞争力结构方程模型研究假设

序号	研究假设
H_1	一阶因子企业对二阶因子汽车后市场产业集群竞争力存在正影响
H_2	一阶因子市场对二阶因子汽车后市场产业集群竞争力存在正影响
H_3	一阶因子环境资源对二阶因子汽车后市场产业集群竞争力存在正影响
H_4	一阶因子政府对二阶因子汽车后市场产业集群竞争力存在正影响
H_5	一阶因子辅助机构对二阶因子汽车后市场产业集群竞争力存在正影响
H_6	一阶因子业务单元对二阶因子汽车后市场产业集群竞争力存在正影响
H_7	一阶因子服务能力对二阶因子汽车后市场产业集群竞争力存在正影响
H_8	一阶因子之间存在较强的相关性

3. 竞争力评价的逻辑结构与结构方程模型理论

结构方程模型(structural equation modeling，SEM)是基于变量的协方差矩阵来分析变量之间关系的一种方法，是当代行为与社会领域量化研究的重要统计方法。竞争力评价的逻辑与结构方程模型的构造思想有着密切的联系，结构方程模型不仅能有效地解决因子间错综复杂的关系，也能够同时对不同因子之间的循环和交叉关系进行体现，它能妥善处理潜在变量、显性变量、干扰或误差变量之间的关系，进而获得自变量对因变量影响的直接效果、间接效果或总效果。因此，在竞争力评价研究中采用结构方程模型是非常自然且符合逻辑的一种选择。

结构方程模型中有两个基本模型，即测量模型和结构模型。前者是由潜在变量和观察变量组成的，它是一组观察变量的线性函数；后者是描述潜变量之间的关系。

结构方程模型的矩阵方程式为

$$X = \Lambda_X \xi + \delta \tag{5.1}$$

$$Y = \Lambda_Y \eta + \varepsilon \tag{5.2}$$

$$\eta = B\eta + \Gamma\xi + \zeta \tag{5.3}$$

式(5.1)和式(5.2)是测量模型，式(5.3)为结构模型。[①]需要明确的概念是观察变量与潜变量。观察变量可以直接测量得到，通常以 X 或 Y 表示；潜变量数据无法直接测量。在实际应用中，潜变量是以观察变量来反映的。外生潜变量又称为自变量，会影响其他变量，但不受其他变量影响；内生潜变量又称为因变量，受自变量和观察变量共同的影响。

对式(5.1)两边求协方差矩阵，有

$$\begin{aligned}\Sigma_{XX}(\theta) &= E(\Lambda_X\xi + \delta)(\xi'\Lambda_X' + \delta') \\ &= \Lambda_X E(\xi\xi')\Lambda_X' + E(\delta\delta') \\ &= \Lambda_X \Phi \Lambda_X' + \Theta_\delta \end{aligned} \tag{5.4}$$

同理，有

$$\Sigma_{YY}(\theta) = \Lambda_Y E(\eta,\eta')\Lambda_Y' + \Theta_\varepsilon \tag{5.5}$$

---

① 其中：ξ、η—外生潜变量与内生潜变量；X—ξ 的观测变量矩阵，即外生观察变量；Y—η 的观察变量矩阵，即内生观察变量；δ、ε—观察变量的残差矩阵；Λ_X、Λ_Y—观察变量 X、Y 的因素负荷量；B—路径系数，内生潜变量之间的影响系数；Γ—路径系数，外生潜变量对内生潜变量的影响系数；ζ—潜变量的残差矩阵。

由式(5.3)可求得

$$\eta = (I-B)^{-1}(\Gamma\xi+\zeta) = A(\Gamma\xi+\zeta) \tag{5.6}$$

$$A = (I-B)^{-1} \tag{5.7}$$

式中，$(I-B)$ 为可逆矩阵。

由式(5.6)和式(5.7)可求得

$$E(\eta,\eta') = A(\Gamma\Phi\Gamma'+\psi)A' \tag{5.8}$$

将式(5.8)代入式(5.5)可得

$$\Sigma_{YY}(\theta) = \Lambda_Y A(\Gamma\Phi\Gamma'+\psi)A'\Lambda_Y' + \Theta_\varepsilon \tag{5.9}$$

X 与 Y 的协方差矩阵为

$$\Sigma_{YX}(\theta) = E(YX') = E[(\Lambda_Y\eta+\varepsilon)(\xi'\Lambda'+\delta')]$$
$$= \Lambda_Y E(\eta\xi')\Lambda_X' = \Lambda_Y A\Gamma\Phi\Lambda_X' \tag{5.10}$$

因此，由理论模型推导出的显变量 X' 和 Y' 的协方差矩阵为

$$\Sigma(\theta) = \begin{pmatrix} \Sigma_{YY}(\theta) & \Sigma_{YX}(\theta) \\ \Sigma_{XY}(\theta) & \Sigma_{XX}(\theta) \end{pmatrix}$$
$$= \begin{pmatrix} \Lambda_Y A(\Gamma\Phi\Gamma'+\psi)A'\Lambda_Y' + \Theta_\varepsilon & \Lambda_Y A\Gamma\Phi\Lambda_X' \\ \Lambda_X \Phi\Gamma'A'\Lambda_Y' & \Lambda_X \Phi\Lambda_X' + \Theta_\delta \end{pmatrix} \tag{5.11}$$

式中，θ 为参数向量；Φ 为外生潜变量 ξ 的协方差矩阵；ψ 为 ζ 的协方差矩阵；Θ_ε 为 ε 的协方差矩阵；Θ_δ 为 δ 的协方差矩阵。

如果理论模型是真实的，则理论模型推导出的协方差矩阵等于实际数据推导出的协方差矩阵，或理论模型推导出的方差协方差矩阵等于实际数据得到的方差协方差矩阵，此时可对模型参数求解。结构方程模型的分析步骤如图 5-2 所示。①

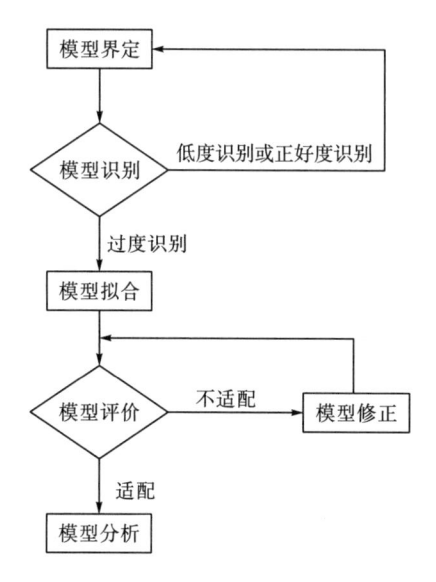

图 5-2 结构方程模型的分析步骤

---

① 说明：适用于结构方程模型的统计软件最常用的有 LISREL 和 AMOS，本书所用的为 AMOS7.0。

4. 汽车后市场产业集群竞争力初始结构方程模型

利用 AMOS7.0 软件画出汽车后市场产业集群竞争力初始结构方程模型(图 5-3)，表 5-1 中汽车后市场产业集群竞争力为外生潜变量，一级评价指标为内生潜变量，各个维度的二级评价指标为观察变量。在结构方程模型中，观察变量用 $X_i(i=1\sim37)$ 表示，即 X_1=企业间的合作、X_2=企业间的竞争、X_3=核心企业的成长、X_4=企业创新能力、X_5=企业文化、X_6=市场需求、X_7=市场规模、X_8=市场认可度、X_9=市场应变能力、X_{10}=市场拓展能力、X_{11}=市场营销能力、X_{12}=经济发展水平、X_{13}=基础设施、X_{14}=相关产业的发展、X_{15}=外来投资、X_{16}=人才引进、X_{17}=技术资源、X_{18}=社会网络关系、X_{19}=人文环境、X_{20}=政策导向、X_{21}=市场管理、X_{22}=经济指导、X_{23}=土地规划、X_{24}=行业组织服务能力、X_{25}=教育培训机构服务能力、X_{26}=研发机构服务能力、X_{27}=金融机构服务能力、X_{28}=信息机构服务能力、X_{29}=管理咨询机构服务能力、X_{30}=核心功能业务、X_{31}=辅助功能业务、X_{32}=特色功能业务、X_{33}=对象区域化程度、X_{34}=需求分工化程度、X_{35}=过程体系化程度、X_{36}=内容标准化程度、X_{37}=形式品牌化程度，它们都是正指标。

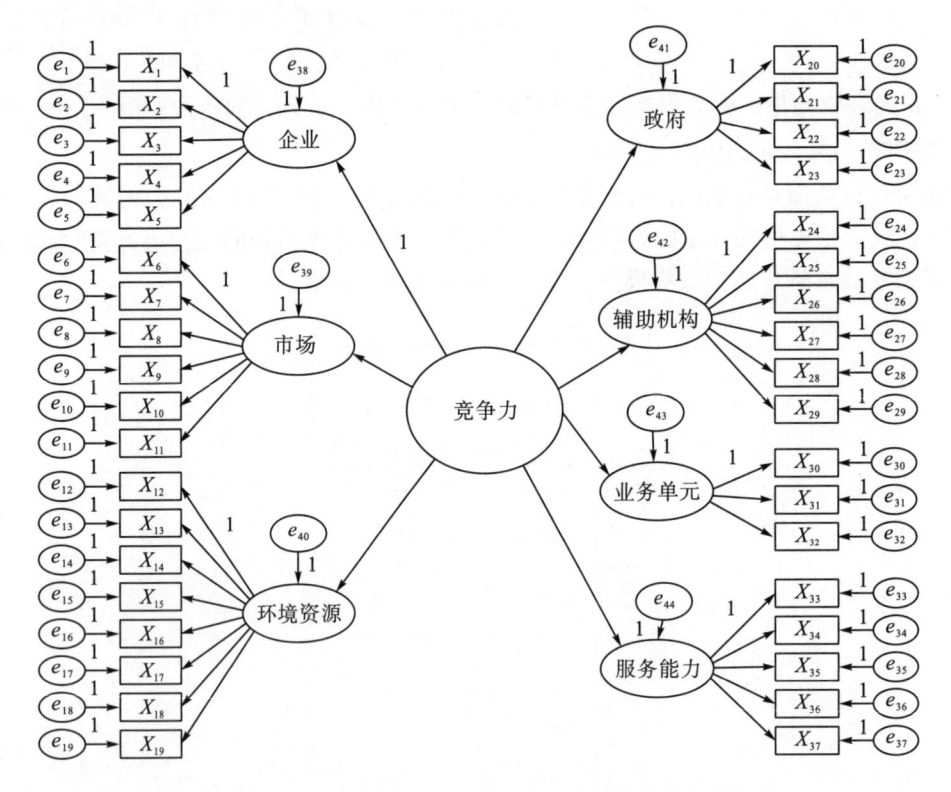

图 5-3 汽车后市场产业集群竞争力初始结构方程模型

初始结构方程模型表达式为

第 5 章　产业链稳定性视角下汽车后市场产业集群竞争力评价指标体系的构建

$$X = \begin{pmatrix} qy \\ sc \\ hjzy \\ zf \\ fzjg \\ ywdy \\ fwnl \end{pmatrix} \Lambda X + \delta \tag{5.12}$$

$$\begin{pmatrix} qy \\ sc \\ hjzy \\ zf \\ fzjg \\ ywdy \\ fwnl \end{pmatrix} = \beta \begin{pmatrix} qy \\ sc \\ hjzy \\ zf \\ fzjg \\ ywdy \\ fwnl \end{pmatrix} + \Gamma(jzl) + \zeta \tag{5.13}$$

式中，jzl 为汽车后市场产业集群竞争；qy 为集群内的企业；sc 为集群所处的市场；hjzy 为环境资源；zf 为集群当地政府；fzjg 为集群内的辅助机构；ywdy 为集群所包含的业务单元；fwnl 为集群的服务能力。

5.3　调查问卷设计、估计方法基本假定检验及探索性因素分析

5.3.1　调查问卷设计

本书要构建的是汽车后市场产业集群竞争力评价指标体系，因此研究方法之一采用的是基于问卷调查的实证分析。由于研究主题具体到汽车后市场产业集群竞争力，所以选择被调查者时选择了有一定专业知识背景的人员。本书的调查问卷根据设计的变量编制了《汽车后市场产业集群竞争力评价调查问卷》，采用 likert 的 5 点计分法，选项分别为"不强"、"一般"、"较强"、"强"和"很强"，分值为 1~5 分，均为正向计分，得分越高表示评价指标对汽车后市场产业集群竞争力的影响越大。调查问卷的设计要做到内容简洁、层次分明、逻辑清晰、题目通俗易懂、针对性强、不能带有引导性，对专业名词有清楚的解释。调查问卷见附录 1。

通过电子邮件共发送问卷 150 份，回收 109 份，排除答题有遗漏和多个答案的问卷，有效问卷 102 份，其中包括龙泉国际汽车城中高级管理层 24 份、成都汽车产业研究院 10 份、政府机关 17 份、高校教师 51 份，问卷有效回收效率为 68%。由于客观原因，本书的数据是基于四川汽车后市场产业集群得到的，课题组根据实践经验认为，四川汽车后市场产业集群与全国的情况相符，因此该数据具有参考价值。

5.3.2　对模型估计方法基本假定的检验

1. 模型估计的基本方法

在结构方程模型分析中，共有七种模型估计的方法，分别是工具性变量(instrumental variables, IV)法、两阶段最小平方(two stage least squares, TSLS)法、未加权最小平方(unweighted least squares, ULS)法、广义最小二乘(generalized least squares, GLS)法、一般加权最小平方(generally weighted least squares, GWLS)法、极大似然估计(maximum likelihood, ML)法、对角线加权平方(diagonally weighted least squares, DWLS)法。使用最广泛的是极大似然估计法，它也是 AMOS 软件默认的估计方法，其次是广义最小二乘法。

这里选用极大似然估计法，样本数据需要满足如下假设。

假设 1：观察数据都是从总体中抽取得到的，且所抽取的样本必须是所有可能样本中可能被选择的。

假设 2：样本是多变量正态总体，且是以简单随机抽样来获得的。

假设 3：需要尽可能多的大样本数据。

极大似然估计法首先通过构造一个模型估计协方差与样本协方差的拟合函数，然后经过迭代得到使拟合函数值最优的参数估计。

极大似然估计法的拟合函数为

$$F_{\text{ML}} = \log|\Sigma\theta| - \log|S| + \text{tr}(S\Sigma\theta^{-1}) - (p+q) \tag{5.14}$$

式中，$\Sigma\theta$ 为理论模型推导得到的协方差矩阵；S 为实际数据得到的方差协方差矩阵；$\log|S|$ 为矩阵 S 的行列式对数；$\text{tr}(S)$ 为主对角线元素之和，表示矩阵 S 的迹；p 为内生测量变量的个数；q 为外生测量变量的个数

若样本数据不符合假设 2，则可选用广义最小二乘法。其他估计方法由于不常使用，且本书不会用到，所以不再做详细说明。

2. 对估计方法基本假设的检验

对于假设 1。本书所调查的对象都是从事汽车产业或汽车后市场各子行业的教师、企业人员、事业人员，因此样本基本代表了总体样本。

对于假设 2。本书利用 SPSS19.0 统计软件，对数据进行正态性检验。根据 Markus(2012) 的判定标准可知，认为当偏度绝对值小于 3、峰度绝对值小于 10 时，样本基本服从正态分布。从表 5-3 中可以看出，样本数据基本服从正态分布。

表 5-3　描述统计量表

	N	极小值	极大值	均值	方差	偏度		峰度	
	统计量	统计量	统计量	统计量	统计量	统计量	标准误差	统计量	标准误差
X_1	102	1	5	3.95	0.720	−0.798	0.239	0.847	0.474
X_2	102	2	5	4.07	0.718	−0.929	0.239	0.624	0.474

续表

	N	极小值	极大值	均值	方差	偏度		峰度	
	统计量	统计量	统计量	统计量	统计量	统计量	标准误差	统计量	标准误差
X_3	102	2	5	4.01	0.663	−0.467	0.239	−0.322	0.474
X_4	102	2	5	4.17	0.873	−0.936	0.239	−0.022	0.474
X_5	102	1	5	3.37	0.929	−0.069	0.239	−0.449	0.474
X_6	102	2	5	4.03	0.821	−0.792	0.239	−0.013	0.474
X_7	102	2	5	3.81	0.609	−0.425	0.239	0.007	0.474
X_8	102	2	5	3.89	0.830	−0.344	0.239	−0.772	0.474
X_9	102	2	5	3.69	0.653	−0.397	0.239	−0.184	0.474
X_{10}	102	2	5	3.59	0.819	−0.146	0.239	−0.721	0.474
X_{11}	102	2	5	3.64	0.649	−0.053	0.239	−0.463	0.474
X_{12}	102	1	5	4.00	0.792	−0.688	0.239	0.258	0.474
X_{13}	102	2	5	3.79	0.759	−0.500	0.239	−0.277	0.474
X_{14}	102	2	5	3.38	0.753	0.186	0.239	−0.579	0.474
X_{15}	102	1	5	3.35	0.785	−0.065	0.239	−0.408	0.474
X_{16}	102	2	5	3.68	0.756	0.039	0.239	−0.787	0.474
X_{17}	102	1	5	4.07	0.678	−0.780	0.239	0.902	0.474
X_{18}	102	1	5	3.07	1.015	0.038	0.239	−0.735	0.474
X_{19}	102	1	5	2.96	1.088	0.240	0.239	−0.273	0.474
X_{20}	102	2	5	3.97	0.781	−0.381	0.239	−0.758	0.474
X_{21}	102	2	5	3.69	0.811	−0.245	0.239	−0.660	0.474
X_{22}	102	1	5	3.44	0.962	−0.153	0.239	−0.491	0.474
X_{23}	102	1	5	3.37	1.088	0.000	0.239	−0.794	0.474
X_{24}	102	2	5	3.71	0.784	−0.430	0.239	−0.435	0.474
X_{25}	102	1	5	3.32	0.736	−0.009	0.239	−0.259	0.474
X_{26}	102	2	5	3.73	0.835	−0.297	0.239	−0.669	0.474
X_{27}	102	1	5	3.41	0.839	−0.128	0.239	−0.507	0.474
X_{28}	102	1	5	3.42	0.781	−0.416	0.239	−0.032	0.474
X_{29}	102	1	5	3.21	0.937	−0.293	0.239	−0.503	0.474
X_{30}	102	2	5	4.18	0.642	−0.567	0.239	−0.536	0.474
X_{31}	102	1	5	3.53	0.905	−0.051	0.239	−0.585	0.474
X_{32}	102	1	5	3.05	1.116	0.363	0.239	−0.705	0.474
X_{33}	102	1	5	3.63	0.870	−0.455	0.239	−0.307	0.474
X_{34}	102	1	5	3.67	1.076	−0.539	0.239	−0.233	0.474
X_{35}	102	2	5	4.00	0.713	−0.705	0.239	0.134	0.474
X_{36}	102	1	5	3.81	0.985	−0.917	0.239	0.853	0.474
X_{37}	102	2	5	3.75	0.939	−0.286	0.239	−0.886	0.474

对于假设 3。样本大小问题一直以来都是中外学者关注的焦点，目前并没有统一的认识。Bentler 和 Chou(1987)认为，在使用协方差结构模型时，最少的受试样本数是 100～

150。Boomsma(1987)认为在使用极大似然估计法时,样本数不应少于 100,最好在 200 以上。Marsh 等(1998)从模型收敛程度、参数的稳定性和理论构建信度的角度考虑,认为每个潜变量的指标变量越多,对于模型的估计越能得到不错的效果。本书涉及具体产业,且目前国内对整个汽车后市场产业并没有统一的管理规范,因此所能采集到的样本并不多,从模型识别角度来看,一个潜变量因子至少要包含三个观测指标,模型才能实现可识别,本书建立的初始结构方程模型每个潜变量都包含了三个及以上的观测指标,因此认为模型具有可识别性。

综上所述,本书所建立的模型基本符合选用极大似然估计法的基本假设,因此参数估计方法选用极大似然估计法。模型可以实现拟合,只是拟合的效果会因样本容量的不足而受到一定的限制。

5.3.3 探索性因素分析

探索性因素分析(exploratory factor analysis,EFA)主要是对实证的样本数据进行信度和效度的检验。

1. 信度检验

信度(reliability)即可靠性,是指问卷的可信程度,它主要表现检验结果的一致性和稳定性。本书在对调查问卷的结构展开统计分析之前,必须对其可信度加以分析,只有可信度在相关研究可以接受的范围之内时,问卷统计的结果才有价值。一致性问题,主要反映的是测验内部题目之间的关系,需要考察各个题目是否测量了相同的内容或特质。稳定性问题,是指用一种测量工具对同一群受试者在不同时间上进行重复测量,其结果的可靠系数。只有问卷设计合理,重复测量的结果间才应该具有高度相关。本书主要采用反映内部一致性的指标来测量数据的信度,即检验其内在信度。

目前最常用的是 Cronbach's Alpha 信度系数法,信度系数越高,调查数据的可信度就越高。一个信度系数较好的评价体系,其总体信度系数应大于 0.7,子维度的信度系数应大于 0.6。Cronbach's Alpha 信度系数的计算公式为

$$\alpha = \left(\frac{n}{n-1}\right)\left(1 - \frac{\sum_{i=1}^{n}\sigma_i^2}{\sum_{i=1}^{n}\sigma_i^2 + 2\sum_{i=1}^{n}\sum_{j=1}^{n}\sigma_{ij}}\right) \tag{5.15}$$

式中,α 为 Cronbach's Alpha 信度系数;n 为量表中题目的总数;σ_i 为第 i 题得分的方差;σ_{ij} 为第 i 题和第 j 题的协方差。

在对数据进行信度检验时,若其中任何一项都不满足信度系数的要求,则应该重新考虑修订评价指标体系。如果要提高量表的 Cronbach's Alpha 信度系数,需要对测量指标进行净化。如果利用 SPSS19.0 软件得到校正的项总计相关性系数(CITC)小于 0.3,且删除该指标后量表的 Cronbach's Alpha 信度系数能够提高,则删除该指标。

1) 企业层面的 CITC 和信度分析

X_2 和 X_5 的初始 CITC 值小于 0.3，X_2 删除后，α 会降为 0.543，所以保留；X_5 删除后，α 由 0.604 提高到了 0.623，所以将 X_5 删除。重新计算后，所有指标符合要求，如表 5-4 所示。

表 5-4　集群企业层面的 CITC 和信度分析

测量指标	初始 CITC	最终 CITC	项已删除的 Cronbach's Alpha 信度系数	Cronbach's Alpha 信度系数
X_1	0.373	0.417	0.543	
X_2	0.276	0.345	0.590	初始 α=0.604
X_3	0.437	0.413	0.512	最终 α=0.623
X_4	0.508	0.419	0.462	
X_5	0.228	删除	0.623	

2) 市场层面的 CITC 和信度分析

X_6 删除后虽然整体的 α 会上升，但是其 CITC 值大于 0.3，所以保留。α 为 0.717，所有指标符合要求，不用删除任何指标项，如表 5-5 所示。

表 5-5　市场层面的 CITC 和信度分析

测量指标	初始 CITC	最终 CITC	项已删除的 Cronbach's Alpha 信度系数	Cronbach's Alpha 信度系数
X_6	0.302	0.302	0.724	
X_7	0.484	0.484	0.669	
X_8	0.450	0.450	0.678	初始 α=0.717
X_9	0.492	0.492	0.666	最终 α=0.717
X_{10}	0.602	0.602	0.627	
X_{11}	0.385	0.385	0.697	

3) 环境资源层面的 CITC 和信度分析

X_{12} 的 CITC 值小于 0.3，且删除后 α 由 0.741 上升为 0.764，故删除。重新计算后，所有指标符合要求，如表 5-6 所示。

表 5-6　环境资源层面的 CITC 和信度分析

测量指标	初始 CITC	最终 CITC	项已删除的 Cronbach's Alpha 信度系数	Cronbach's Alpha 信度系数
X_{12}	0.157	删除	0.764	
X_{13}	0.457	0.437	0.710	
X_{14}	0.569	0.535	0.689	
X_{15}	0.501	0.535	0.702	初始 α=0.741
X_{16}	0.547	0.569	0.693	最终 α=0.764
X_{17}	0.525	0.534	0.699	
X_{18}	0.339	0.363	0.735	
X_{19}	0.438	0.446	0.715	

4) 政府层面的 CITC 和信度分析

α 为 0.811，所有指标符合要求，不用删除任何指标项，如表 5-7 所示。

表 5-7　政府层面的 CITC 和信度分析

测量指标	初始 CITC	最终 CITC	项已删除的 Cronbach's Alpha 信度系数	Cronbach's Alpha 信度系数
X_{20}	0.645	0.645	0.757	
X_{21}	0.621	0.621	0.767	初始 α=0.811
X_{22}	0.732	0.732	0.711	最终 α=0.811
X_{23}	0.536	0.536	0.813	

5) 辅助机构层面的 CITC 和信度分析

α 为 0.809，所有指标符合要求，不用删除任何指标项，如表 5-8 所示。

表 5-8　辅助机构层面的 CITC 和信度分析

测量指标	初始 CITC	最终 CITC	项已删除的 Cronbach's Alpha 信度系数	Cronbach's Alpha 信度系数
X_{24}	0.475	0.475	0.799	
X_{25}	0.519	0.519	0.790	
X_{26}	0.632	0.632	0.765	初始 α=0.809
X_{27}	0.546	0.546	0.784	最终 α=0.809
X_{28}	0.656	0.656	0.760	
X_{29}	0.587	0.587	0.775	

6) 业务单元层面的 CITC 和信度分析

α 为 0.657，所有指标符合要求，不用删除任何指标项，如表 5-9 所示。

表 5-9　业务单元层面的 CITC 和信度分析

测量指标	初始 CITC	最终 CITC	项已删除的 Cronbach's Alpha 信度系数	Cronbach's Alpha 信度系数
X_{30}	0.380	0.380	0.669	
X_{31}	0.572	0.572	0.413	初始 α=0.657
X_{32}	0.476	0.476	0.561	最终 α=0.657

7) 服务能力层面的 CITC 和信度分析

α 为 0.756，所有指标符合要求，不用删除任何指标项，如表 5-10 所示。

表 5-10　服务能力层面的 CITC 和信度分析

测量指标	初始 CITC	最终 CITC	项已删除的 Cronbach's Alpha 信度系数	Cronbach's Alpha 信度系数
X_{33}	0.403	0.403	0.754	
X_{34}	0.623	0.623	0.674	
X_{35}	0.501	0.501	0.722	初始 α=0.756
X_{36}	0.519	0.519	0.714	最终 α=0.756
X_{37}	0.578	0.578	0.693	

8) 整体评价指标体系的 CITC 和信度分析

由于采集到的样本容量较小，故对测量指标有更高的信度要求，应对整体评价指标体系进行信度分析。在这里，X_6、X_{18} 和 X_{30} 的 CITC 值虽然小于 0.3，但是删除后并不会使整个量表的 α 提高，所以保留。所有指标符合要求，整体评价指标体系的 α 为 0.913，信度较好，如表 5-11 所示。

表 5-11　整体评价指标体系的 CITC 和信度分析

测量指标	初始 CITC	最终 CITC	项已删除的 Cronbach's Alpha 信度系数	Cronbach's Alpha 信度系数
X_1	0.352	0.352	0.912	
X_2	0.356	0.356	0.912	
X_3	0.346	0.346	0.912	
X_4	0.551	0.551	0.909	
X_6	0.233	0.233	0.913	
X_7	0.342	0.342	0.912	
X_8	0.460	0.460	0.910	
X_9	0.482	0.482	0.910	
X_{10}	0.560	0.560	0.909	
X_{11}	0.401	0.401	0.911	
X_{13}	0.417	0.417	0.911	
X_{14}	0.521	0.521	0.909	
X_{15}	0.502	0.502	0.910	
X_{16}	0.572	0.572	0.909	
X_{17}	0.543	0.543	0.909	
X_{18}	0.290	0.290	0.913	
X_{19}	0.511	0.511	0.909	初始 α=0.913
X_{20}	0.460	0.460	0.910	最终 α=0.913
X_{21}	0.351	0.351	0.912	
X_{22}	0.529	0.529	0.909	
X_{23}	0.513	0.513	0.909	
X_{24}	0.517	0.517	0.909	
X_{25}	0.562	0.562	0.909	
X_{26}	0.488	0.488	0.910	
X_{27}	0.416	0.416	0.911	
X_{28}	0.513	0.513	0.910	
X_{29}	0.502	0.502	0.910	
X_{30}	0.223	0.223	0.913	
X_{31}	0.388	0.388	0.911	
X_{32}	0.483	0.483	0.910	
X_{33}	0.459	0.459	0.910	
X_{34}	0.589	0.589	0.908	
X_{35}	0.449	0.449	0.910	
X_{36}	0.501	0.501	0.910	
X_{37}	0.608	0.608	0.908	

通过以上检验,最终删除二级评价指标中的企业文化(X_5)和经济发展水平(X_{12})。

2. 效度检验

效度(validity)就是有效性,指运用测量工具或手段能够准确测量出所要测量的特质的程度。测量结果与要考察的内容越吻合,效度就越高。效度分为内容效度(content validity)、准则效度(criterion validity)和结构效度(construct validity)三个主要类型。

在实际操作的过程中,内容效度和准则效度往往难以实现,因为它要求专家定性研究或具有公认的效标测量。关于结构效度实现的方法主要有三种:其一,通过模型系数评价结构效度;其二,通过相关系数评价结构效度;其三,建立理论模型,通过验证性因子分析的拟合情况来对量表的结构效度进行考评。本书采用 AMOS7.0 软件对汽车后市场产业集群竞争力结构方程模型进行验证性因素分析,以确认结构效度。

5.4 指标体系权重确定的一阶验证性因素分析

5.4.1 初始验证性因素分析模型

验证性因素分析(confirmatory factor analysis,CFA)是结构方程模型的一种特殊应用,它是检验模型结构效度的真实性,并对潜变量的结构或影响关系进行有效的分析。验证性因素分析必须以一定的理论为基础,用数学方法来验证建立的模型是否合理,验证性因素分析包括一阶验证性因素分析和二阶验证性因素分析。一阶验证性因素分析的模型就是结构方程模型中的测量模型。二阶验证性因素分析模型也称为高阶因素分析,是一阶验证性因素分析模型的一个特例,通过一阶验证性因素分析发现原先的一阶因素构念间有中高度的关联,且一阶验证性因素分析模型与样本数据适配,研究者可以进一步假定一阶构念再测量更高一阶的因素构念,一阶因素被视为内生潜变量,二阶因素被视为外生潜变量,其模型就是结构方程模型中的结构模型。

根据第 3 章构建的汽车后市场产业集群竞争力评价指标体系,并根据 5.3 节样本数据的质量检验结果,建立初始验证性因素分析模型(图 5-4)。此模型中已经删除了 X_5 和 X_{12},即企业文化和经济发展水平,模型中的箭头表示变量间的路径。

1. 模型识别

根据结构方程的理论建立的理论模型在数据拟合时,可能出现模型无法识别的情形,在进行模型数据拟合前,需要对模型进行识别。根据协方差矩阵的数据点数目与自由参数数目关系,模型识别可分为低度识别、正好识别和过度识别。

协方差矩阵的数据点数目=$1/2(p+q)(p+q+1)$,它包含了所有观察变量的协方差与方差。模型的自由度为

$$df = 1/2(p+q)(p+q+1) - t \tag{5.16}$$

式中,t 为自由参数的个数;p 为外生观察变量;q 为内生观察变量。

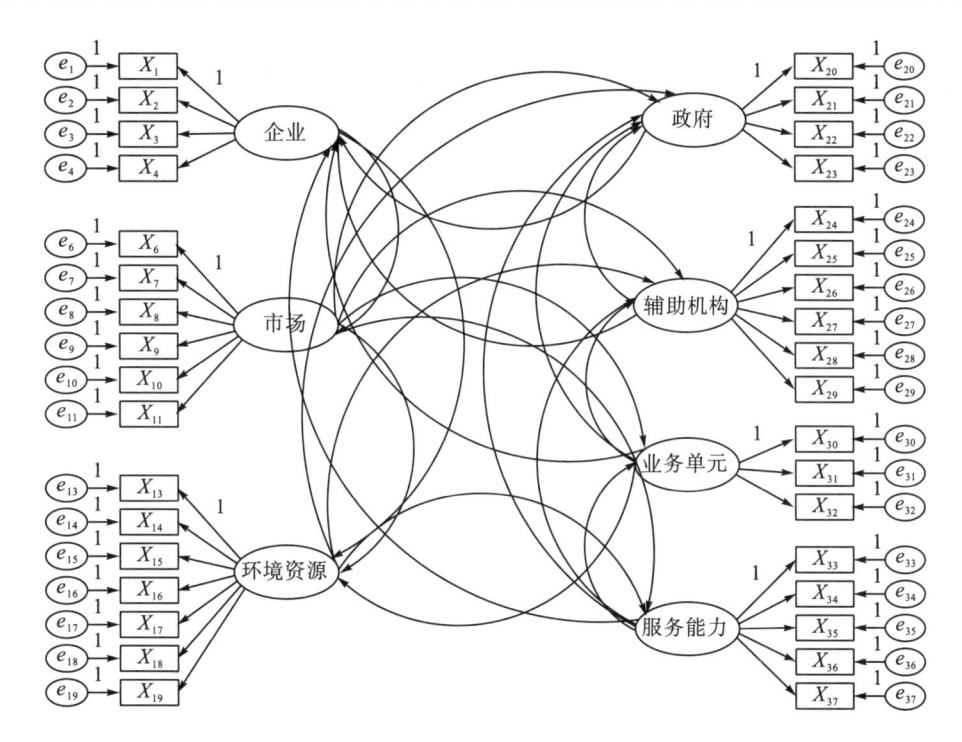

图 5-4　初始验证性因素分析模型

若 df > 0，则模型为过度识别；若 df = 0，则模型为正好识别；若 df < 0，则模型为低度识别。若模型为低度识别，则参数估计结果可能有无限多个解，自由参数无法被正确估计，因此模型的估计无法获得唯一解。若模型为正好识别，则卡方值等于 0，模型永远不会被拒绝，就会形成数据与模型间的完美适配，这样结构方程模型合适性的假设无法被检验，理论模型与数据完美适配并没有实物应用上的价值。当模型不是过度识别时，需对模型进行重构，可将参数删除、设限，直至模型为过度识别。

2. 模型适配度检验标准

模型拟合后，需要对模型进行评价。假设模型与实际数据是否契合，需要同时考虑基本适配度指标、整体模型适配度指标和模型内在结构适配度指标三个方法。

(1) 基本适配度指标。本书选用常用的结构方程模型基本适配度检验评价项目，如表 5-12 所示。

表 5-12　基本适配度检验评价项目与适配标准

评价项目	适配标准
是否没有负的误差变量	没有出现负的误差变量
是否没有很大的标准误差值	标准误差值较小

(2) 整体模型适配度指标。它包括绝对适配指标、增值适配指标和简约适配指标。这些指标包含了若干个评价指标，常用的评价项目及适配标准如表 5-13 所示。

表 5-13　整体模型适配度检验评价项目与适配标准

评价指标	评价项目	适配标准
绝对适配指标	χ^2	越小越好
	RMSEA	不超过 0.1，小于 0.08 良好
	GFI	越接近 1 越好，大于 0.9 为宜
增值适配指标	IFI	越接近 1 越好，大于 0.9 为宜
	CFI	越接近 1 越好，大于 0.9 为宜
	TLI	越接近 1 越好，大于 0.9 为宜
简约适配指标	PGFI	越接近 1 越好，大于 0.5 为宜
	PNFI	越接近 1 越好，大于 0.5 为宜
	NC	1～3 最好，NC>5 模型需要修正

χ^2：卡方值，因为 $F(S;\Sigma)$ 是基于概率原理的非线性函数，不易求解，所以需要依赖迭代的程序获得 χ^2。χ^2 的计算公式为

$$\chi^2 = (n-1)F(S;\Sigma), \quad F(S;\Sigma) = \log|\hat{\Sigma}| + \text{tr}(S\hat{\Sigma}^{-1}) - \log|S| - p \tag{5.17}①$$

RMSEA：近似误差均方差，它是每个自由度的平均总体协方差矩阵与基于总体的假设模型隐含的协方差矩阵之间的差异值。RMSEA 的计算公式为

$$\text{RMSEA} = \sqrt{\frac{F_0}{df}} = \sqrt{\max\left(\frac{F_{\text{ML}}}{df} - \frac{1}{N-1}, 0\right)}$$

$$= \sqrt{\max\left(\frac{\log|\Sigma| - \log|S| + \text{tr}(S\Sigma^{-1}) - p - q}{df} - \frac{1}{N-1}, 0\right)} \tag{5.18}$$

GFI：适配度指数，表示观察矩阵中的方差与协方差可被复制矩阵预测得到的量。GFI 的计算公式为

$$\text{GFI} = 1 - \frac{\text{tr}[\Sigma^{-1}(S-\Sigma)]^2}{\text{tr}(\Sigma^{-1}S)^2} \tag{5.19}$$

IFI：增值适配指数，属于基准线比较指标。IFI 的计算公式为

$$\text{IFI} = \frac{\chi^2_{\text{null}} - \chi^2_{\text{text}}}{\chi^2_{\text{null}} - df_{\text{test}}} \tag{5.20}$$

CFI：比较适配指数，在测量从最现值模型到最饱和模型时，非集中参数的改善情形，并以非集中参数的卡方分布及其非集中参数来定义。它是由 BFI 指标调整而得到的，即

$$\text{BFI} = \frac{(\chi^2_{\text{null}} - df_{\text{null}}) - \chi^2_{\text{text}} - df_{\text{test}}}{\chi^2_{\text{null}} - df_{\text{null}}} \tag{5.21}②$$

TLI：非规准适配指数，用来比较两个对立模型间的适配程度，或用来比较所提出的模型对虚无模型之间的适配程度。

---

① $\hat{\Sigma}$ ——理论模型推导出的方差协方差矩阵。

② df_{null} ——虚无模型的自由度；df_{test} ——假设模型的自由度；χ^2_{null} ——虚无模型的卡方值；χ^2_{text} ——假设模型的卡方值。

PGFI：简约适配度指数，主要用于不同自由度模型之间的比较。PGFI 的计算公式为

$$\mathrm{PGFI} = \frac{\mathrm{df}_h}{\frac{1}{2}p(p+1)} \times \mathrm{GFI} = \frac{\mathrm{df}_h}{\frac{1}{2}p(p+1)} \times \left[1 - \frac{\mathrm{tr}[\Sigma^{-1}(S-\Sigma)]^2}{\mathrm{tr}(\Sigma^{-1}S)^2}\right] \quad (5.22)^{①}$$

PNFI：简约调整后的规准适配指数，性质与 PGFI 相同。PNFI 的计算公式为

$$\mathrm{PNFI} = \left(\frac{\mathrm{df}_{\mathrm{proposed}}}{\mathrm{df}_{\mathrm{null}}}\right)\left(1 - \frac{\chi^2_{\mathrm{proposed}}}{\chi^2_{\mathrm{null}}}\right) \quad (5.23)^{②}$$

NC：卡方自由度比。卡方值是一个对样本量极为敏感的度量，样本量太大或太小都会使之过度反映，很容易受到样本量的影响，因此很多学者更推荐用卡方自由度比（NC）作为主要评价模型合理性的适配标准。NC 的计算公式为

$$\mathrm{NC} = \frac{\chi^2}{\mathrm{df}} \quad (5.24)$$

（3）模型内在结构适配度指标。它是对模型内在质量的检验，针对单个变量、单个估计参数，吴明隆（2010）在《结构方程模型——AMOS 的操作与应用》中给出了内在适配度检验项目与标准，本书选用常见的评价项目如表 5-14 所示。

表 5-14 模型内在适配度检验项目与标准

评价项目	适配标准
所估计的参数均达到显著水平	t 值的绝对值>1.96，符号与期望相符
潜在变量组合信度大于 0.6	P_c>0.5

虽然适配度指标都有明确的含义，但是并没有一个强有力的理论基础来支持指标数值的意义和使用原则，完全符合所有指标的模型是罕见的，要结合实际情况，以理论为基本，有针对性地进行分析与评价。

5.4.2 初始验证性因素分析模型数据拟合和检验

1. 模型的识别与拟合

本节将 35 个观察变量的数据导入 AMOS7.0 软件中，代入初始验证性因子分析模型，使用极大似然估计法对模型进行拟合。对内生观察变量 35 个、外生观察变量 0 个进行观察，得到的协方差矩阵的数据点数目为 630 个，协方差 21 个、回归系数 28 个、方差 42 个，得到的自由参数共有 91 个，根据 df $=1/2(p+q)(p+q+1)-t$，可知 df $=539>0$，因此模型为过度可识别。适配度卡方值为 781.8，模型中没有负的误差方差，经过 14 次迭代

---

① df_h —假设模型的自由度；$\dfrac{\mathrm{df}_h}{\frac{1}{2}p(p+1)}$ —简约比值。

② $\chi^2_{\mathrm{proposed}}$ —假设模型的适配函数；χ^2_{null} —虚无模型的适配函数。

实现最小化，模型具有可行解。

2. 模型路径系数的显著性检验

对路径系数进行统计显著性检验，参数估计的结果如表 5-15 和表 5-16 所示。Estimate 是路径系数，SE 是标准误差。临界比(CR)值是一个 Z 统计量，是由参数估计值与其标准差之比构成的，相当于 t 值。CR 的统计检验相伴概率可以根据 P 值进行路径系数统计显著性检验，若 $P<0.05$，则拒绝原假设，说明数据通过了显著性检验。需要说明的是，因为在模型设定时，将企业→X_1、市场→X_6、政府→X_{20} 等的未标准回归系数参数设为固定参数，所以这些参数不需要进行路径系数显著性检验，因此其 SE、CR、显著性 P 值均为空白。"***"表示 0.01 水平上显著。

表 5-15　观察变量与潜变量间未标准化的系数

测量指标	路径	指标	Estimate	SE	CR	P	Label
X_4	←	企业	1.306	0.275	4.744	***	par_1
X_3	←	企业	0.786	0.213	3.696	***	par_2
X_2	←	企业	0.696	0.214	3.249	0.001	par_3
X_1	←	企业	1.000				
X_{10}	←	市场	2.285	0.709	3.223	0.001	par_4
X_9	←	市场	1.553	0.513	3.028	0.002	par_5
X_8	←	市场	1.555	0.534	2.913	0.004	par_6
X_7	←	市场	1.260	0.441	2.855	0.004	par_7
X_6	←	市场	1.000				
X_{33}	←	服务能力	1.000				
X_{34}	←	服务能力	1.585	0.352	4.500	***	par_8
X_{35}	←	服务能力	1.042	0.259	4.026	***	par_9
X_{36}	←	服务能力	1.331	0.316	4.216	***	par_10
X_{37}	←	服务能力	1.533	0.335	4.570	***	par_11
X_{20}	←	政府	1.000				
X_{21}	←	政府	0.991	0.155	6.396	***	par_12
X_{22}	←	政府	1.312	0.178	7.354	***	par_13
X_{23}	←	政府	1.039	0.178	5.822	***	par_14
X_{30}	←	业务单元	1.000				
X_{31}	←	业务单元	1.795	0.498	3.607	***	par_15
X_{16}	←	环境资源	1.538	0.354	4.340	***	par_16
X_{15}	←	环境资源	1.307	0.327	3.997	***	par_17
X_{14}	←	环境资源	1.242	0.316	3.935	***	par_18
X_{13}	←	环境资源	1.000				
X_{17}	←	环境资源	1.363	0.323	4.220	***	par_19
X_{18}	←	环境资源	0.921	0.310	2.968	0.003	par_20

续表

测量指标	路径	指标	Estimate	SE	CR	P	Label
X_{19}	←	环境资源	1.334	0.361	3.701	***	par_21
X_{25}	←	辅助机构	1.035	0.220	4.699	***	par_22
X_{26}	←	辅助机构	1.232	0.244	5.054	***	par_23
X_{27}	←	辅助机构	1.110	0.236	4.714	***	par_24
X_{28}	←	辅助机构	1.250	0.240	5.203	***	par_25
X_{29}	←	辅助机构	1.314	0.259	5.074	***	par_26
X_{24}	←	辅助机构	1.000				
X_{11}	←	市场	1.260	0.447	2.820	0.005	par_27
X_{32}	↔	业务单元	2.212	0.607	3.646	***	par_28

表 5-16 潜变量间未标准化的路径系数

指标	路径	指标	Estimate	SE	CR	P	Label
企业	↔	市场	0.114	0.044	2.594	0.009	par_29
企业	↔	环境资源	0.105	0.039	2.707	0.007	par_30
企业	↔	政府	0.124	0.048	2.577	0.010	par_31
企业	↔	辅助机构	0.155	0.049	3.180	0.001	par_32
企业	↔	业务单元	0.065	0.032	2.068	0.039	par_33
企业	↔	服务能力	0.170	0.053	3.212	0.001	par_34
市场	↔	政府	0.096	0.039	2.437	0.015	par_35
市场	↔	辅助机构	0.072	0.031	2.293	0.022	par_36
市场	↔	业务单元	0.061	0.028	2.206	0.027	par_37
市场	↔	服务能力	0.086	0.036	2.410	0.016	par_38
政府	↔	环境资源	0.140	0.046	3.034	0.002	par_39
环境资源	↔	辅助机构	0.135	0.044	3.073	0.002	par_40
服务能力	↔	环境资源	0.150	0.049	3.059	0.002	par_41
政府	↔	辅助机构	0.156	0.050	3.129	0.002	par_42
政府	↔	业务单元	0.077	0.036	2.153	0.031	par_43
服务能力	↔	政府	0.109	0.044	2.497	0.013	par_44
业务单元	↔	辅助机构	0.073	0.032	2.308	0.021	par_45
服务能力	↔	辅助机构	0.159	0.050	3.194	0.001	par_46
服务能力	↔	业务单元	0.093	0.036	2.574	0.010	par_47
市场	↔	环境资源	0.079	0.033	2.400	0.016	par_48
业务单元	↔	环境资源	0.073	0.030	2.416	0.016	par_49

从结果来看，路径系数的标准误差较小，t 值的绝对值均大于 1.96，且均通过显著性检验。

3. 初始整体模型适配度检验

整体模型适配结果如表 5-17 所示。

表 5-17 初始验证性因素分析模型适配结果

指标名称	RMSEA	GFI	IFI	CFI	TLI	PGFI	PNFI	NC
适配结果	0.067	0.711	0.802	0.792	0.770	0.608	0.504	1.45

从评价指标看，初始模型增值适配的几个指标均小于 0.9，表明增值适配结果不佳，但 RMSEA<0.08，PGFI>0.5，PNFI>0.5，1<NC<2，初始模型的绝对适配和简约适配较好。总体来说结果尚可，考虑可以通过对模型的修正来使模型尽可能较好地适配。

5.4.3 初始模型的修正

进行模型修正是为了改进初始模型与样本数据的适配程度，模型的好坏并不能根据模型与样本数据完美适配来评价，好的模型是具有科学理论意义和实际背景的。模型的修正方法包括对一阶因子路径的修正、观察变量的修正、增添变量或误差项的路径。

通过对模型路径系数的显著性评价，发现一阶因子路径和观察变量都通过了显著性检验，无须进行修正。增添变量或误差项的路径，就是释放某些假定，将固定参数改为自由参数，这必须要结合理论现实意义和拟合结果中提供的修正指数 MI，因为 MI 值反映指标之间的冗余程度，其值越大代表冗余程度越大。当输出结果显示有较大的 MI 值时，可以考虑增添变量或误差项的路径。

使用 MI 值修正模型时，原则上每次只修改一个参数，从最大值开始估算，若可测变量属于同一潜变量，且它们之间的 MI 值较大，则应考虑在这两个变量间增加相关路径，将其固定参数改为自由参数。通过对修正指数进行分析甄别，将符合要求的几条放进考虑范围，如表 5-18 所示。①

表 5-18 初始模型修正指数

路径			MI	Par Change
e_{27}	↔	e_{24}	5.486	−0.132
e_{18}	↔	e_{19}	4.745	0.185
e_{14}	↔	e_{13}	13.756	0.210
e_{16}	↔	e_{17}	5.981	0.101
e_{35}	↔	e_{36}	9.322	0.177
e_{33}	↔	e_{34}	8.051	0.184
X_{35}	←	X_{36}	5.318	0.167
X_{14}	←	X_{13}	10.304	0.268

---

① 双箭头（"↔"）部分是残差变量间的协方差修正指数，表示如果在两个可测变量的残差变量间增加一条相关路径至少会减少模型的卡方值；单箭头（"←"）部分是变量间的回归权重修正指数，表示如果在两个变量间增加一条因果路径至少会减少模型的卡方值。Par Change 表示增加相关路径，将固定参数改为自由参数，相对于原先界定的模型参数的改变量。

对上述变量先进行探索性因子分析,考察它们在数据上的相关性。计算公式为

$$r = \frac{\sum(X-\bar{X})(Y-\bar{Y})}{\sqrt{\sum(X-\bar{X})^2 \sum(Y-\bar{Y})^2}} = \frac{l_{XY}}{\sqrt{l_{XX}l_{YY}}} \quad (5.25)$$

$$l_{XX} = \sum(X-\bar{X})^2 = \sum X^2 - \frac{\sum X^2}{n} \quad (5.26)$$

$$l_{YY} = \sum(Y-\bar{Y})^2 = \sum Y^2 - \frac{(\sum Y)^2}{n} \quad (5.27)$$

$$l_{XY} = \sum(X-\bar{X})(Y-\bar{Y}) = \sum XY - \frac{(\sum X)(\sum Y)}{n} \quad (5.28)$$

式中,r 为 Pearson 相关系数;l_{XX} 为 X 的离均差平方和;l_{YY} 为 Y 的离均差平方和;l_{XY} 为 X 与 Y 间的离均差积和。

根据表 5-19 的显示,相关变量间的相关系数的 P 值都小于 0.05,通过显著性检验,X_{13} 与 X_{14}、X_{16} 与 X_{17}、X_{33} 与 X_{34}、X_{35} 与 X_{36} 的 Pearson 相关系数均大于 0.5,可以判定为强相关;X_{18} 与 X_{19} 的相关系数大于 0.3 且小于 0.5,则判定为中等相关;X_{24} 和 X_{27} 的相关系数大于 0.1 且小于 0.3,判定为弱相关。考虑不建立 e_{24} 和 e_{27} 之间的路径。

表 5-19 Pearson 相关系数矩阵

		X_{13}	X_{14}	X_{16}	X_{17}	X_{18}	X_{19}	X_{24}	X_{27}	X_{33}	X_{34}	X_{35}	X_{36}
X_{13}	相关系数	1.00	0.524*	0.251*	0.241*	0.174	0.209*	0.165	0.231*	0.282*	0.131	0.162	0.345*
	显著性	—	0.000	0.011	0.015	0.080	0.035	0.098	0.019	0.004	0.188	0.105	0.000
	N	102	102	102	102	102	102	102	102	102	102	102	102
X_{14}	相关系数	0.524*	1.000	0.402*	0.365*	0.140	0.290*	0.238*	0.286*	0.325*	0.286*	0.068	0.233*
	显著性	0.000	—	0.000	0.000	0.162	0.003	0.016	0.004	0.001	0.004	0.500	0.018
	N	102	102	102	102	102	102	102	102	102	102	102	102
X_{16}	相关系数	0.251*	0.402*	1.000	0.598*	0.229*	0.324*	0.325*	0.231*	0.338*	0.439*	0.270*	0.366*
	显著性	0.011	0.000	—	0.000	0.021	0.001	0.001	0.019	0.001	0.000	0.006	0.000
	N	102	102	102	102	102	102	102	102	102	102	102	102
X_{17}	相关系数	0.241*	0.365*	0.598*	1.000	0.304*	0.280*	0.354*	0.225*	0.317*	0.433*	0.413*	0.355*
	显著性	0.015	0.000	0.000	—	0.002	0.004	0.000	0.023	0.001	0.000	0.000	0.000
	N	102	102	102	102	102	102	102	102	102	102	102	102
X_{18}	相关系数	0.174	0.140	0.229*	0.304*	1.000	0.361*	0.267*	0.023	0.101	0.183	0.093	0.102
	显著性	0.080	0.162	0.021	0.002	—	0.000	0.007	0.821	0.311	0.065	0.352	0.307
	N	102	102	102	102	102	102	102	102	102	102	102	102
X_{19}	相关系数	0.209*	0.290*	0.324*	0.280*	0.361*	1.000	0.320*	0.173	0.209*	0.299*	0.124	0.270*
	显著性	0.035	0.003	0.001	0.004	0.000	—	0.001	0.083	0.035	0.002	0.215	0.006
	N	102	102	102	102	102	102	102	102	102	102	102	102
X_{24}	相关系数	0.165	0.238*	0.325*	0.354*	0.267*	0.320*	1.000	0.212*	0.274*	0.388*	0.265*	0.129
	显著性	0.098	0.016	0.001	0.000	0.007	0.001	—	0.033	0.005	0.000	0.007	0.198

续表

		X_{13}	X_{14}	X_{16}	X_{17}	X_{18}	X_{19}	X_{24}	X_{27}	X_{33}	X_{34}	X_{35}	X_{36}
	N	102	102	102	102	102	102	102	102	102	102	102	102
X_{27}	相关系数	0.231*	0.286*	0.231*	0.225*	0.023	0.173	0.212*	1.000	0.065	0.240*	0.218*	0.390*
	显著性	0.019	0.004	0.019	0.023	0.821	0.083	0.033	—	0.513	0.015	0.028	0.000
	N	102	102	102	102	102	102	102	102	102	102	102	102
X_{33}	相关系数	0.282*	0.325*	0.338*	0.317*	0.101	0.209*	0.274*	0.065	1.000	0.505*	0.201*	0.213*
	显著性	0.004	0.001	0.001	0.001	0.311	0.035	0.005	0.513	—	0.000	0.043	0.031
	N	102	102	102	102	102	102	102	102	102	102	102	102
X_{34}	相关系数	0.131	0.286*	0.439*	0.433*	0.183	0.299*	0.388*	0.240*	0.505*	1.000	0.362*	0.353*
	显著性	0.188	0.004	0.000	0.000	0.065	0.002	0.000	0.015	0.000	—	0.000	0.000
	N	102	102	102	102	102	102	102	102	102	102	102	102
X_{35}	相关系数	0.162	0.068	0.270*	0.413*	.093	0.124	0.265*	0.218*	0.201*	0.362*	1.000	0.532*
	显著性	0.105	0.500	0.006	0.000	0.352	0.215	0.007	0.028	0.043	0.000	—	0.000
	N	102	102	102	102	102	102	102	102	102	102	102	102
X_{36}	相关系数	0.345*	0.233*	0.366*	0.355*	0.102	0.270*	0.129	0.390*	0.213*	0.353*	0.532*	1.000
	显著性	0.000	0.018	0.000	0.000	0.307	0.006	0.198	0.000	0.031	0.000	0.000	—
	N	102	102	102	102	102	102	102	102	102	102	102	102

*表示在 0.05 水平(双侧)上显著相关；**表示在 0.01 水平(双侧)上显著相关。

现实中,汽车后市场属于整个汽车产业链中的重要组成部分,其相关产业(X_{14})包括汽车制造、汽车销售等的发展壮大,大型工厂或 4S 店聚集,势必会加快集群中影响企业运转和人们的生活服务设施、通信基础设施等基础设施(X_{13});好的人文环境(X_{19})直接影响一个人的社会网络关系(X_{18})的扩大或缩小,若集群中的人们所处的人文环境倡导助人为乐、包容乐观,那么他们的社会关系必然丰富;人才引进(X_{16})势必促进企业乃至集群技术的进步,技术资源(X_{17})将变得丰富;市场面对不同的需求,需要进行不同的专业分工,根据需求对象而产生的,不同区域的对象根据本地域的实际情况有不同的需求,因此需求分工化程度(X_{34})和对象区域化程度(X_{33})密切相关;服务过程越系统,企业乃至集群越能高效地满足消费者的需求,服务内容有统一的标准就能使不同消费者在等值条件下享受同质的优良服务,服务过程体系化程度(X_{35})和服务内容标准化程度(X_{36})是相辅相成的。

综上所述,建立上述变量之间的路径,由于 AMOS 中不允许对相同的两个变量既指定变量相关又指定相应误差相关,因此选择建立对卡方值影响大一些的误差变量路径,在 e_{18} 与 e_{19}、e_{14} 与 e_{13}、e_{16} 与 e_{17}、e_{35} 与 e_{36}、e_{33} 与 e_{34} 之间建立路径。

5.4.4 修正后的模型潜变量组合信度检验

组合信度,即潜在变量的构建信度,主要是评价一组潜在构念指标的一致性程度,此信度指标属于内部一致性指标,组合信度越高,表示测量指标间有高度的内在关联存在,一般认为组合信度在 0.6 以上,表示潜在变量的组合信度良好。

在 AMOS 7.0 的报表中没有直接呈现潜在变量的组合信度值,需要根据因素负荷量来求出误差变异量,再按式(5.29)计算:

$$\rho_c = \frac{\left(\sum \lambda\right)^2}{\left(\sum \lambda\right)^2 + \sum \theta} = \frac{\left(\sum \lambda\right)^2}{\left(\sum \lambda\right)^2 + \sum (1+R^2)} \quad (5.29)$$

式中,ρ_c 为组合信度;λ 为观察变量在变量上的标准化参数,即指标的因素负荷量;θ 为指标变量的误差变异量;R^2 为因素负荷量的平方。

从表 5-20 可以看出,每个潜变量的组合信度都大于 0.6,各潜变量所含的观测指标内在关联性较强,能较好地解释每个潜变量。

表 5-20 模型潜变量的组合信度

测量指标	因素负荷量	组合信度	测量指标	因素负荷量	组合信度
X_1	0.559		X_{20}	0.721	
X_2	0.398	0.6134	X_{21}	0.700	0.8200
X_3	0.471		X_{22}	0.852	
X_4	0.691		X_{23}	0.637	
X_6	0.349		X_{24}	0.572	
X_7	0.507		X_{25}	0.612	
X_8	0.537	0.7231	X_{26}	0.682	0.8128
X_9	0.601		X_{27}	0.615	
X_{10}	0.790		X_{28}	0.715	
X_{11}	0.491		X_{29}	0.687	
X_{13}	0.428		X_{30}	0.441	
X_{14}	0.554		X_{31}	0.669	0.6622
X_{15}	0.606		X_{32}	0.579	
X_{16}	0.686	0.7479			
X_{17}	0.626		X_{33}	0.449	
X_{18}	0.355		X_{34}	0.683	
X_{19}	0.542		X_{35}	0.528	0.7390
			X_{36}	0.588	
			X_{37}	0.7420	

5.4.5 修正后的整体模型适配度检验

重新用 35 个观察变量的数据对修正后的模型进行拟合,模型经过 13 次迭代实现最小化,其路径系数均通过了显著性检验,其适配结果如表 5-21 所示。

表 5-21　修正后的模型适配结果

指标名称	RMSEA	GFI	IFI	CFI	TLI	PGFI	PNFI	NC
适配结果	0.062	0.730	0.834	0.825	0.805	0.618	0.521	1.383

通过修正后的模型，其适配指标相对于初始模型都有所提高。全部指标通过基本适配检验和内在适配检验，但整体适配指标中的 GFI、IFI、CFI、TLI 的值仍然偏离拟合良好的范围，结果欠佳。究其原因可能是理论模型的界定不甚合理、模型路径过于复杂，也可能是由样本量导致的。

进行修正后的模型具有可行解，除整体模型适配度的个别指标以外，该模型的基本适配指标和内在结构适配度指标都通过了检验，模型具有一定的参考价值。本书认为该模型是可以接受的。修正后的模型如图 5-5 所示。

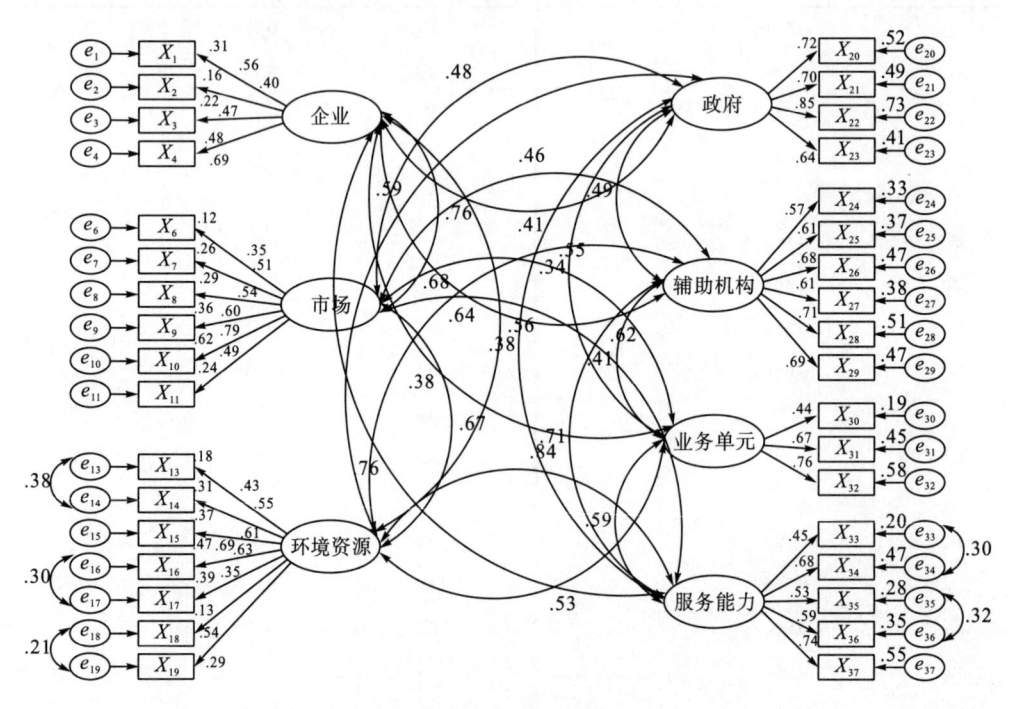

图 5-5　修正后的一阶验证性因素分析模型

注：图中省略了小数点前的零

5.5　指标体系权重确定的二阶验证性因素分析

5.5.1　二阶验证性因素分析模型的构建

前面已经对一阶验证性因素分析模型做了相关解释，通过修正后一阶验证性因素分析模型，可以得到各个潜变量之间的相互关系，即它们之间的相关系数，如表 5-22 所示。

表 5-22　潜变量间的相关系数

指标	路径	指标	Estimate
企业	↔	市场	0.756
企业	↔	环境资源	0.556
企业	↔	政府	0.408
企业	↔	辅助机构	0.640
企业	↔	业务单元	0.376
企业	↔	服务能力	0.765
市场	↔	政府	0.484
市场	↔	辅助机构	0.459
市场	↔	业务单元	0.555
市场	↔	服务能力	0.618
政府	↔	环境资源	0.588
环境资源	↔	辅助机构	0.682
服务能力	↔	环境资源	0.842
政府	↔	辅助机构	0.489
政府	↔	业务单元	0.343
服务能力	↔	政府	0.378
业务单元	↔	辅助机构	0.410
服务能力	↔	辅助机构	0.710
服务能力	↔	业务单元	0.586
市场	↔	环境资源	0.668
业务单元	↔	环境资源	0.526

因子载荷低于 0.3 表明变量之间的关联度低，介于 0.3 和 0.5 表明变量间有关联度，大于 0.5 表明各变量间的关联度高。表 5-22 表明，一阶因子都存在较强的关联度，这个关联就是它们共同对汽车后市场产业集群竞争力的解释。在一阶验证性因素分析的基础上，建立初始二阶验证性因素分析模型，如图 5-6 所示。在这个模型中，七个一阶因子变为内生潜变量，因此要增列估计残差项；汽车后市场产业集群竞争力为二阶因子，是外生潜变量。

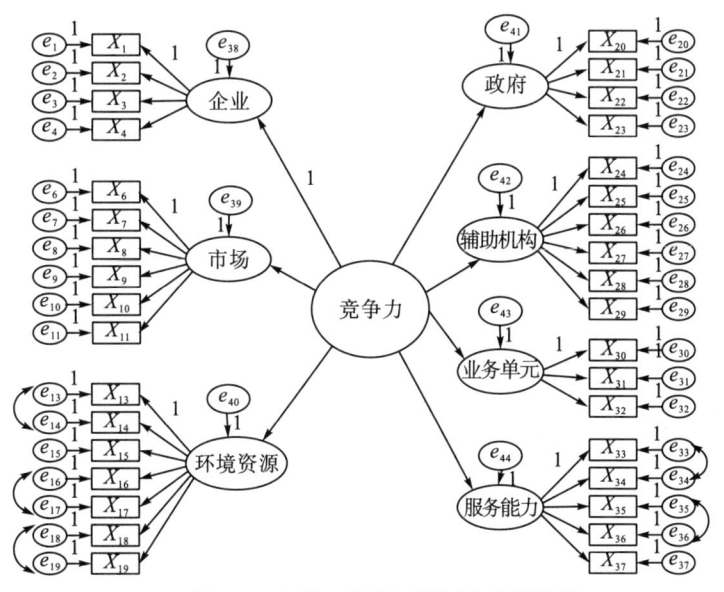

图 5-6　初始二阶验证性因素分析模型

5.5.2 模型的拟合与修正

与一阶验证性因素分析模型的评价与方法一样,现对初始二阶验证性因素分析模型进行拟合,df=543>0,模型为过度可识别,适配度卡方值为 757.7,该模型中没有负的误差方差,模型经过 13 次迭代实现了最小化,模型具有可行解。查看结果输出报表,参考修正指数,考虑到 X_6(市场需求)和 X_7(市场规模)的 Pearson 相关系数为 0.329,且在现实实践中,这两个因素具有明显的相关性,因此在 e_6 和 e_7 之间建立一条路径,以提高模型适配度。最终得到修正后的二阶验证性因素分析模型的路径系数表、"竞争力"组合信表(只列出了外因潜变量即"竞争力"的组合信度表)和模型适配结果表,具体如表 5-23~表 5-25 所示。

表 5-23 变量间未标准化的系数

指标	路径	指标	Estimate	SE	CR	P	Label
企业	←	竞争力	1.000	—	—	—	
环境资源	←	竞争力	1.068	0.337	3.165	0.002	par_27
政府	←	竞争力	1.040	0.325	3.200	0.001	par_28
辅助机构	←	竞争力	1.119	0.338	3.313	***	par_29
服务能力	←	竞争力	1.250	0.383	3.263	0.001	par_30
市场	←	竞争力	0.692	0.276	2.511	0.012	par_31
业务单元	←	竞争力	0.620	0.236	2.626	0.009	par_32
X_4	←	企业	1.546	0.387	3.993	***	par_1
X_3	←	企业	0.950	0.282	3.374	***	par_2
X_2	←	企业	0.918	0.285	3.220	0.001	par_3
X_1	←	企业	1.000	—	—	—	
X_{10}	←	市场	2.219	0.716	3.098	0.002	par_4
X_9	←	市场	1.644	0.552	2.976	0.003	par_5
X_8	←	市场	1.668	0.578	2.886	0.004	par_6
X_7	←	市场	1.282	0.461	2.781	0.005	par_7
X_6	←	市场	1.000	—	—	—	
X_{33}	←	服务能力	1.000	—	—	—	
X_{34}	←	服务能力	1.584	0.345	4.594	***	par_8
X_{35}	←	服务能力	0.994	0.249	3.994	***	par_9
X_{36}	←	服务能力	1.272	0.303	4.199	***	par_10
X_{37}	←	服务能力	1.494	0.324	4.614	***	par_11
X_{20}	←	政府	1.000	—	—	—	
X_{21}	←	政府	1.014	0.159	6.385	***	par_12
X_{22}	←	政府	1.336	0.185	7.221	***	par_13
X_{23}	←	政府	1.042	0.182	5.718	***	par_14

续表

指标	路径	指标	Estimate	SE	CR	P	Label
X_{30}	←	业务单元	1.000	—	—	—	—
X_{31}	←	业务单元	1.930	0.548	3.525	***	par_15
X_{16}	←	环境资源	1.493	0.340	4.395	***	par_16
X_{15}	←	环境资源	1.249	0.312	4.001	***	par_17
X_{14}	←	环境资源	1.256	0.310	4.056	***	par_18
X_{13}	←	环境资源	1.000	—	—	—	—
X_{17}	←	环境资源	1.325	0.310	4.271	***	par_19
X_{18}	←	环境资源	0.900	0.302	2.981	0.003	par_20
X_{19}	←	环境资源	1.300	0.348	3.731	***	par_21
X_{25}	←	辅助机构	1.043	0.225	4.633	***	par_22
X_{26}	←	辅助机构	1.250	0.250	4.997	***	par_23
X_{27}	←	辅助机构	1.122	0.241	4.656	***	par_24
X_{28}	←	辅助机构	1.289	0.249	5.186	***	par_25
X_{29}	←	辅助机构	1.316	0.264	4.978	***	par_26
X_{24}	←	辅助机构	1.000	—	—	—	—
X_{11}	←	市场	1.269	0.464	2.737	0.006	par_33
X_{32}	←	业务单元	2.199	0.623	3.528	***	par_34

表 5-24 "竞争力"组合信度表

测量指标	因素负荷量	组合信度
企业	0.788	
市场	0.767	
环境资源	0.898	
政府	0.568	0.9045
辅助机构	0.752	
业务单元	0.599	
服务能力	0.898	

表 5-25 模型适配结果表

指标名称	RMSEA	GFI	IFI	CFI	TLI	PGFI	PNFI	NC
适配结果	0.062	0.725	0.827	0.820	0.804	0.629	0.524	1.358

结果表明，路径系数的标准误差较小，t 值的绝对值均大于 1.96，P 值均小于 0.05，通过显著性检验。对于整体模型适配指标，增值适配的几个指标均小于 0.9，但也基本接近 0.9。1<NC<2，RMSEA<0.08，PGFI>0.5，PNFI>0.5，初始模型的绝对适配和简约适配较好。"竞争力"的组合信度也达到了 0.9 以上，七个内因潜变量的组合信度也都大于 0.6，这表明模型的内在质量较好。潜变量的因素负荷量都为 0.5~0.95，表明基本适配满意。

除整体模型适配度的个别指标外,模型的基本适配指标和内在结构适配度指标都通过了检验,模型具有一定的参考价值,所以本书认为该模型是可以接受的。因此,得到汽车后市场产业集群竞争力结构方程模型,如图 5-7 所示。

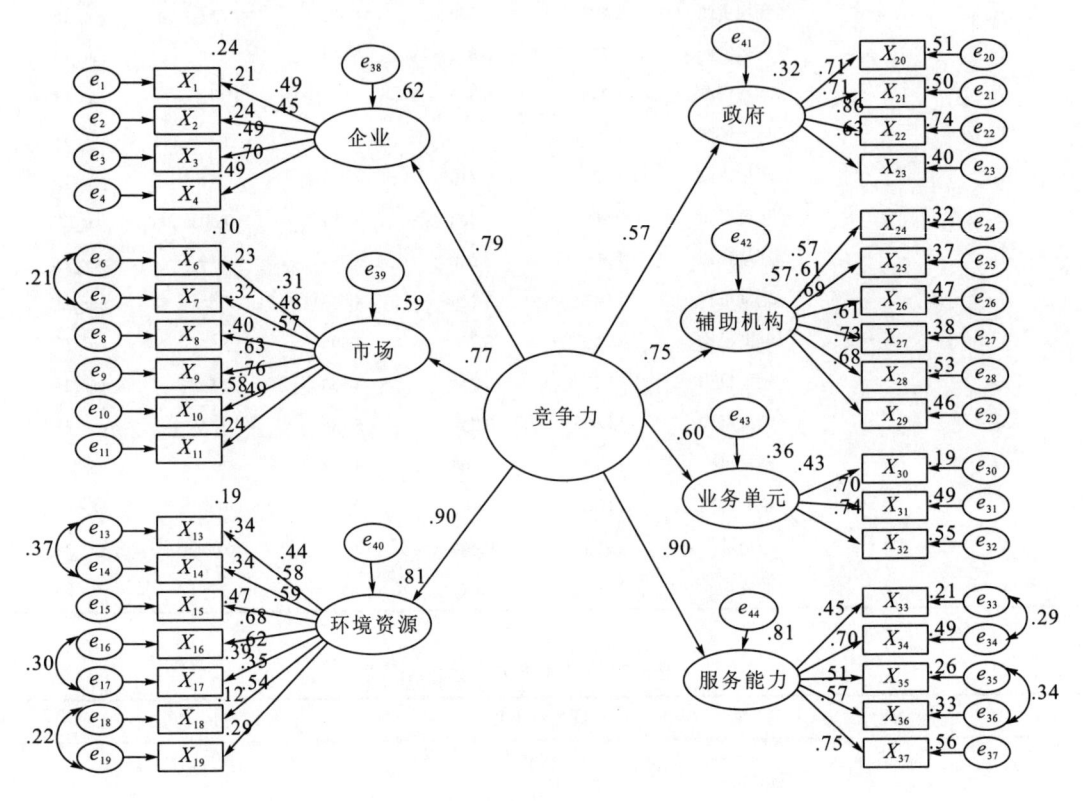

图 5-7 汽车后市场产业集群竞争力结构方程模型

注:图中省略了小数点前面的零

5.5.3 指标权重确定的实证研究结果

1. 模型的线性回归方程

根据汽车后市场产业集群竞争力结构方程模型,得到汽车后市场产业集群竞争力结构方程模型的线性回归方程为

$$jzl = (0.7875\ 0.7668\ 0.8983\ 0.5679\ 0.7523\ 0.5990\ 0.8978) \begin{pmatrix} qy \\ sc \\ hjzy \\ zf \\ fzjg \\ ywdy \\ fwnl \end{pmatrix} + e_1 \quad (5.30)$$

$$qy = (0.4914 \quad 0.4532 \quad 0.4935 \quad 0.6974)\begin{pmatrix} X_1 \\ X_2 \\ X_3 \\ X_4 \end{pmatrix} + e_2 \qquad (5.31)$$

$$sc = (0.3100 \quad 0.4846 \quad 0.5652 \quad 0.5296 \quad 0.7602 \quad 0.4933)\begin{pmatrix} X_6 \\ X_7 \\ X_8 \\ X_9 \\ X_{10} \\ X_{11} \end{pmatrix} + e_3 \qquad (5.32)$$

$$hjzy = (0.4399 \quad 0.5797 \quad 0.5869 \quad 0.6825 \quad 0.6239 \quad 0.3532 \quad 0.541)\begin{pmatrix} X_{13} \\ X_{14} \\ X_{15} \\ X_{16} \\ X_{17} \\ X_{18} \\ X_{19} \end{pmatrix} + e_4 \qquad (5.33)$$

$$zf = (0.7116 \quad 0.7077 \quad 0.8585 \quad 0.6302)\begin{pmatrix} X_{20} \\ X_{21} \\ X_{22} \\ X_{23} \end{pmatrix} + e_5 \qquad (5.34)$$

$$fzjg = (0.5665 \quad 0.6097 \quad 0.6861 \quad 0.613 \quad 0.7275 \quad 0.6789)\begin{pmatrix} X_{24} \\ X_{25} \\ X_{26} \\ X_{27} \\ X_{28} \\ X_{29} \end{pmatrix} + e_6 \qquad (5.35)$$

$$ywdy = (0.4311 \quad 0.7002 \quad 0.7394)\begin{pmatrix} X_{30} \\ X_{31} \\ X_{32} \end{pmatrix} + e_7 \qquad (5.36)$$

$$fwnl = (0.4546 \quad 0.6982 \quad 0.5087 \quad 0.572 \quad 0.7466)\begin{pmatrix} X_{33} \\ X_{34} \\ X_{35} \\ X_{36} \\ X_{37} \end{pmatrix} + e_8 \qquad (5.37)$$

式中，jzl 为汽车后市场产业集群竞争；qy 为集群内的企业；sc 为产业集群所处的市场；hjzy 为产业集群所处的环境资源；zf 为产业集群所在的当地政府；fzjg 为产业集群内的辅助机构；ywdy 为产业集群所包含的业务单元；fwnl 为产业集群的服务能力；e_i(i=1, 2, …,

8) 为随机误差项。

以式(5.30)为例对回归方程加以说明。企业、市场、环境资源、政府、辅助机构、业务单元和服务能力对汽车后市场产业集群竞争力的影响系数分别为 0.7875、0.7668、0.8983、0.5679、0.7523、0.5990、0.8978。它们之间的数量关系为企业竞争力每提升 1 个单位，汽车后市场产业集群竞争力将提升 0.7875 个单位量；市场竞争力每提升 1 个单位，汽车后市场产业集群竞争力将提升 0.7668 个单位量；环境资源竞争力每提升 1 个单位，汽车后市场产业集群竞争力将提升 0.8983 个单位量；政府竞争力每提升 1 个单位，汽车后市场产业集群竞争力将提升 0.5679 个单位量；辅助机构竞争力每提升 1 个单位，汽车后市场产业集群竞争力将提升 0.7523 个单位量；业务单元竞争力每提升 1 个单位，汽车后市场产业集群竞争力将提升 0.5990 个单位量；服务能力竞争力每提升 1 个单位，汽车后市场产业集群竞争力将提升 0.8978 个单位量；若同时将这几个变量的竞争力提升 1 个单位，则汽车后市场产业集群竞争力将提升 5.2696 个单位量。服务能力和环境资源对竞争力的影响接近，对其影响都很大。

2. 研究假设实证结论

根据前面的研讨，汽车后市场产业集群竞争力结构方程模型是根据一阶因子存在相关性而建立的，研究假设 H_8 得到证实。式(5.30)中企业对竞争力的影响系数为 0.7875，表明它对竞争力有较强的反映，且为正影响。研究假设 H_1 得到证实。同理，研究假设 $H_2 \sim H_7$ 得到证实。表 5-26 给出了研究假设实证分析的结果。

表 5-26 研究假设实证分析结果

序号	研究假设	结果
H_1	一阶因子企业对二阶因子汽车后市场产业集群竞争力存在正影响	证实
H_2	一阶因子市场对二阶因子汽车后市场产业集群竞争力存在正影响	证实
H_3	一阶因子环境资源对二阶因子汽车后市场产业集群竞争力存在正影响	证实
H_4	一阶因子政府对二阶因子汽车后市场产业集群竞争力存在正影响	证实
H_5	一阶因子辅助机构对二阶因子汽车后市场产业集群竞争力存在正影响	证实
H_6	一阶因子业务单元对二阶因子汽车后市场产业集群竞争力存在正影响	证实
H_7	一阶因子服务能力对二阶因子汽车后市场产业集群竞争力存在正影响	证实
H_8	一阶因子之间存在较强的相关性	证实

第6章 汽车后市场产业集群竞争力评价指标体系的组合赋权与验证性分析

本章主要是在第 5 章建立的汽车后市场产业集群竞争结构方程模型可以建立汽车后市场产业集群竞争力评价指标体系的基础上，进行评价指标体系的组合赋权与验证性分析。

6.1 汽车后市场产业集群竞争力评价指标体系的组合赋权

本章主要是进行评价指标体系的组合赋权，基本思路是基于结构方程模型的评价指标体系赋权；基于模糊层次分析法的评价指标体系赋权；基于组合赋权的评价指标体系以及汽车后市场产业集群竞争力的综合评价。

6.1.1 基于结构方程模型的评价指标体系赋权

权重的确定方法是对每一个变量的因子载荷（表 5-20 和表 5-24）按式(6.1)进行归一化处理，得到各级评价指标对上一级评价指标的权重，二级评价指标对目标层的权重由一级评价指标对目标层的权重乘以二级评价指标对目标层的权重得到。

$$b'_i = \frac{b_i}{\sum_{i=1}^{n} b_i} (i=1,2,\cdots,n) \tag{6.1}$$

根据表 6-1，可以判断一级评价指标对竞争力影响的排序：环境资源(0.170446)、服务能力(0.170383)、企业(0.149434)、市场(0.145506)、辅助机构(0.142754)、业务单元(0.113664)、政府(0.107763)。二级评价指标中，人才引进(0.030558)、企业创新能力(0.048801)、形式品牌化程度(0.042686)、市场拓展能力(0.034109)、信息机构服务能力(0.026755)、特色功能业务(0.044926)、经济指导(0.031814)等都对汽车后市场产业集群竞争力有较大的影响。

表 6-1　基于结构方程模型的汽车后市场产业集群竞争力评价指标体系

目标层	一级评价指标		二级评价指标		
	指标	对目标层	指标	对一级评价指标	对目标层
汽车后市场产业集群竞争力评价指标体系	环境资源	0.170446	人才引进	0.179270	0.030558
			技术资源	0.163878	0.027934
			外来投资	0.154159	0.026278
			相关产业的发展	0.152268	0.025955
			人文环境	0.142103	0.024233
			基础设施	0.115547	0.019696
			社会网络关系	0.092774	0.015814
	服务能力	0.170383	形式品牌化程度	0.250529	0.042686
			需求分工化程度	0.234287	0.039918
			内容标准化程度	0.191940	0.032703
			过程体系化程度	0.170699	0.029804
			对象区域化程度	0.152545	0.025991
	企业	0.149434	企业创新能力	0.326575	0.048801
			核心企业的成长	0.231093	0.034533
			企业间的合作	0.230110	0.031713
			企业间的竞争	0.212222	0.034386
	市场	0.145506	市场拓展能力	0.234420	0.034109
			市场应变能力	0.194147	0.028250
			市场认可度	0.174288	0.025360
			市场营销能力	0.152117	0.022134
			市场规模	0.149434	0.021744
			市场需求	0.098593	0.013909
	辅助机构	0.142754	信息机构服务能力	0.187418	0.026755
			研发机构服务能力	0.176752	0.025232
			管理咨询机构服务能力	0.174898	0.024967
			金融机构服务能力	0.157920	0.022554
			教育培训机构服务能力	0.157070	0.022422
			行业组织服务能力	0.145941	0.020834
	业务单元	0.113664	特色功能业务	0.395253	0.044926
			辅助功能业务	0.374298	0.042544
			核心功能业务	0.230448	0.026194
	政府	0.107763	经济指导	0.295220	0.031814
			政策导向	0.244704	0.026370
			市场管理	0.243363	0.026226
			土地规划	0.233769	0.025192

表 6-1 的权重排序是根据问卷调查的数据计算得到的,被测试人的背景有所不同,对汽车后市场和产业集群的认识肯定存在不同,在这些被测试人中也难免有对汽车后市场产业集群理解不深刻的人,再加之汽车后市场产业集群竞争力模型并没有达到很好的适配,导致这个评价体系中指标的权重并不一定很准确。从某种意义上来说,基于结构方程模型的评价指标体系反映的是大众的想法,代表的是广度,缺乏精度。因此,从反映的精度考虑,采用一种能体现权威专家意见的分析方法来对汽车后市场产业集群评价指标体系的各指标进行赋权,然后将两种方法得到的权重进行组合,使广度和精度都能反映在这个评价指标体系中,以期能够得到更加科学的汽车后市场产业集群竞争力评价指标体系。

6.1.2 基于模糊层次分析法的评价指标体系赋权

1. 模糊层次分析法分析步骤

众所周知,权重的确定方法有三类,即主观赋权法、客观赋权法和组合赋权法。主观赋权法就是完全依靠专家学者的经验、知识、信息等主观因素对各级的评价指标进行分析判断,包括德尔菲法、层次分析法等。这种方法简单适用,是最早应用的方法,但是由于主观性太强、客观性较差,得到的结果也许会因为专家认知的不同而有较大出入。客观赋权法是基于客观真实的原始数据,利用数学方法来探究这些数据之间的关系,包括主成分分析法、熵值法等。这种方法完全以数学理论为依据,不依靠人的思维,得出的结果比主观赋权法真实,但是采用这种方法,需要大量的原始数据,特别是对一些模糊指标难以定量,其适用性较差,而且完全忽视人类经验,得到的结果往往和实际情况可能相差较大。组合赋权法是综合考虑了两种赋权方法优缺点的赋权方法,是一种较优的赋权方法。基于结构方程模型得到的指标权重体现了广度,本节将用组合赋权法来求出各指标的权重,以体现指标权重的精度。

模糊层次分析法(fuzzy analysis hierarchy process,FAHP)是一种层次权重决策分析方法,是层次分析法(analysis hierarchy process,AHP)的改进。它基于层次分析法的基础,把模糊理论引入其中,同时充分考虑到事物本身以及人类思维的模糊性。在面对层次分析法判断一致性与矩阵一致性的差异、判断矩阵一致性检验缺乏科学依据等问题时,模糊层次分析法也能很好地解决这些问题。

模糊层次分析法的分析步骤如图 6-1 所示。

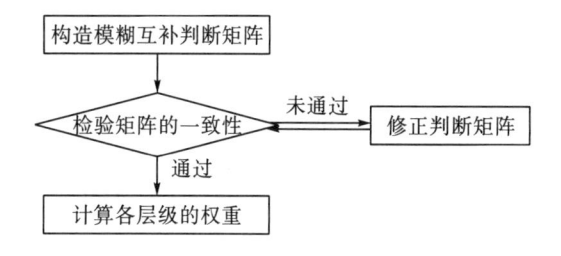

图 6-1 模糊层次分析法的分析步骤

1) 相关定义

定义 1：设矩阵 $\boldsymbol{R}=(r_{ij})_{n\times n}$ 满足 $0\leqslant r_{ij}\leqslant 1$，$\forall i,j\in N$，则称矩阵 R 为模糊矩阵。

定义 2：设模糊矩阵 $\boldsymbol{R}=(r_{ij})_{n\times n}$ 满足 $r_{ij}+r_{ji}=1$，$\forall i,j\in N$，$r_{ii}=0.5$，则称矩阵 R 为模糊互补判断矩阵。

定义 3：对于模糊判断矩阵 $\boldsymbol{R}=(r_{ij})_{n\times n}$ 满足 $r_{ij}=r_{ik}-r_{jk}+0.5$，$\forall i,j,k\in N$，则称 R 为模糊完全一致互补判断矩阵。

2) 模糊互补判断矩阵构造方法

在建立阶层结构模型的基础上，需要对各层级的各个指标的重要程度分别进行两两对比，即对矩阵元素进行标度，使定性评价得到定量描述，它是建立模糊互补判断矩阵的基础。例如，对某一层级的两个指标进行对比，$r_{ij}=0.5$，表示指标 r_i 与 r_j 同等重要；若 $r_{ij}>0.5$，则表示指标 r_i 比 r_j 重要；若 $r_{ij}<0.5$，则表示指标 r_j 比 r_i 重要。数量标度及其含义如表 6-2 所示。

表 6-2　数量标度及其含义

标度	含义
0.1	两个元素相比，后者比前者极端重要
0.2	两个元素相比，后者比前者强烈重要
0.3	两个元素相比，后者比前者明显重要
0.4	两个元素相比，后者比前者稍微重要
0.5	两个元素相比，两者具有同等重要性
0.6	两个元素相比，前者比后者稍微重要
0.7	两个元素相比，前者比后者明显重要
0.8	两个元素相比，前者比后者强烈重要
0.9	两个元素相比，前者比后者极端重要

通过专家对指标间重要程度的对比打分，可以得到 $r_{ij}=a$，令 $r_{ji}=1-a$，则可使矩阵具有互补性，由此可以构造出模糊互补判断矩阵 $\boldsymbol{R}=(r_{ij})_{n\times n}$。

3) 模糊一致性互补判断矩阵及指标权重确定

模糊互补判断矩阵是否具有一致性是矩阵各元素重要度之间是否具有协调性的体现，是判断其权重分配是否合理的重要依据。通过阅读关于模糊判断矩阵一致性算法和检验的相关文献，发现研究者对定义矩阵一致性的思路不尽相同，解法也各不相同。

完全一致互补判断矩阵虽然具有完全一致性，但与专家给出的判断矩阵毕竟存在一定的误差，因此在初始判断矩阵满足一致性的条件时，不需要进行修正。本书按照徐泽水（2001）在衡量判断矩阵相容性的一个通用指标中给出的方法来对模糊互补判断矩阵进行一致性检验，若不能通过检验，则在模糊互补判断矩阵的基础上构造模糊完全一致互补判断矩阵。具体步骤如下。

步骤 1：对模糊互补判断矩阵 $A=(a_{ij})_{n\times n}$ 按式 (6.3) 进行归一化，求出排序向量 $w_i=(w_1,w_2,\cdots,w_n)^T$。对模糊互补判断矩阵 $A=(a_{ij})_{n\times n}$ 进行如下数学变换，得到模糊一致性互补判断矩阵：

$$R(r_{ij})_{n\times n}。\ r_{ij} = \frac{r_i - r_j}{2(n-1)} + 0.5 \tag{6.2}$$

$$w_i = \frac{\sum_{j=1}^{n} r_{ij}}{\sum_{i=1}^{n}\sum_{j=1}^{n} r_{ij}} = \frac{\sum_{j=1}^{n} r_{ij}}{\sum_{1\leq i<j\leq n}^{n} r_{ij} + r_{ji} + 0.5n} = \frac{\sum_{j=1}^{n} r_{ij}}{\frac{n(n-1)}{2} + \frac{n}{2}}$$

$$= \frac{\sum_{j=1}^{n} r_{ij}}{\frac{n^2}{2}} = \frac{\sum_{j=1}^{n}\left[\frac{r_i - r_j}{2(n-1)} + 0.5\right]}{\frac{n^2}{2}}$$

$$= \frac{\sum_{j=1}^{n}\frac{r_i - r_j}{n-1} + n}{n^2} = \frac{r_i + \frac{n}{2} - 1}{n(n-1)} = \frac{\sum_{j=1}^{n} a_{ij} + \frac{a}{2} - 1}{n(n-1)} (i=1,2,\cdots,n) \tag{6.3}$$

步骤 2：按式 (6.4) 求出互补权重矩阵 $W=(w_{ij})_{n\times n}$，W 是对应于模糊互补判断矩阵 R 的完全一致性矩阵。

$$w_{ij} = \frac{w_i}{w_i + w_j} \ (i,j=1,2,\cdots,n) \tag{6.4}$$

步骤 3：按式 (6.5) 求出矩阵 R 与矩阵 W 的一致性指标 $S(R,W)$，若 $S(R,W)=1$，则矩阵 R 具有完全一致性；若 $S(R,W) > S^*$，则可以认为矩阵 R 具有一致性，即通过一致性检验，S^* 为相容性指标临界值，取值 0.8；若 $S(R,W) < S^*$，则认为矩阵 R 没有通过一致性检验。

$$S(R,W) = \frac{\sum_{i=1}^{n}\sum_{j=1}^{n}\frac{r_{ij}w_{ij}}{\max(r_{ij}^2, w_{ij}^2)}}{n^2} \tag{6.5}$$

对于专家给出的模糊判断矩阵 R，若通过一致性检验，则在步骤 1 中求得排序向量 $w_i = (w_1, w_2, \cdots, w_n)^T$，即指标的权重，若没有通过一致性检验，则用步骤 2 求得互补权重矩阵 W 替代 R，此时再进行步骤 1，求出新的排序向量，即指标的权重。

2. 调查问卷设计

根据表 6-1 的评价指标体系，设计基于模糊层次分析法的汽车后市场产业集群竞争力调查问卷。通过电子邮件，邀请行业专家对每一层级的评价指标对汽车后市场产业集群竞争力影响程度的大小分别进行两两比较，用表 6-2 给出的标度进行打分。此次共发出问卷 70 份，回收有效问卷 70 份，有效回收率 100%。在这里，随机选取 7 份问卷构造 7 组各层级的模糊互补判断矩阵。具体的调查问卷表见附录 2。

3. 模糊互补判断矩阵

将回收的问卷随机抽取 7 份进行整理，构造 7 组各层级的模糊互补判断矩阵，每组有

8 个。在群决策中，把每个专家构造的模糊互补判断矩阵进行合成，设有 S 个专家，构造的模糊互补矩阵为

$$R_m = (r_{ij}^{(m)})_{n \times n} (m=1,2,\cdots,s) \tag{6.6}$$

对 R_m 进行整合，可得

$$\overline{R}_m = (r_{ij})_{n \times n} = \sum_{m=1}^{s} \lambda_m r_{ij}^{(m)} \left(\lambda_m > 0, \sum_{m=1}^{s} \lambda_m = 1 \right) \tag{6.7}$$

根据式(6.7)对每组同一层级的模糊互补判断矩阵进行整合，λ_m 为专家意见权重，取 $\lambda=1/7$，得到如下模糊互补判断矩阵。

1) 一级评价指标模糊互补判断矩阵

$\boldsymbol{R}_{jzl}$ 为汽车后市场产业集群竞争力层面的模糊互补判断矩阵，即

$$\boldsymbol{R}_{jzl} = \begin{pmatrix} 0.5 & 0.39 & 0.51 & 0.56 & 0.71 & 0.56 & 0.57 \\ 0.61 & 0.5 & 0.69 & 0.61 & 0.77 & 0.73 & 0.7 \\ 0.49 & 0.31 & 0.5 & 0.44 & 0.54 & 0.47 & 0.57 \\ 0.44 & 0.39 & 0.56 & 0.5 & 0.63 & 0.53 & 0.54 \\ 0.29 & 0.23 & 0.46 & 0.37 & 0.5 & 0.46 & 0.41 \\ 0.44 & 0.27 & 0.53 & 0.47 & 0.54 & 0.5 & 0.53 \\ 0.43 & 0.3 & 0.43 & 0.46 & 0.59 & 0.47 & 0.5 \end{pmatrix}$$

2) 二级评价指标模糊互补判断矩阵

R_{qy}、R_{sc}、R_{hjzy}、R_{zf}、R_{fzjg}、R_{ywdy}、R_{fwnl} 分别为企业层面、市场层面、环境资源层面、政府层面、辅助机构层面、业务单元层面、服务能力层面的模糊互补判断矩阵，即

$$R_{qy} = \begin{pmatrix} 0.5 & 0.56 & 0.41 & 0.43 \\ 0.44 & 0.5 & 0.51 & 0.36 \\ 0.59 & 0.49 & 0.5 & 0.47 \\ 0.57 & 0.64 & 0.53 & 0.5 \end{pmatrix}$$

$$R_{sc} = \begin{pmatrix} 0.5 & 0.71 & 0.69 & 0.63 & 0.61 & 0.63 \\ 0.29 & 0.5 & 0.53 & 0.49 & 0.47 & 0.49 \\ 0.31 & 0.47 & 0.5 & 0.51 & 0.44 & 0.46 \\ 0.37 & 0.51 & 0.49 & 0.5 & 0.54 & 0.47 \\ 0.39 & 0.53 & 0.56 & 0.46 & 0.5 & 0.57 \\ 0.37 & 0.51 & 0.54 & 0.53 & 0.43 & 0.5 \end{pmatrix}$$

$$R_{hjzy} = \begin{pmatrix} 0.5 & 0.59 & 0.59 & 0.43 & 0.39 & 0.46 & 0.64 \\ 0.41 & 0.5 & 0.6 & 0.44 & 0.4 & 0.54 & 0.66 \\ 0.41 & 0.4 & 0.5 & 0.41 & 0.37 & 0.53 & 0.56 \\ 0.57 & 0.56 & 0.59 & 0.5 & 0.6 & 0.67 & 0.73 \\ 0.61 & 0.6 & 0.63 & 0.4 & 0.5 & 0.69 & 0.74 \\ 0.54 & 0.46 & 0.47 & 0.33 & 0.31 & 0.5 & 0.5 \\ 0.36 & 0.34 & 0.44 & 0.27 & 0.26 & 0.5 & 0.5 \end{pmatrix}$$

$$R_{zf} = \begin{pmatrix} 0.5 & 0.54 & 0.51 & 0.59 \\ 0.46 & 0.5 & 0.53 & 0.59 \\ 0.49 & 0.47 & 0.5 & 0.64 \\ 0.41 & 0.41 & 0.36 & 0.5 \end{pmatrix}$$

$$R_{fzjg} = \begin{pmatrix} 0.5 & 0.6 & 0.41 & 0.5 & 0.53 & 0.53 \\ 0.4 & 0.5 & 0.41 & 0.46 & 0.49 & 0.51 \\ 0.59 & 0.59 & 0.5 & 0.57 & 0.57 & 0.64 \\ 0.5 & 0.54 & 0.43 & 0.5 & 0.53 & 0.57 \\ 0.47 & 0.51 & 0.43 & 0.47 & 0.5 & 0.61 \\ 0.47 & 0.49 & 0.36 & 0.43 & 0.39 & 0.5 \end{pmatrix}$$

$$R_{ywdy} = \begin{pmatrix} 0.5 & 0.81 & 0.7 \\ 0.19 & 0.5 & 0.46 \\ 0.3 & 0.54 & 0.5 \end{pmatrix}$$

$$R_{fwnl} = \begin{pmatrix} 0.5 & 0.51 & 0.5 & 0.49 & 0.51 \\ 0.49 & 0.5 & 0.43 & 0.43 & 0.56 \\ 0.5 & 0.57 & 0.5 & 0.53 & 0.57 \\ 0.51 & 0.57 & 0.47 & 0.5 & 0.56 \\ 0.49 & 0.44 & 0.43 & 0.44 & 0.5 \end{pmatrix}$$

3) 一致性检验

对 R_{jzl}、R_{qy}、R_{sc}、R_{hjzy}、R_{zf}、R_{fzjg}、R_{ywdy}、R_{fwnl} 进行归一化，根据式(6.3)求出它们的排序向量：

$w_{jzl} = (0.15, 0.169286, 0.138571, 0.145, 0.124286, 0.137619, 0.135238)^T$

$w_{qy} = (0.241667, 0.234167, 0.254166, 0.27)^T$

$w_{sc} = (0.192333, 0.159, 0.156333, 0.162667, 0.167, 0.162667)^T$

$w_{hjzy} = (0.142857, 0.144048, 0.137624, 0.16, 0.15881, 0.133571, 0.123095)^T$

$w_{zf} = (0.261667, 0.256667, 0.258333, 0.223333)^T$

$w_{fzjg} = (0.169, 0.159, 0.182, 0.169, 0.166333, 0.154667)^T$

$w_{ywdy} = (0.418333, 0.275, 0.30667)^T$

$w_{fwnl} = (0.2005, 0.1955, 0.2085, 0.2055, 0.19)^T$

根据式(6.4)分别求出互补权重矩阵：

$$W_{jzl} = \begin{pmatrix} 0.5 & 0.469 & 0.52 & 0.508 & 0.547 & 0.522 & 0.526 \\ 0.531 & 0.5 & 0.55 & 0.539 & 0.577 & 0.552 & 0.556 \\ 0.48 & 0.45 & 0.5 & 0.489 & 0.527 & 0.502 & 0.506 \\ 0.492 & 0.461 & 0.511 & 0.5 & 0.538 & 0.513 & 0.517 \\ 0.453 & 0.423 & 0.473 & 0.462 & 0.5 & 0.475 & 0.479 \\ 0.478 & 0.448 & 0.498 & 0.487 & 0.525 & 0.5 & 0.524 \\ 0.474 & 0.444 & 0.494 & 0.483 & 0.521 & 0.496 & 0.5 \end{pmatrix}$$

$$W_{qy} = \begin{pmatrix} 0.5 & 0.508 & 0.487 & 0.472 \\ 0.492 & 0.5 & 0.48 & 0.464 \\ 0.513 & 0.52 & 0.5 & 0.485 \\ 0.528 & 0.536 & 0.515 & 0.5 \end{pmatrix}$$

$$W_{sc} = \begin{pmatrix} 0.5 & 0.547 & 0.552 & 0.542 & 0.535 & 0.542 \\ 0.453 & 0.5 & 0.504 & 0.494 & 0.488 & 0.494 \\ 0.448 & 0.498 & 0.5 & 0.49 & 0.484 & 0.49 \\ 0.458 & 0.506 & 0.51 & 0.5 & 0.493 & 0.5 \\ 0.465 & 0.512 & 0.516 & 0.507 & 0.5 & 0.507 \\ 0.458 & 0.506 & 0.51 & 0.5 & 0.493 & 0.5 \end{pmatrix}$$

$$W_{hjzy} = \begin{pmatrix} 0.5 & 0.498 & 0.509 & 0.472 & 0.474 & 0.517 & 0.537 \\ 0.502 & 0.5 & 0.511 & 0.474 & 0.476 & 0.519 & 0.539 \\ 0.491 & 0.489 & 0.5 & 0.462 & 0.464 & 0.507 & 0.528 \\ 0.528 & 0.526 & 0.538 & 0.5 & 0.502 & 0.545 & 0.565 \\ 0.526 & 0.524 & 0.536 & 0.498 & 0.5 & 0.543 & 0.563 \\ 0.483 & 0.481 & 0.493 & 0.455 & 0.457 & 0.5 & 0.52 \\ 0.463 & 0.461 & 0.472 & 0.435 & 0.437 & 0.48 & 0.5 \end{pmatrix}$$

$$W_{zf} = \begin{pmatrix} 0.5 & 0.505 & 0.503 & 0.54 \\ 0.495 & 0.5 & 0.498 & 0.535 \\ 0.497 & 0.502 & 0.5 & 0.536 \\ 0.46 & 0.465 & 0.464 & 0.5 \end{pmatrix}$$

$$W_{fzjg} = \begin{pmatrix} 0.5 & 0.515 & 0.481 & 0.5 & 0.504 & 0.522 \\ 0.485 & 0.5 & 0.466 & 0.485 & 0.489 & 0.507 \\ 0.519 & 0.534 & 0.5 & 0.519 & 0.522 & 0.541 \\ 0.5 & 0.515 & 0.481 & 0.5 & 0.504 & 0.522 \\ 0.496 & 0.511 & 0.478 & 0.495 & 0.5 & 0.518 \\ 0.478 & 0.493 & 0.459 & 0.478 & 0.482 & 0.5 \end{pmatrix}$$

$$W_{ywdy} = \begin{pmatrix} 0.5 & 0.603 & 0.577 \\ 0.397 & 0.5 & 0.473 \\ 0.423 & 0.527 & 0.5 \end{pmatrix}$$

$$W_{fwnl} = \begin{pmatrix} 0.5 & 0.506 & 0.49 & 0.494 & 0.513 \\ 0.494 & 0.5 & 0.484 & 0.488 & 0.507 \\ 0.51 & 0.516 & 0.5 & 0.504 & 0.523 \\ 0.506 & 0.512 & 0.496 & 0.5 & 0.52 \\ 0.487 & 0.493 & 0.477 & 0.48 & 0.5 \end{pmatrix}$$

根据式(6.5)分别求出它们的一致性指标:

$S(R_{jzl}, W_{jzl}) = 0.885 > 0.8$, $\quad S(R_{qy}, W_{qy}) = 0.924 > 0.8$, $\quad S(R_{sc}, W_{sc}) = 0.912 > 0.8$

$S(R_{hjzy}, W_{hjzy}) = 0.87 > 0.8$, $\quad S(R_{zf}, W_{zf}) = 0.933 > 0.8$, $\quad S(R_{fzjg}, W_{fzjg}) = 0.933 > 0.8$

$S(R_{\text{ywdy}}, W_{\text{ywdy}}) = 0.856 > 0.8, \quad S(R_{\text{fwnl}}, W_{\text{fwnl}}) = 0.954 > 0.8$

由以上结果可知,模糊互补判断矩阵 R_{jzl}、R_{qy}、R_{sc}、R_{hjzy}、R_{zf}、R_{fzjg}、R_{ywdy}、R_{fwnl} 通过一致性检验。

4. 权重的确定

前面的模糊互补判断矩阵具有一致性,因此可以认为它们的排序向量的权重分配是合理的,据此可以得到基于模糊层次分析法的汽车后市场产业集群竞争力评价指标体系,如表 6-3 所示。

表 6-3 基于模糊层次分析法的汽车后市场产业集群竞争力评价指标体系

目标层	一级评价指标		二级评价指标		
	指标	对目标层	指标	对一级评价指标	对目标层
汽车后市场产业集群竞争力评价指标体系	环境资源	0.138571	人才引进	0.16	0.022171
			技术资源	0.15881	0.022006
			外来投资	0.137624	0.019071
			相关产业的发展	0.144048	0.019961
			人文环境	0.123095	0.017057
			基础设施	0.142857	0.019796
			社会网络关系	0.133571	0.018509
	服务能力	0.135238	形式品牌化程度	0.19	0.025695
			需求分工化程度	0.1955	0.026439
			内容标准化程度	0.2055	0.027791
			过程体系化程度	0.2085	0.028197
			对象区域化程度	0.2005	0.027115
	企业	0.15	企业创新能力	0.27	0.0405
			核心企业的成长	0.254166	0.038125
			企业间的合作	0.241667	0.03625
			企业间的竞争	0.234167	0.035125
	市场	0.169286	市场拓展能力	0.167	0.028271
			市场应变能力	0.162667	0.027537
			市场认可度	0.156333	0.026465
			市场营销能力	0.162667	0.027537
			市场规模	0.159	0.026914
			市场需求	0.192333	0.032559
	辅助机构	0.124286	信息机构服务能力	0.166333	0.020673
			研发机构服务能力	0.182	0.02262
			管理咨询机构服务能力	0.154667	0.019223
			金融机构服务能力	0.169	0.021004

续表

目标层	一级评价指标		二级评价指标		
	指标	对目标层	指标	对一级评价指标	对目标层
汽车后市场产业集群竞争力评价指标体系	辅助机构	0.124286	教育培训机构服务能力	0.159	0.019761
			行业组织服务能力	0.169	0.021004
	业务单元	0.137619	特色功能业务	0.306667	0.042203
			辅助功能业务	0.275	0.037845
			核心功能业务	0.418333	0.057571
	政府	0.145	经济指导	0.258333	0.037458
			政策导向	0.261667	0.037942
			市场管理	0.256667	0.037217
			土地规划	0.223333	0.032383

在前面基于模糊层次分析法的汽车后市场产业集群竞争力评价指标体系(表 6-3)中，市场是对竞争力影响最大的因素，权重达到 0.169286，其次分别是企业(0.15)、政府(0.145)、环境资源(0.138571)、业务单元(0.137619)、服务能力(0.135238)、辅助机构(0.124286)。在二级评价指标中，市场需求(0.032559)、企业创新能力(0.0405)、政策导向(0.037942)、人才引进(0.022171)、核心功能业务(0.057571)、过程体系化程度(0.028197)、研发机构服务能力(0.02262)对竞争力影响较大。

6.1.3 基于组合赋权的评价指标体系

对比表 6-1 与表 6-3，可以发现这两个评价指标体系一级评价指标间的权重排序存在一定差异。从广度来说，一级评价指标对竞争力影响的排序是环境资源、服务能力、企业、市场、辅助机构、业务单元、政府。从精度来说，它们的排序是市场、企业、政府、环境资源、业务单元、服务能力、辅助机构。在二级评价指标中也存在差异。

组合赋权法虽然是为了中和主观赋权和客观赋权的结果而提出的，但本书认为也不失为一种中和针对同一指标体系的两类数据得到的结果的有效方法，主要有乘法合成法和线性加权合成法两种形式。乘法合成法与简单算术平均法比较类似，其计算公式为

$$\theta_j = \frac{\prod_{k=1}^{q} w_j(k)}{\sum_{j=1}^{m}\sum_{k=1}^{q} w_j(k)} \tag{6.8}$$

式中，θ_j 为第 j 个指标组合权重；$w_j(k)$ 为第 k 种赋权方法得到的权重。

乘法合成法适用于指标较多、各指标间的权重差别不大的情况，但是由于这种方法具有倍增效应，使用很受限制。

线性加权合成法得到的权重主要取决于研究者的心理偏好，其计算公式为

$$W = \sum_{k=1}^{q} \lambda_k w_k \tag{6.9}$$

$$\sum_{k=1}^{q} \lambda_k = 1 \ (\lambda_k \geqslant 0, k=1,2,\cdots,q) \tag{6.10}$$

式中，W 为组合权重；w_k 为第 k 种赋权法得到的权重。

由于 λ_k 的确定方法不同，所以线性加权合成法主要有离差平方和的优化赋权法、偏差最小的优化赋权法、等级相关系数组合法、几何平均赋权法等。这些方法大多基于某一具体算法的主客观赋权法，不同的主客观赋权方法应考虑用不同的组合赋权方法赋权。

考虑到本书的两种赋权法都是基于主观赋权的，因此采用简单线性加权合成法，计算公式为

$$W_i = \lambda a_i + (1-\lambda) b_i \tag{6.11}$$

式中，W_i 为第 i 个属性的权重；a_i、b_i 为两种赋权法的第 i 个属性的权重；λ 为心理偏好，取 $\lambda = 0.5$。

根据式(6.11)，求出组合权重，得到汽车后市场产业集群竞争力评价指标体系，如表 6-4 所示。

表 6-4 汽车后市场产业集群竞争力评价指标体系

目标层	一级评价指标		二级评价指标		
	指标	对目标层	指标	对一级评价指标	对目标层
汽车后市场产业集群竞争力评价指标体系	市场	0.157396	市场拓展能力	0.20071	0.031591
			市场应变能力	0.178407	0.028081
			市场认可度	0.165311	0.026019
			市场营销能力	0.157392	0.024773
			市场规模	0.154217	0.024273
			市场需求	0.145463	0.022895
	环境资源	0.154509	人才引进	0.169635	0.02621
			技术资源	0.161344	0.024929
			相关产业的发展	0.148158	0.022892
			外来投资	0.145892	0.022542
			人文环境	0.132599	0.020488
			基础设施	0.113173	0.019936
			社会网络关系	0.133571	0.017486
	服务能力	0.152811	形式品牌化程度	0.220265	0.033659
			需求分工化程度	0.214594	0.032838
			内容标准化程度	0.19872	0.030367
			过程体系化程度	0.189599	0.028973
			对象区域化程度	0.176522	0.026975
	企业	0.149717	企业创新能力	0.298288	0.044666
			核心企业的成长	0.242629	0.036326
			企业间的合作	0.235889	0.035317
			企业间的竞争	0.223195	0.033416

续表

目标层	一级评价指标		二级评价指标		
	指标	对目标层	指标	对一级评价指标	对目标层
汽车后市场产业集群竞争力评价指标体系	辅助机构	0.13352	研发机构服务能力	0.179376	0.02395
			信息机构服务能力	0.176876	0.023616
			管理咨询机构服务能力	0.164783	0.022002
			金融机构服务能力	0.16346	0.021825
			教育培训机构服务能力	0.158035	0.021101
			行业组织服务能力	0.157471	0.021025
	政府	0.126382	经济指导	0.276777	0.034979
			政策导向	0.253186	0.031998
			市场管理	0.250015	0.031597
			土地规划	0.228551	0.028885
	业务单元	0.125642	特色功能业务	0.35096	0.044095
			辅助功能业务	0.324649	0.040789
			核心功能业务	0.324391	0.040757

从最终得到的汽车后市场产业集群竞争力评价指标体系（表6-4）来看，市场是对汽车后市场产业集群竞争力影响最大的因素，其权重为 0.157396，其次分别是环境资源（0.154509）、服务能力（0.152811）、企业（0.149717）、辅助机构（0.13352）、政府（0.126382）、业务单元（0.125642）。这些因素的权重差别不是很大，说明它们对汽车后市场产业集群竞争力的影响比较接近。

6.1.4 汽车后市场产业集群竞争力的综合评价

1. 综合评价流程

竞争力的综合评价是在多因素相互作用下的一种综合判断，评价的目的在于找出自身差距，便于及时采取有效的改进措施。综合评价的流程如图6-2所示。

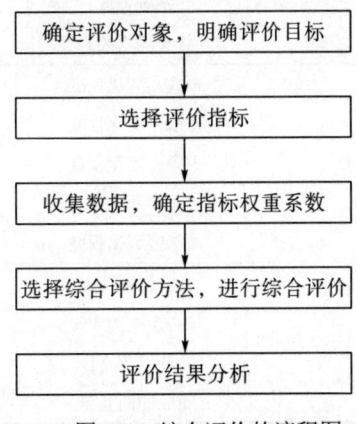

图6-2 综合评价的流程图

2. 综合评价方法

借鉴相关的研究文献，将常用的几种综合评价方法归纳于表 6-5。

表 6-5 综合评价方法

方法名称	优点	缺点
因素分析法	能将决定竞争力的内在因素尽可能地分解出来	评价指标是十分复杂的统计数据，有些指标难以计量
对比差距法	可以直接对指标对比，不必将数值加总比较	难以找出竞争力最优的比较对象
内涵解析法	能对核心竞争力进行分析，具有深刻性	含有较大程度主观性
模糊综合评价法	数学模型简单，对多层次的复杂问题评判效果较好，选取的评价指标不受统计量的限制	评价等级标准较难界定，带有一定的主观性
灰色综合评价法	对样本量和样本数据分布没有严格要求	具有"灰色"特征，只适合灰色系统理论评价
数据包络法	无需任何权重假设，具有很强的客观性	决策单元的特性缺乏有效的可比性
人工神经网络评价法	能很好地处理非线性问题，能有效避免人为计算权重和相关系数的主观影响与不确定性	推理过程和推理依据缺乏解释能力，数据不充分会导致神经网络无法工作

3. 模糊综合评价法

在第 5 章中已经确定了汽车后市场产业集群竞争力评价指标的权重系数，因此现在需要选择一个合适的综合评价方法对竞争力进行评价。

1) 模糊综合评价法的选择依据

(1) 竞争力本身就是一个抽象的概念，人们对竞争力评价等级的界定具有模糊性，对其一般是基于文字的描述，如竞争力强或竞争力弱，或专家凭经验对其进行打分。

(2) 前面对汽车后市场产业集群竞争力的评价指标做了较为详细的描述，所能利用的定量指标极其稀少，最终选取的指标大都是一些定性指标，这些指标不能用具体的数值来描述，因此也是具有模糊性的。

(3) 本书建立的汽车后市场产业集群竞争力评价指标体系是一个多因素、多层次评价体系。

综上所述，对汽车后市场产业集群竞争力的评价带有一定的模糊性，其内涵是对评价对象和评价指标的不确定性，多层次的评价指标体系本身也适合模糊综合评价法，因此本书选用模糊综合评价法是可行的。

2) 模糊综合评判法步骤

步骤 1：确定因素集和权重向量。

设定评价因素集有 a 层，第 1 层有 1 个子集，包含 e 个子因素集，$U=\{u_1,u_2,\cdots,u_e\}$，相应的权重集 $W_1=\{w_{11},w_{12},\cdots,w_{1e}\}$。

第 2 层有 e 个子集，每个子集包含 p 个子因素集，$U_e=\{u_{e1},u_{e2},\cdots,u_{ep}\}$，相应的权重向量 $W_e=(w_{e1},w_{e2},\cdots,w_{ep})$。

以此类推，第 a 层有 k 个子集，每个子集包含 m 个子因素集，$A_k=\{a_{k1},a_{k2},\cdots,a_{km}\}$，

相应的权重向量 $L_k = (l_{k1}, l_{k2}, \cdots, l_{km})$。

步骤2：建立评价等级集。

设评价等级集 $V = \{v_1, v_2, \cdots, v_n\}$，$n$ 为评价等级的个数，可根据实际情况划分。当评价等级个数过多，评价等级过于细分时，人们在认知上很难把自己的评价准确地划分到某一评价等级中。当评价等级个数过少，且评价等级过于粗略时，综合评价结果过于粗略，区分度较低。因此，一般取 $n = 3, 4, 5$。

步骤3：构造模糊评价矩阵。

首先通过专家调查，对 a 层因素中第 k 个因素的单因素集 $u_i (i = 1, 2, \cdots, m)$（$u_i$ 是最低层因素）做单因素评判，因素 u_i 对评价等级 $v_j (j = 1, 2, \cdots, n)$ 的隶属度为 r_{ij}，可以得到第 k 个因素 u_i 的单因素评价集：$r_{kij} = \{r_{ki1}, r_{ki2}, \cdots, r_{kin}\}$，所以有 m 个因素的评价集构成了总的评价矩阵 R_k，每一个被评价对象确定了从 U 到 V 的模糊关系 R，即模糊评价矩阵：

$$R_k = (r_{kij})_{m \times n} = \begin{pmatrix} r_{k11} & r_{k12} & \cdots & r_{k1n} \\ r_{k21} & r_{k22} & \cdots & r_{k2n} \\ \vdots & \vdots & & \vdots \\ r_{km1} & r_{km2} & \cdots & r_{kmn} \end{pmatrix}$$

，其中，r_{kij} 表示 a 层因素集中第 k 个因素的第 i 个因素能被评为 v_j 的隶属度。也就是说，r_{kij} 表示 a 层因素集中第 k 个因素的第 i 个因素 u_i 在第 j 个评价 v_j 上的分布频率。一般将其归一化处理，有

$$r_{ij} = \frac{S_{ij}}{N} \tag{6.12}$$

式中，N 为参与评价的专家总数；S_{ij} 为有 S 个专家认为第 i 个因素属于第 j 个评价。

步骤4：计算评价等级隶属度向量。

对矩阵 R_k 进行模糊变换，用 a 层第 k 个因素所对应的权重向量 $W_k = (w_{k1}, w_{k2}, \cdots, w_{kp})$ 乘以 R_k，得到 a 层第 k 个因素对于评价集 v_j 的隶属度向量 B_k 为

$$B_k = w_k \times R_{m \times n} = (b_{k1}, b_{k2}, \cdots, b_{km}) = (b_{k1}, b_{k2}, \cdots, w_{kp}) \times \begin{pmatrix} r_{k11} & r_{k12} & \cdots & r_{k1m} \\ r_{k21} & r_{k22} & \cdots & r_{k2m} \\ \vdots & \vdots & & \vdots \\ r_{kp1} & r_{kp2} & \cdots & r_{kpm} \end{pmatrix} \tag{6.13}$$

因此，得到

$$R_a = \begin{pmatrix} B_1 \\ B_2 \\ \vdots \\ B_k \end{pmatrix} = \begin{pmatrix} b_{11} & b_{12} & \cdots & b_{1m} \\ b_{21} & b_{22} & \cdots & b_{2m} \\ \vdots & \vdots & & \vdots \\ b_{k1} & b_{k2} & \cdots & b_{km} \end{pmatrix} \tag{6.14}$$

式中，R_a 为第 a 层因素集对于评价集 V 的隶属度向量。

式(6.13)和式(6.14)对矩阵 R_a 进行模糊变换，可以得到第 $a-1$ 层因素集对于评价集 V 的隶属度向量。

以此类推，最终可以求出第 1 层因素集 U_1 对于评价集 V 的隶属度向量 B_1，即

$$B_1 = (b_1, b_2, \cdots, b_e) \tag{6.15}$$

步骤5：竞争力综合评分和评价定级。

利用式(6.16)得出各层级因素的竞争力综合得分，即

$$c = \sum_{j=1}^{n} b_n y_j \tag{6.16}$$

式中，c 为竞争力综合得分；y_j 为第 j 个评价等级对应的评分值；n 为各层级因素个数；b_n 为子因素对评价集的隶属度。

6.2 汽车后市场产业集群竞争力评价指标体系的验证性分析：以成都为例

6.2.1 成都汽车后市场产业集群的发展现状

1. 产业发展基础

从经济发展水平来看，成都市集中了四川 1/6 的人口，汇集了 1/3 的经济总量，贡献了西部经济总量的 8%。统计数据显示，2015 年成都实现地区生产总值 10801.2 亿元，比上年同期增长 7.9%，占据四川 GDP 的 35.88%，人均 GDP 超过 36980.79 元。2015 年成都市全体居民人均可支配收入 28850 元，同比增加 2254 元，增长 8.5%，扣除价格因素实际增长 7.3%；按照常住地划分，城镇居民人均可支配收入 33476 元，同比增加 2480 元，增长 8.0%，扣除价格因素实际增长 6.8%；农村居民人均可支配收入 17690 元，同比增加 1556 元，增长 9.6%，扣除价格因素实际增长 8.4%。城乡居民收入比为 1.89∶1，较去年同期的 1.92∶1 缩小 0.03，城乡收入差距进一步缩小。

从汽车保有量来看，截至 2013 年底，成都市汽车拥有量达 268.59 万辆，居全国第二位，私家车达 228.39 万辆。从产业增加值来看，2013 年成都市规模以上重工业增加值为 1973.6 亿元，汽车产业增加值为 432.1 亿元，占 21.89%；汽车产业增加值增幅高达 45.2%，在 8 大优势产业中增幅最高。从汽车市场"R 值规律"来看，成都低价位轿车(微型车)和经济车市场已经进入普及期，中高档轿车领域正处于导入期，马上进入快速增长期。表 6-6 中 R 值=平均车价/人均 GDP。一般来说，R>3 时，轿车市场进入导入期；R 为 2~3 时，千人汽车保有量将快速提高，轿车市场进入成长期；R<2 时，轿车市场进入普及期。

表 6-6　2017 年成都各档次车型的 R 值分布

地区	人均 GDP/元	5 万元微型车 R 值	10 万元经济车 R 值	20 万元中高档车 R 值
成都	87200	0.573	1.146	2.292

数据来源：根据网络公开数据整理。

2. 产业发展现状

作为四川区域市场第一梯队的成都，占据了全川 60% 以上的汽车消费份额。目前，成

都市汽车整车销售主要以4S店、汽车卖场、汽车超市为主要方式,约有329家。从空间分布来看,成都东南西北均有汽车整车销售市场,目前形成了机场路—火车南站、红牌楼汽贸商圈、成温路、金府路—羊西线、武侯大道、五桂桥—成渝路、石胜路—三圣乡航天立交、龙潭寺等8大汽车整车销售聚集区。

在汽车制造产业成为成都经济增长新高地后,汽车后市场领域也亟待突破。成都汽车后市场主要涉及传统领域,其新兴板块(汽车金融、汽车文化旅游、汽车电子商务等)还处于勃发期。

1) 汽车维修

据不完全统计,目前成都大约有一类维修企业267家,二类维修企业1312家,三类维修企业2186家,位居全国前列。这些维修企业亟待解决的突出问题有:企业分布散乱,服务层次不高;企业诚信度不高,纠纷投诉较多;专业化人才缺乏,素质参差不齐;主体经营模式弱化,连锁经营企业较少;企业数量众多,行业集中度不够。

2) 汽车零配件

成都汇集了数千家汽车零配件企业,形成了肖家河、广福桥、红牌楼等汽车用品和配件专业市场及企业聚集地,市场规模庞大。这些汽车零配件企业存在的突出问题有:企业分布散、小、乱;缺乏高档次、多品类、多功能的汽车市场和高知名度的汽配连锁企业。

3) 汽车美容养护

成都汽车美容市场主要分布在肖家河、红牌楼及武侯大道一带,其中肖家河汽车美容养护商家最多,达到200余家。成都汽车保有量逐年攀升,带动了成都汽车美容养护行业的快速发展,初步估算,成都汽车美容养护消费市场至少达90亿元。但成都汽车美容养护商家服务质量参差不齐,缺少中、高档的美容装饰品和"一站式"的服务中心。

4) 汽车保险

在成都从事机动车保险业务的企业主要有28家保险公司,分别是太平保险、中国人保、中国平安、永诚保险、大地保险、华安保险、安盛天平保险、浙商保险等。截至2011年底,成都机动车保费收入近83亿元,占四川省的46.7%,同比增长18.4%,近5年年平均增长29.2%。

5) 二手车交易

成都大约拥有43家二手车经营企业,其中品牌二手车经营企业9家,均为合资品牌,中高端品牌占主导地位。二手车交易主要分布在红牌楼商圈、城东十陵—西河商圈、摩尔国际—宏蒙二手市场等商圈。另外,全国最大的二手车拍卖平台优信拍已于2012年5月登陆成都,给成都的二手车市场注入了新的活力。

6) 汽车运动

目前成都引进的汽车赛事主要有中国方程式大奖赛(CFGP)、中国房车锦标赛(CTCC)、中国汽车拉力锦标赛(CRC)、中国卡丁车锦标赛(CKC)、中国汽车飘移锦标赛(CDC)等。

7) 汽车改装

成都市汽车后市场的汽车改装主要集中在燃气车改装、赛车改装和普通车改装。其中,燃气车改装实行严格的市场准入制,由政府核发改装许可证,控制严格,且不再提倡。公安部(2012)第 124 号令规定,从 2014 年 10 月 1 日起,我国实施新修订的《机动车登记规定》,对汽车车身车架改装放宽了,汽车如果进行原厂改装无须办理手续,在改装后十日内办理变更手续即可,同时,只要经过厂家检验合格,对于国内原厂改装车,车主在上牌照时无须再提供额外的改装证明,直接可以上牌。政策瓶颈解除,赛车改装和普通车改装将成为改装市场主流,必将触发消费欲望。目前成都的 4S 店、修理厂、美容企业、俱乐部等均涉及汽车改装业务,但服务质量参差不齐,主要从事汽车外观和性能提升等低端领域的改装业务,高端赛车的改装业务还未涉及。

6.2.2 成都汽车后市场产业集群发展定性指标的分析

为了探索成都汽车后市场产业集群发展指标,本书对国内其他几个城市(地区)进行横向对比,所选取的对比城市(地区)主要有北京、上海、广州、武汉、重庆。北京是我国汽车产业发展较为成熟的地区,其汽车保有量居全国之首,也是国家新政策的先行试验田,具有较好的借鉴意义;上海是我国经济水平及汽车产业发展最好的城市,特别是汽车后市场领域,更有许多独特之处,对成都这个后起之秀有较好的参考价值;广州产业发达,而且人均收入较高,曾一度是我国汽车后市场最大集散地之一,主要依靠外来企业和市场需求因素发展;武汉主要是汽车零部件市场,而且在全国都占有举足轻重的作用,是中部地区汽车产业集群发展得较好的代表城市;重庆(主城区)和成都同属西部,发展条件类似。本节通过对比以上城市,来分析成都汽车后市场的发展水平。

1. 市场容量

在这里,市场容量就相当于市场需求量,它由使用价值需求总量和可支配货币总量两大因素决定,而且是在假定政策环境无较大变化以及不考虑供应商的策略的前提下,市场在一定时期内能够吸纳汽车产品或劳务的单位数量。

汽车保有量方面:从表 6-7 对各地汽车保有量的统计来看,六大城市汽车市场都已进入普及期。成都汽车保有量超过上海、广州等发达城市,仅次于北京,千人汽车拥有量位居首位,达到 321.76 辆,表现出强劲的市场需求。

表 6-7 2017 年六大城市的汽车拥有量

城市	汽车保有量 /万辆	人口 /万人	每千人汽车保有量/(辆/千人)	判断标准	汽车市场所处的发展阶段
北京	564	1961.24	287.57	>50	进入普及期
成都	452	1404.76	321.76	>50	进入普及期
重庆	371	2884.62	128.61	>50	进入普及期
上海	359	2301.91	155.96	>50	进入普及期
武汉	261	978.54	266.72	>50	进入普及期
广州	240	1270.08	188.96	>50	进入普及期

数据来源:根据网络公开数据整理。

汽车市场 R 值方面：六大城市的微型车和经济车都已进入普及期；除成都和重庆外，其他几个城市的中高档车已经进入普及期。表 6-8 表明，成都在这六个城市当中，各个档次的轿车市场排名靠后，应该说还具有巨大的市场空间。

表 6-8　2017 年六大城市的汽车市场 R 值

城市	2017 年人均 GDP/元	轿车价格 5 万元 R 值	轿车价格 10 万元 R 值	轿车价格 20 万元 R 值
北京	129000	0.388	0.775	1.550
成都	87000	0.573	1.146	2.292
重庆	60414	0.828	1.655	3.642
上海	124600	0.401	0.803	1.605
武汉	124560	0.401	0.803	1.605
广州	153118	0.327	0.653	1.306

数据来源：根据网络公开数据整理。

2. 产业规模

由于我国汽车后市场起步较晚，后市场领域发展很不完善，并且统计口径不一，统计部门缺失，特别是在汽车金融、汽车文化、汽车旅游及汽车电子(IT)这四个新兴领域涉及极少，产值规模相当有限。因此，本书不针对六大城市的具体汽车后市场产值进行对比，仅从侧面以企业数量方面来反映六大城市的汽车后市场消费情况。

由表 6-9 可知，涉及汽车后市场的企业总数，北京、广州、上海名列前 3 位，成都位居第 4 位。根据不同完全统计，成都有大小各异的企业 6757 家，其中，在二手车市场领域，北京有 118 家企业，上海有 71 家，成都有 43 家。另外，成都各项指标均领先重庆、武汉，这也从侧面印证了成都是西部地区最大的汽车消费市场。

表 6-9　2013 年六大城市的汽车后市场企业数量　　　　　　　　（单位：家）

城市	汽配	维修养护	汽车保险	二手车	总计
北京	4868	4356	31	118	9373
上海	3180	3950	32	71	7233
广州	5640	3364	30	57	9091
武汉	1892	1880	24	23	3819
重庆	1600	3637	20	33	5290
成都	2921	3765	28	43	6757

数据来源：根据网络公开数据整理，数据与真实情况或有出入。

3. 政府作用

为促进汽车产业快速发展，带动本地经济的稳步增长，各地政府竞相出台各种优惠政策，设立各种专项资金扶持汽车产业，从资金去向来看，各大城市汽车扶持资金主要流向生产、研发、创业扶持、新能源汽车等战略性新兴产业，也有部分资金用于招揽人才及现代服务业。

从各城市汽车产业发展规划来看，各大城市都非常关注综合性、多功能汽车产业园区的建设。成都汽车产业的规划目标是打造"南造、北贸、东娱、西创、中服"的汽车产业发展格局，规划建设成都国际汽车博览城，大力发展新车、二手车、零部件等产业，加快发展汽车文化娱乐、运动赛事、电子商务、乡村会所、创意设计等现代服务业。

4. 人才支撑

成都虽然具备了一定的有关汽车教育服务机构的基础，但在诸如汽车研发中心、汽车检测中心以及研究院等公共技术服务平台方面还严重缺乏，同时已有的教育服务机构与汽车产业之间的关联程度并不高，汽车行业协会无论从会员单位数量还是影响力来看，规模偏小、层次偏低。

表 6-10 给出了集群中的中间层组织对比。

表 6-10 集群中的中间层组织对比

城市	部分公共技术服务平台	部分行业协会等
北京	清华大学汽车工程系；北京理工大学机械与车辆学院；中国农业大学车辆与交通工程系；北京吉利大学汽车学院；北京汽车研究所；简式国际汽车设计(北京)有限公司；北京天创汽车设计有限公司；交通部北京汽车综合试验场；北京卡达克汽车检测技术中心	北京汽车行业协会；北京汽车维修行业协会；北京汽车用品行业协会；中国汽车流通协会；北京汽车陪练行业协会；北京新能源汽车产业协会
上海	上汽汽车工程院；上海通用泛亚汽车技术中心；上海大众技术中心；同济大学汽车学院；上海交通大学汽车工程研究院；上海国际汽车城博士后创新实践基地	上海市汽车行业协会(SATA)；全球汽车精英组织：成员构成包括中国、美国、德国、意大利、法国、瑞典、日本、韩国等主要汽车国家的行业精英
广州	国家、省级工程研究中心 26 个 省级企业技术中心 8 家 一批国际著名的跨国企业相继建立研发机构	广州市汽车配件用品行业协会；广东省电动汽车省部产学研创新联盟
武汉	33 家中外汽车研发机构，如东风有限研发中心总部及商用车研发中心、法雷奥车灯研发中心、东风电动汽车研发中心、康明斯东亚研发中心等 国家级汽车电子研究院	武汉汽车行业协会(商会)(WAIA)现有成员单位 848 家，下设五个分会，在德国法兰克福、法国巴黎、奥地利维也纳设有联络处，推进日常工作
重庆	重庆大学、重庆理工大学、重庆汽车研究所等大学和科研机构；重庆汽车摩托车零部件产业发展研究中心	重庆市节能与新能源汽车产业联盟；重庆市汽车商业协会
成都	西华大学交通与汽车工程学院；西南交通大学机械工程学院；四川大学制造科学与工程学院；成都大学工业制造学院；四川交通职业技术学院等一批汽车类高职高专院校	经济技术开发区汽车产业协会 2009 年成立，选举产生了协会理事单位 27 家，协会会长单位 6 家、协会副会长单位 9 家

数据来源：根据网络公开数据整理。

总体来说，成都汽车后市场的发展水平基本处于对比城市中的中游，具有较大的市场容量，市场需求强劲，发展势头良好，某些指标甚至超过了上海、广州等发达城市。成都的汽车产品结构也在迅速发生变化，经济型轿车已步入普及期，中高档轿车即将进入快速成长期。在后市场新兴领域，还处于初级阶段，涉及较少，差异化市场发展不明显。

6.2.3 成都汽车后市场产业集群竞争力的综合评价

1. 确定因素集和权重向量

根据表6-4，设定评价因素集有2层，第1层为主因素集，第2层为子因素集。

1）主因素集

$U = (u_1, u_2, u_3, u_4, u_5, u_6, u_7)$，即成都汽车后市场产业集群竞争力=(市场，环境资源，服务能力，企业，辅助机构，政府，业务单元)，权重向量集为 $W = (0.157396, 0.154509, 0.152811, 0.149717, 0.13352, 0.126382, 0.125642)$。

2）子因素集

市场竞争力=(市场拓展能力，市场应变能力，市场认可度，市场营销能力，市场规模，市场需求)，权重向量为 $W_1 = (0.20071, 0.178407, 0.165311, 0.157392, 0.154217, 0.145463)$。

环境资源竞争力=(人才引进，技术资源，相关产业的发展，外来投资，人文环境，基础设施，社会网络关系)，权重向量为 $W_2 = (0.169635, 0.161344, 0.148158, 0.145892, 0.132599, 0.113173, 0.133571)$。

服务能力竞争力=(形式品牌化程度，需求分工化程度，内容标准化程度，过程体系化程度，对象区域化程度)，权重向量为 $W_3 = (0.220265, 0.214594, 0.19872, 0.189599, 0.176522)$。

企业竞争力=(企业创新能力，核心企业的成长，企业间的合作，企业间的竞争)，权重向量为 $W_4 = (0.298288, 0.242629, 0.235889, 0.223195)$。

辅助机构竞争力=(研发机构服务能力，信息机构服务能力，管理咨询机构服务能力，金融机构服务能力，教育培训机构服务能力，行业组织服务能力)，权重向量为 $W_5 = (0.179376, 0.176876, 0.164783, 0.16346, 0.158035, 0.157471)$。

政府竞争力=(经济指导，政策导向，市场管理，土地规划)，权重向量为 $W_6 = (0.276777, 0.253186, 0.250015, 0.228551)$。

业务单元竞争力=(特色功能业务，辅助功能业务，核心功能业务)，权重向量为 $W_7 = (0.35096, 0.324649, 0.324391)$。

2. 建立评价等级集

本书将评价等级分为5等，即 $V = (v_1, v_2, v_3, v_4, v_5)$，其中，$v_1$=很强，$v_2$=较强，$v_3$=一般，$v_4$=较弱，$v_5$=很弱。评分尺度 $E = (9.5, 7.5, 5.5, 3.5, 1.5)$。评价定量如表6-11所示。

表6-11 评价定级标准

评价值	评分值	评语	定级
9≤V≤10	9.5	很强	v_1
7≤V≤8	7.5	较强	v_2
5≤V≤6	5.5	一般	v_3
3≤V≤4	3.5	较弱	v_4
1≤V≤2	1.5	很弱	v_5

若评价值 $s \in \{(2,3),(4,5),(6,7),(8,9)\}$ 评语介于评价等级之间

3. 构造模糊评价矩阵

通过随机选取的 7 位专家对成都汽车后市场产业集群竞争力的各个二级评价指标打分。问卷调查表见附录 2。统计各个评价等级的频率，得到子因素集的评价集的隶属度。因此，市场、环境资源、服务能力、企业、辅助机构、政府、业务单元的模糊评价矩阵分别为

$$R_1 = \begin{pmatrix} 0 & 3/7 & 3/7 & 1/7 & 0 \\ 0 & 3/7 & 3/7 & 1/7 & 0 \\ 1/7 & 2/7 & 3/7 & 1/7 & 0 \\ 0 & 4/7 & 2/7 & 1/7 & 0 \\ 2/7 & 1/7 & 4/7 & 0 & 0 \\ 3/7 & 2/7 & 2/7 & 0 & 0 \end{pmatrix}$$

$$R_2 = \begin{pmatrix} 3/7 & 3/7 & 1/7 & 0 & 0 \\ 0 & 3/7 & 4/7 & 0 & 0 \\ 0 & 2/7 & 5/7 & 0 & 0 \\ 0 & 4/7 & 2/7 & 1/7 & 0 \\ 0 & 4/7 & 3/7 & 0 & 0 \\ 0 & 3/7 & 4/7 & 0 & 0 \\ 0 & 3/7 & 4/7 & 0 & 0 \end{pmatrix}$$

$$R_3 = \begin{pmatrix} 0 & 4/7 & 2/7 & 0 & 1/7 \\ 0 & 2/7 & 5/7 & 0 & 0 \\ 0 & 4/7 & 3/7 & 0 & 0 \\ 0 & 2/7 & 4/7 & 1/7 & 0 \\ 0 & 1/7 & 6/7 & 0 & 0 \end{pmatrix}$$

$$R_4 = \begin{pmatrix} 0 & 2/7 & 5/7 & 0 & 0 \\ 0 & 4/7 & 3/7 & 0 & 0 \\ 0 & 5/7 & 2/7 & 0 & 0 \\ 0 & 3/7 & 4/7 & 0 & 0 \end{pmatrix}$$

$$R_5 = \begin{pmatrix} 0 & 1/7 & 4/7 & 2/7 & 0 \\ 0 & 3/7 & 3/7 & 1/7 & 0 \\ 0 & 2/7 & 3/7 & 2/7 & 0 \\ 0 & 3/7 & 3/7 & 1/7 & 0 \\ 0 & 3/7 & 4/7 & 0 & 0 \\ 0 & 2/7 & 5/7 & 0 & 0 \end{pmatrix}$$

$$R_6 = \begin{pmatrix} 0 & 3/7 & 4/7 & 0 & 0 \\ 0 & 6/7 & 1/7 & 0 & 0 \\ 0 & 2/7 & 4/7 & 1/7 & 0 \\ 0 & 2/7 & 5/7 & 0 & 0 \end{pmatrix}$$

$$R_7 = \begin{pmatrix} 0 & 1/7 & 5/7 & 0 & 1/7 \\ 0 & 1/7 & 5/7 & 1/7 & 0 \\ 0 & 2/7 & 5/7 & 0 & 0 \end{pmatrix}$$

4. 计算评价等级的隶属度向量

根据式(6.12)计算出第2层子因素集的评价等级隶属度向量，得到

$B_1 = W_1 \cdot R_1 = (0.1300, 0.3632, 0.4080, 0.1003, 0)$

$B_2 = W_2 \cdot R_2 = (0.0727, 0.4490, 0.4617, 0.0208, 0)$

$B_3 = W_3 \cdot R_3 = (0, 0.3801, 0.5610, 0.271, 0.0315)$

$B_4 = W_4 \cdot R_4 = (0, 0.4880, 0.5120, 0, 0)$

$B_5 = W_5 \cdot R_5 = (0, 0.3313, 0.5218, 0.1470, 0)$

$B_6 = W_6 \cdot R_6 = (0, 0.4724, 0.5004, 0.0357, 0)$

$B_7 = W_7 \cdot R_7 = (0, 0.1892, 0.7143, 0.0464, 0.0501)$

将 $B_i (i=1\sim 7)$ 组成新的模糊评价矩阵：

$$R = \begin{pmatrix} B_1 \\ B_2 \\ B_3 \\ B_4 \\ B_5 \\ B_6 \\ B_7 \end{pmatrix} = \begin{pmatrix} 0.1300 & 0.3632 & 0.4080 & 0.1003 & 0 \\ 0.0727 & 0.4490 & 0.4617 & 0.0208 & 0 \\ 0 & 0.3801 & 0.5610 & 0.0271 & 0.0315 \\ 0 & 0.4880 & 0.5120 & 0 & 0 \\ 0 & 0.3313 & 0.5218 & 0.1470 & 0 \\ 0 & 0.4724 & 05004 & 0.0357 & 0 \\ 0 & 0.1892 & 0.7143 & 0.0464 & 0.0501 \end{pmatrix}$$

因此，得到成都汽车后市场产业集群竞争力的评价集隶属度向量为

$$B = W \cdot R = (0.317, 0.3854, 0.5206, 0.0531, 0.0111)$$

5. 竞争力综合评分和评价定级

根据式(6.16)，计算出汽车后市场产业集群竞争力综合评分为

$$S_{jzl} = B \cdot E^{\mathrm{T}} = (0.0317, 0.3854, 0.5206, 0.0531, 0.0111) \begin{pmatrix} 9.5 \\ 7.5 \\ 5.5 \\ 3.5 \\ 1.5 \end{pmatrix} = 6.25745$$

同理，可求出市场、环境资源、服务能力、企业、辅助机构、政府、业务单元的综合评分：$S_{sc} = 6.55405$，$S_{hjzy} = 6.6703$，$S_{fwnl} = 6.07835$，$S_{qy} = 6.476$，$S_{fzjg} = 5.86915$，$S_{zf} = 6.42015$，$S_{ywdy} = 5.5852$。

从上面各因素集的评分结果来看，成都汽车后市场产业集群竞争力的分值为6.25745，成都汽车后市场产业集群竞争力介于较强和一般之间，超过全国平均水平，但竞争优势不明显。在市场和环境资源方面，其竞争力介于较强与一般之间，其值大于6.5，说明在全国范围内，具有一定的竞争的优势。服务能力、企业和政府方面的竞争力的分值大于6小

于 6.5，说明它们超过了全国的平均水平，但竞争优势不明显。辅助机构和业务单元层面的分值小于 6 大于 5.5，说明它们的竞争力基本超过了全国的平均水平。综合来看，成都汽车后市场产业集群各要素层面的竞争力和整体综合竞争力都基本超过了全国平均水平，应该说成都汽车后市场产业集群在国内具有一定的竞争力，但是优势并不突出。这也与对比分析得出的结论基本一致，说明评价指标体系是合理的。

第 7 章　基于产业链稳定性的汽车后市场产业集群竞争力提升的对策思考

第 5 章构建了产业链稳定性视角下汽车后市场产业集群竞争力评价指标体系，一级评价指标有市场、企业、政府、环境资源、业务单元、服务能力和辅助机构共 7 个，这 7 个一级评价指标中再细分为市场需求、企业创新能力等若干二级评价指标。在第 5 章和第 6 章的分析中，分别采用结构方程模型法、组合赋权法、模糊层次分析法和模糊综合评价法对指标的权重进行了分析，以期从各一级评价指标中选取重要性程度较高、对产业集群竞争力影响较大的指标进行相应的机制设计研究。综合以上各种方法对指标贡献度进行分析和排序，市场、企业、政府是汽车后市场产业集群竞争力提升极为重要的三个指标，在模糊层次分析法中，其权重分别达到了 0.169286、0.15、0.145。

汽车后市场产业集群竞争力提升的关键是建立相应的体制和机制，以便这种竞争力能够形成有自己特色的竞争优势。本章在动态稳定的状态下，从构建汽车后市场产业战略联盟、构建隐性知识共享的汽车后市场企业之间良好的合作机制、构建以心理契约为纽带的员工工作安全感制度等方面探讨建立汽车后市场产业集群竞争力提升的制度设计。

7.1　构建汽车后市场产业战略联盟

根据前面的分析，"市场"在产业集群竞争力的评价指标体系中排在第一位，同时根据前面章节的界定，市场的构成要素包括市场需求、市场规模、市场认可度、市场应变能力、市场拓展能力、市场营销能力等。从这里可以看出，提升汽车后市场产业集群竞争力，关键是提升汽车后市场的市场能力；要提升市场能力，必须提高汽车后市场服务企业竞争水平、管理水平和技术水平，因此可以通过建立汽车后市场的战略联盟实现。

从产业链稳定的视角探索汽车后市场产业集群竞争力，必须弄清楚汽车产业链的构成。汽车产业链是从前向零售市场延伸到了后向服务市场，由汽车这种产品特性决定的，是最长的。在汽车的前向零售市场，新车销售占据主要市场地位，而在汽车的后向服务市场，汽车产业链就非常广阔，打车、租车、拼车、二手车、汽车用品、修车、洗车、停车、美容、保养、代驾、事故、保险、金融等非常丰富。从这些汽车后市场产业链的现状分析，建立汽车后市场战略联盟意义重大。

为什么构建汽车后市场产业战略联盟可以提升产业集群的竞争力？作者认为，汽车后市场产业战略联盟是一种组织形式，它介于企业和市场之间。这种联盟的参与者应该有共同的发展意图、互补的核心竞争力以及一定的妥协性等。这组织的建立，可以把汽车后市场服务企业、服务企业之间以及与其相关的组织(如生产企业、商业企业、设备供应企业等)进行有效的整合,这种整合可以实现优势互补、资源共享、风险共担、要素双向或多向流动。这种整合,可以一定程度上解决汽车后市场企业规模问题,原因在于我国汽车后市场量大面宽,平均规模较小,人才、资金、技术等资源也不足,同时低水平重复建设严重,产业结构也不尽合理。这种整合,可以提高汽车后市场服务企业的竞争水平,原因在于这个市场存在无序竞争,在服务功能、服务质量、服务形式、服务效率等方面缺乏深入思考和分析,仅仅采用价格竞争这种初级的竞争手段,建立战略联盟可以一定程度上用竞合取代低水平竞争。这种整合,可以一定程度上提高汽车后市场的管理水平和技术水平,原因在于我国汽车后市场的管理水平和技术水平总体上是比较低的,缺少先进的管理经验和技术,建立战略联盟,通过与国际上先进企业的合作,可以借鉴其先进的管理经验,利用其先进的技术,从而提升自己的管理水平和技术水平。

汽车后市场产业战略联盟的具体形式和内容如何界定?总体来讲,根据我国汽车后市场的发展现状以及存在的问题,汽车后市场产业战略联盟可以采取建立纵向战略联盟、横向战略联盟和全方位服务的联盟网络(alliance networks)。纵向战略联盟是指上、下游企业进行资本联合所形成的企业战略联盟,这种联盟要求双方继续保持自己的独立性,一般以长期供货协议、许可证转让、营销协议等方式出现。横向战略联盟要求各个不同企业采取联合行动、共同经营而结成企业战略联盟,其具体形式包括连锁加盟、特许经营和企业集团等三类。在具体的操作和实施过程中,汽车后市场在整个价值链上要创造更大的价值,构成产业集群的这些企业必须与相关的汽车生产厂家、银行、保险公司等形成纵向联盟,做到风险共担、优势互补;同时汽车后市场产业集群中的相关企业还要开展连锁经营或合资等方式来实现横向联盟,通过建立这种联盟共同推动市场和创造市场。在此基础上,各行业之间需要进行联合,从而形成一个全方位服务的联盟网络,这种联盟网络是对现有的战略联盟的一种发展形式,一般为由多家企业为达到某一共同目标而组成的集团。当联盟网络形成之后,合作就由双边关系发展到多边关系,联盟中的成员之间的关系也变得比较复杂,形式也多种多样,各个成员之间不一定要与其他公司建立直接的关系,也许仅仅通过核心的公司与其他成员联系,也许仅仅只与某一成员有关系。汽车后市场产业集群联盟网络如图7-1所示。

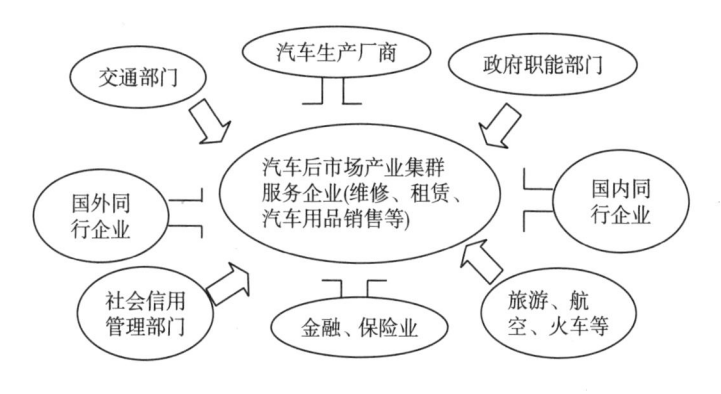

图7-1 汽车后市场产业集群联盟网络

在图 7-1 中，纵向联盟，即汽车后市场产业集群中各行业服务企业与各个汽车生产厂商、银行等金融机构建立起来的联盟关系，不仅能够发挥各自优势，同时也能让其价值链延长；横向联盟，即国内汽车后市场产业集群的各个服务企业之间以及与国外先进的服务企业，通过连锁经营、兼并或合资等形式所建立起的联盟关系，让规模不断扩大。同时，汽车后市场产业集群服务企业必须要加强与交通部门、社会信用管理部门等的合作，并得到政府职能部门的支持。

关于构建汽车后市场产业集群战略联盟的形式可以是多种多样的，本节主要探索整车企业与经销商及商业银行间的纵向联盟、汽车金融机构的横向联盟、汽车租赁企业与汽车生产厂商的纵向联盟、汽车租赁企业与金融和保险部门纵向联盟这几种形式，其他一些形式的战略联盟不在本书探讨的范围。

7.1.1 构建整车企业、经销商及商业银行间的纵向联盟[①]

根据国外发展得比较成熟的经验，汽车金融服务主要由整车企业自己组建的汽车金融公司来承担。主要原因在于金融公司具有专业化优势，与一般的商业银行相比更具有竞争优势，它们除了提供一般的购车贷款外，还提供消费过程的金融服务，防范客户的金融风险。据不完全统计，2016 年中国汽车金融市场规模达到了 1.1 万亿元，创历史新高。越来越多的消费者在买车时，即便手中有闲钱，也要选择贷款买车。根据对汽车金融市场的调查，目前贷款买车有银行传统车贷、信用卡分期、汽车金融公司贷款、互联网金融平台车贷四种主要方式。这四种方式各有优劣，通过比较可以发现：多家银行放弃传统车贷；信用卡分期手续费较高；汽车金融公司更灵活；互联网金融平台进入二手车市场。

传统车贷需要申请人提供户口本、房产证等相关资料，通常需以房屋作为抵押，而且需申请人找银行认可的评估公司进行房产评估，还要缴纳评估费及手续费，利率一般为基准利率上浮 20%~40%。因此，多家银行选择放弃。

信用卡分期手续费较高，大部分银行的手续费一次性收取，并且与汽车首付款一起付清。一般来说，贷款期限为 12 期(月)、24 期(月)的手续费分别约为 5%、10%，36 期(月)则在 15%左右。

大的汽车厂商都有自己的金融公司，在汽车金融领域更为活跃，更加灵活。买车去外省上牌的，大多会选择厂家金融公司，因为可以全国抵押。根据不完全统计，汽车 4S 店销售的车中有 50%~60%都是贷款的。

以租代购是一项汽车金融业务，属于融资租赁的范畴。随着中国汽车市场进入存量时期，汽车金融作为汽车后市场的重要部分，成为越来越多互联网金融公司的"香饽饽"。"目前，我国 2000 家网贷平台中涉及汽车金融业务的就有近 50%。"目前，业内普遍通过"汽车金融渗透率"来衡量汽车金融产业。据统计，2015 年美国的汽车金融市场渗透率超过 80%，而中国这一比例只有 35%。

[①] 关于"整车企业、经销商及商业银行间的纵向联盟"的相关内容，主要利用了何太碧的前期研究成果。具体参见何太碧与杨浩、崔静等合作的研究成果《论战略联盟在汽车后市场中的应用》，该成果于 2014 年发表于《商业时代》(原名《商业经济研究》)。

通过对传统车贷、信用卡分期、汽车厂家金融、互联网金融进入二手车市场等四个方面的比较可知，汽车厂家金融发展比较迅速。根据我国现行的市场环境和政策条件，汽车金融公司只有两种不同的融资渠道，即股东存款和向银行贷款，它不能以吸收个人存款来融资，同时也不能通过发行股票等渠道来融资，这就造成了汽车金融公司的资金来源渠道非常有限，这也限制了我国汽车金融的规模扩张。鉴于此，借鉴国际经验，再结合我国实际，可构建由整车企业、经销商和商业银行组成纵向的联盟。因此，可以充分发挥各自的优势作用，具体而言，可以充分发挥整车企业的产品优势，发挥经销商比较完善的网络布局优势，发挥商业银行雄厚的资金实力及客户开发、资金链运作水平等优势，推动汽车金融市场的快速发展。这三者在资源共享、相互信任和独立的基础上达成平等联盟协议，各自作出对汽车金融各环节价值链增值的最大贡献，在各自的优势环节展开合作，促进彼此核心能力的提升和互补，实现经济效益的最大化。

通过构建整车企业、经销商及商业银行间的联盟，可以实现三方共赢的效果。汽车整车企业在汽车金融领域与商业银行开展合作，可以充分借鉴银行的优势，获得有关汽车金融服务运营、资金运作、风险控制、个人资信等方面的经验，可以为发展自身的汽车金融公司奠定良好的业务基础。在这里，汽车经销商可以充分利用商业银行在客户开发、资金链运作、个人金融服务、银行具有海量客户资源的基础上，进一步扩大汽车的消费市场。但是在我国会受到汽车金融融资政策的限制，大众汽车金融(中国)公司在成立之初就受到了资金规模的限制。由于需要大量的资金，同时也是扩大业务的需要，战略联盟这种组织形式就会发挥重要的作用。因此，大众汽车金融(中国)公司与中国工商银行达成相互合作的战略联盟，在这个联盟中，中国工商银行为大众汽车金融(中国)公司提供金融贷款批发业务，大众汽车金融(中国)公司利用提供的这笔资金向消费者提供汽车消费贷款业务，这样合作的结果是，大众汽车金融(中国)公司提供汽车信贷业务的前端服务工作，商业银行则成为后台，与汽车金融公司交易。商业银行、汽车金融公司、汽车经销商这三者在汽车产业链上具有较强的依存性，通过组建战略联盟，可以优化、整合汽车金融服务各项资源，发挥各自的竞争优势，实现共赢。具有广泛营销网络和雄厚资金实力的商业银行与专业化的汽车金融公司及最贴近消费者的汽车经销商紧密结合，能有效控制信贷运营风险，优化自身业务结构，降低市场交易成本，扩大销量，实现规模效应。图 7-2 为汽车金融经营模式。图 7-3 为汽车金融机构与商业银行的竞争合作关系。

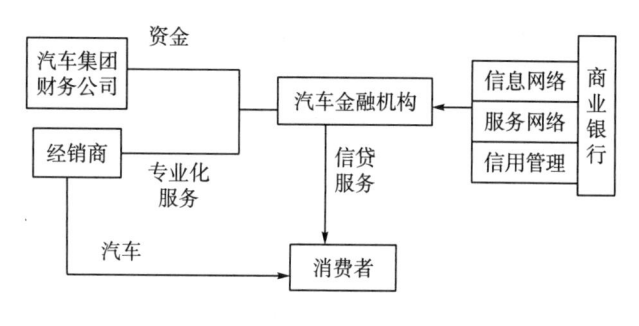

图 7-2 汽车金融经营模式

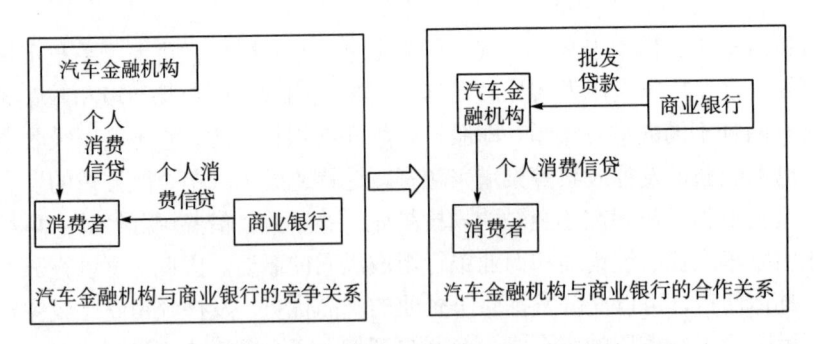

图 7-3　汽车金融机构与商业银行的竞争合作关系

7.1.2　构建汽车金融机构的横向联盟

前面分析了整车企业、经销商及商业银行间的纵向联盟，这里主要探索汽车金融机构的横向联盟。横向联盟，就是指国内汽车集团财务公司与国外汽车金融公司之间的联盟。

在我国，所有的汽车集团都拥有自己的财务公司，但这些财务公司的主要功能是负责集团公司内部资金结算和为部分子公司提供投融资服务。随着汽车产业的发展，要求汽车集团的财务公司必须涉入汽车金融信贷业务。我国汽车产业发展的历史比较短，缺乏汽车金融服务的专业性经验，而国外汽车产业的发展历史比较悠久，汽车金融公司拥有近百年的发展历史，它们不仅具有丰富的行业经验，还具备先进的管理运作机制，这些可为我国汽车集团的财务公司借鉴和学习。我国汽车集团的财务公司如果能够与国外的汽车金融公司建立战略联盟，那么就可以学习和借鉴国外汽车金融公司先进的产品开发理念和技术，以此来丰富国内汽车集团在汽车金融服务上的经验，完善汽车产业服务链。同样，可以在汽车后市场的其他领域组建各种形式的战略联盟，例如，建立汽车租赁企业和汽车生产厂商的纵向联盟，这样整车企业可以以优惠的价格向汽车租赁企业批量提供汽车，并负责汽车租赁过程中的维护等技术支持，当汽车租赁企业需要更换新的车辆时，由整车企业负责回购。当然，整车企业和汽车租赁企业的合作形式可以多种多样，以增加战略联盟的灵活性。关于汽车租赁企业与生产厂家的纵向联盟的具体论述详见 7.1.3 节。

7.1.3　构建汽车租赁企业与汽车生产厂商的纵向联盟

随着人们生活水平的不断提高，个性化需求和商务活动需求的愿望越来越强烈，作为租赁业的汽车租赁业蓬勃发展起来。促进汽车租赁业的健康发展，不仅有利于推进交通运输业的发展，而且能够提高车辆、道路、停车场等社会资源的有效利用率，同时也能够带动旅游业、汽车工业、金融保险业等的发展。

构建汽车租赁企业与汽车生产厂商的纵向联盟，形成战略合作关系，一是大力培育汽车租赁市场，二是汽车租赁企业与汽车生产厂商建立良好的关系。两者的战略合作，本质上是资源整合，只有充分发挥各自的优势，才能获得双赢的战略效果。

在这种战略联盟中，汽车租赁企业对汽车生产厂商来说，具有不可替代的重要作用。

首先，汽车租赁企业已经发展成为汽车生产厂商最主要的购买者和合作者。汽车生产厂商生产的汽车必须卖出去，其价值才能实现。因此，汽车生产厂商在整个汽车行业的竞争中，必须保持较高的市场占有率，而汽车租赁企业是汽车生产厂商保持较高市场占有率的重要合作伙伴。其次，要实现汽车租赁企业与汽车生产厂商的纵向联盟，可以从企业的所有权和汽车使用权这两权分离的视角进行思考。这种联盟本质上就是这两权的分离贸易形式，是汽车销售手段的有效延伸，其实现方式可以是合作、兼并、收购、控股等方式。最后，对汽车生产厂商而言，汽车租赁企业是帮助汽车生产厂商实现价值的渠道之一。汽车租赁企业在发展过程中，顾客对某一汽车品牌的热爱，自然建立了顾客对这一品牌的忠诚度，从而帮助汽车生产厂商实现消费者对某一汽车品牌的市场信任。这种市场信任的建立，不仅扩大了汽车生产厂商某些品牌的市场占有率，而且有力地促进了汽车生产厂商在设计和生产上的创新。

在汽车租赁企业与汽车生产厂商的纵向联盟的具体实施过程中，可以有多种多样的联盟方式，在此不再赘述。汽车生产厂商、汽车租赁企业和汽车租赁用户之间的关系如图7-4所示。

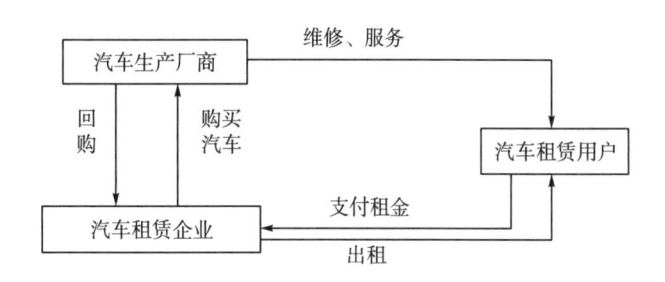

图7-4 汽车租赁企业与汽车生产厂商的纵向联盟模式

7.1.4 构建汽车租赁企业与金融、保险部门的纵向联盟

构建汽车租赁企业与银行业、保险业之间的联盟能够有效地整合资源，实现三者的共赢，建立紧密的跨行业合作机制。这种机制的有效建立，能够促进汽车租赁企业、金融与保险部门健康快速的发展。

对于汽车租赁企业，金融部门有充足的资金可以帮助解决汽车租赁企业资金不足的问题；同时，可以充分利用金融部门完善的支付结算系统、信用卡、客户基础、营业网点等资源，给汽车租赁企业提供便捷的结算业务与结算方式；金融部门有众多的营业网点，可以充分挖掘有潜在需求的汽车消费客户；除此之外，汽车租赁企业还可以充分利用商业银行已经掌握的客户信息，从而节约大量的人力、物力和财力。

对于银行，汽车租赁企业具有良好的中介功能，能够让银行资金投向明确，具有较好的现金流量，这对于改善银行资产结构、增大短期贷款比重具有重要意义。资金不仅要获得利息，而且需要有比较稳定的收益。建立这个联盟能够为银行大量的闲置资金找到一个较好的投资渠道，培育新的利润增长点，实现资本收益的最大化。

汽车租赁企业要加强与保险部门的合作。汽车租赁企业需要购买车险，降低风险损失；

保险部门可在现有险种的基础上，进行产品创新，开发适合汽车租赁的专有险种，从而扩大保险部门的业务范围，实现双赢。引入汽车租赁行业协会积极参与汽车租赁企业与金融、保险部门的纵向联盟，是一种优化的合作模式，汽车租赁行业协会起着中介的作用，能够提高业务处理效率，实现信息共享。汽车租赁企业与银行的合作模式如图7-5所示。

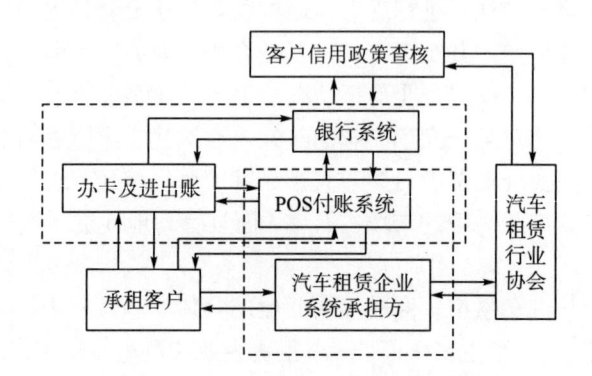

图7-5　汽车租赁企业与银行的合作模式

在汽车租赁企业与银行联盟的模式中，能够实现各合作单位的共赢。到底应如何实现共赢？就银行和汽车租赁行业协会来看，它们可以收取相应的佣金；就汽车租赁企业而言，它们可以得到销售额增加带来的利润，同时不需要承担较大的信用风险，这里的部分信用风险可以由银行承担；就信用好的顾客来说，可以享受到比较优惠的价格和简化的业务流程服务。

7.2　构建汽车后市场企业之间隐性知识共享的良好合作机制

7.1节详述了构建汽车后市场产业集群中产业战略联盟的问题，然而汽车后市场产业集群中各产业之间的联盟能够动态稳定，构成产业链的上中下游的各个企业动态稳定，这是汽车后市场产业集群具有竞争力的关键。因此，产业链的上中下游各个企业之间良好的合作机制的构建是非常重要的。根据现有相关的研究文献，人们在探讨合作机制时，很多研究者从沟通信任机制、利益调节机制和竞争定价机制等角度进行讨论，从隐性知识共享的角度探索汽车后市场企业之间良好的合作机制的建立。

7.2.1　隐性知识及产业集群隐性知识的特征

既然从隐性知识共享的角度探索汽车后市场企业之间良好的合作机制的建立，必须首先回答的问题是什么是隐性知识，产业集群中隐性知识的特征以及隐性知识共享是否能够提升汽车后市场产业集群的竞争力。

1. 隐性知识的界定及其分类

(1)隐性知识的界定。隐性知识的概念是英国物理化学家和哲学家 Polanyi(1958)在《个人知识》中首次提出的，人们在翻译时把隐性知识(tacit knowledge)译为默会认识。同时，他提出：人有两种类型的知识。以书面文字、图表和数学公式加以表达的知识是显性知识；没有被表达的知识，例如，我们在做某件事的行动中所掌握的知识是隐性知识。Polanyi(1966)进一步指出：我们所知道的远远多于我们能够说出来的，隐性知识在人的知识获取中占有优势地位，它是人脑中支配人的行为的核心资源，是显性知识的基础。赵修文(2011)把隐性知识界定为，隐性知识是人们意识到，但难以编码、传播的理念、技能、经验类知识，以及人们没有意识到，却存在并在特定场合才能发挥出来的不可言传的知识。

(2)隐性知识的分类。从不同的视角对隐性知识有不同的分类，现有的研究文献主要从个体隐性知识和隐性知识在企业中存在的位置进行分类。从个体隐性知识的视角，可将企业隐性知识分为五大类，具体是技术类、认知类、决策类、情感类和信仰类隐性知识；根据在企业中存在的位置，可以将隐性知识分为六大类，分别是企业产品生产类、企业产品研发类、企业产品营销类、企业各级管理类、企业人力资源类、企业其他隐性知识等。

2. 产业集群隐性知识的特征

汽车后市场产业集群中的隐性知识除具有一般隐性知识的特征外，还具有如下特征。

(1)深层次性。与单一的企业不一样，产业集群是人、财、物的有机结合体，具有比较完善的流程运作系统。产业集群隐性知识不是简单的个人经验之类的知识的简单相加，需要专业的和专门的部门进行整合，通过整合后的知识具有广泛的宽度和深度。

(2)分散性。对产业集群的管理涉及与不同的组织之间的沟通、交流与合作，这种沟通与合作的本质是隐性知识在不同的结构和团体之间的共享。由于分工不同，构成产业集群的各种类型的组织的广泛分布带来了隐性知识的分散，因为产业集群是一个政产学研的协作体。

(3)综合性。从产业集群的构成看，它由集群企业、集群研究所、集群所在地方的大学及政府组成。政府是发展产业集群的产业政策的供给者，企业是产业集群生产产品和提供服务的实践场所，研究所与大学共同组成研究机构。存在于不同组织的产业集群隐性知识从实践中来，上升为理论，又为实践服务。

(4)植根性。任何产业集群都处于特定的时空，受到当地特定环境的影响，因此人与人之间交流沟通的方式必然受到当地习惯的影响。加之隐性知识具有难以编码的特性，一旦形成之后，往往难以改变，同时，由于地理上的接近性，更加有利于知识持续、高强度、快速地交换，同时也有利于隐性知识在这些主体之间的传播，这种隐性知识的传播有利于维护企业或产业集群的竞争优势。

7.2.2 隐性知识形成和提升产业集群竞争力

1. 隐性知识形成产业集群竞争力

隐含的、未编码的和高度个人化的知识是隐性知识的重要特点，正是由于这一特点，其竞争对手是不容易模仿的。人与人之间的交流必须通过较长的时间接触，相互之间的处事理念和方法才能够被对方认可。涉及方法和技术类的隐性知识，可以采用师徒制的方式，经过较长时间的实践，在"干中学"和"用中学"才能成功地获得。只要是隐性知识，其获取必定十分困难，而且需要付出极高的成本，因此它必然成为任何组织提升其核心竞争力的关键，这种隐性知识是一种特殊的资源，是汽车后市场产业集群竞争力提升的核心。而这种隐性知识的获取必须通过人与人之间的有效接触，这在后文中将进行详细论述。隐性知识形成产业集群竞争力的关系如图7-6所示。

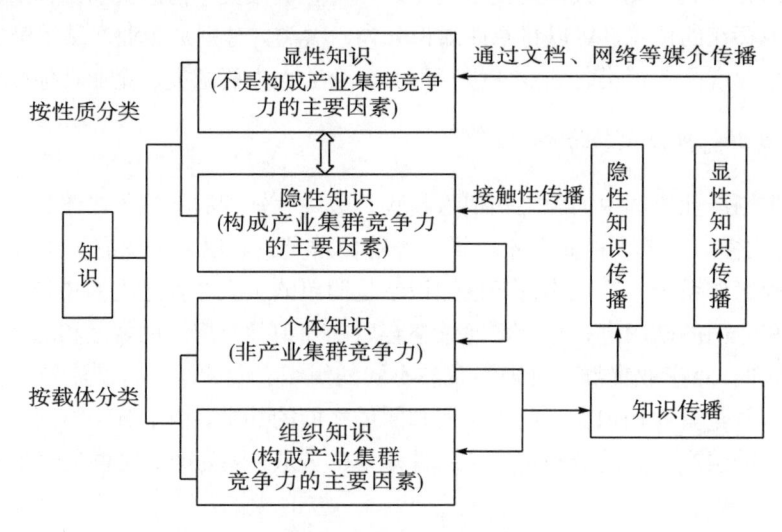

图7-6 隐性知识形成产业集群竞争力的关系图

从图7-6可以看出，按性质分类，知识可以分为显性知识和隐性知识，显性知识的传播途径是文档、网络等媒介，它不是构成产业集群竞争力的主要因素，隐性知识是通过接触性方式传播的，它是构成产业集群竞争力的主要因素。按载体分类，知识可以分为个体知识和组织知识，单个的个体知识不会构成产业集群竞争力，把单个的个体知识进行整合而成的组织知识成为构成产业集群竞争力的主要因素。

产业集群作为一种组织形式，加强知识管理和构建学习型组织是隐性知识传播的重要途径。个体知识要变成组织知识，就必须加强人与人之间的接触，而且这种接触必须是一种有效的接触，只有有效的接触才能实现隐性知识的传播，通过传播实现隐性知识的共享，这种组织隐性知识是组织整体实力的表现。通过隐性知识的传播，实现组织创新，这种创新又促进隐性知识的共享，共享的隐性知识又能让组织进行更大的创新，因此，隐性知识成为组织保持和获得竞争优势的重要途径，可有效削弱其竞争对手的优势。

2. 隐性知识提升产业集群竞争力

通常人们在讨论什么是产业集群竞争力的时候，往往把它归结为技术、资源、人力资本等因素，其实这些单一的因素均不能构成产业集群竞争力。实际上，产业集群竞争力是一种氛围，在这种氛围中人们能够心情愉快地工作和创造价值，不断进行创新和创造，这种氛围是由累积的知识构成的。关于什么是累积性知识，最早可见 Prahalad 和 Hamel 发表在 *Harvard Busines Review* 的 "The Core Competence of the Corporation" 一文，英文为 the collective learning in the organization, especially how to coordinate diverse production skills and integrate multiple streams of technologies。我们把它翻译成中文为"组织中的累积性学识，特别是如何协调不同的生产技能和有机整合多种技术流派的学识"。

(1) 汽车后市场产业集群竞争力的难以模仿性由隐性知识决定。任何组织，都有其竞争力，但是其竞争力的内涵是不同的，在这个不同的内涵中，隐性知识是相同的，汽车后市场产业集群竞争力也是一样的，即由隐性知识决定。产业集群竞争力最大的外在表现是它的不可复制性，这种不可复制性是由管理理念、技术创新理念、团队精神、人与人之间的默契程度决定的，这些东西也只有身在其中的人员才能领悟，通过"随风潜入夜，润物细无声"的过程，在"干中学"和"用中学"才能得到。

(2) 汽车后市场产业集群竞争力的异质性和自增强性依赖于隐性知识。在现实中，没有任何两个产业集群是一样的，也不可能是一样的，这是产业集群的异质性，异质性的产业集群的竞争力必然是各不相同的。相关理论研究表明，异质性人力资本与其他资本的最大区别在于其边际收益递增。虽然企业中的每一个人都可以看成异质性人力资本，但是能够最大地实现边际收益递增的异质性人力资本主要是企业中高级管理人员和高级技术人员。这些人员在相互接触的过程中，其洞察能力和领悟能力都是非常强的，其形成的管理创新类隐性知识和技术创新类隐性知识必然构成企业的核心竞争力。在相互接触的过程中，每一个人的人力资本存量必然大幅度提升，这种大幅度提升的人力资本必然成为企业管理创新和技术创新的源泉。

(3) 汽车后市场产业集群竞争力的显著增值性由隐性知识支撑。任何产业集群必然通过提供产品和服务实现价值增值，否则便没有竞争力了。产业集群的重要功能就是能够整合集群中的各种生产要素，因为单个员工的知识和技能是不能形成竞争力的。这里显著增值的表现在于让顾客觉得显著增值，让顾客觉得显著增值的表现在于提供性价比更高的商品和服务。如何才能提供性价比更高的商品和服务呢？那就必须对核心员工进行人力资本投资，让个体知识成为组织知识，这种知识共享和价值观共享，可以实现运作成本降低、效率提高的目标，这种组织知识就是隐性知识。

(4) 汽车后市场产业集群竞争力的延展性和整合性与隐性知识的发掘共享有关。汽车后市场产业集群竞争力的延展性是指从核心竞争力衍生出一系列的产品和服务来满足顾客的需求，衍生出的这一系列产品和服务需要多个部门进行协同创新方能实现，多个部门的协同创新不仅需要部门之间的信任机制的建立，更需要部门之间隐性知识的整合，这种隐性知识整合的表现形式就是能够提供更能满足消费者需求的产品和服务。汽车后市场产业集群竞争力的这种延展性不仅能够满足当前客户的需求，而且能够挖掘和实现其潜在的需求。这种产业集群竞争力的延展性能够实现产业集群中企业的各种联盟,也是企业多元化发展成功的关键。

7.2.3 建立汽车后市场产业集群隐性知识共享的保障机制

汽车后市场产业集群是由各种不同类型的企业构成的,这里主要探索企业隐性知识共享问题。企业隐性知识共享既包括员工个体层次自身和团队层次自身的隐性知识共享,也包括个体与团队、个体与企业、团队与团队、团队与企业之间的隐性知识相互共享。同时,由于隐性知识共享过程中受到了隐性知识特征、员工自身、员工之间知识层次的差异、企业管理制度的缺陷、企业间竞争使行业间的隐性知识无法共享等因素的制约,隐性知识共享无法实现。要实现企业隐性知识共享,必须建立隐性知识共享的保障机制。企业隐性知识共享模型如图 7-7 所示。

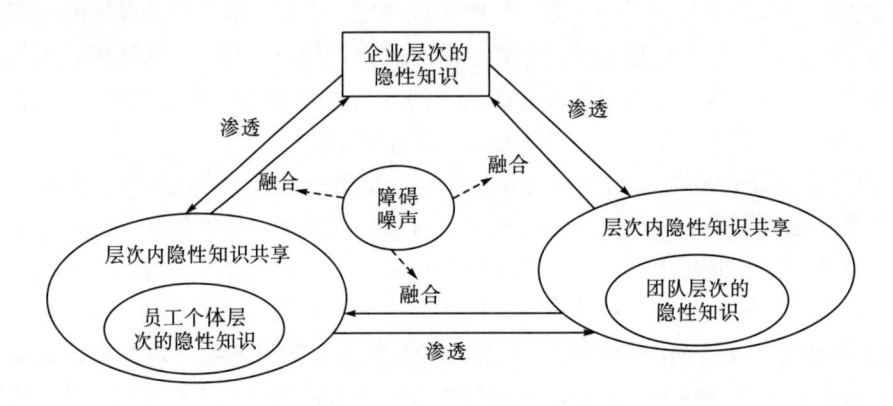

图 7-7 企业隐性知识共享模型

本书探索的企业隐性知识共享,主要从企业内部环境和共享主体两个方面构建汽车后市场产业集群隐性知识共享的保障机制。图 7-8 为汽车后市场产业集群隐性知识共享的保障机制模型。

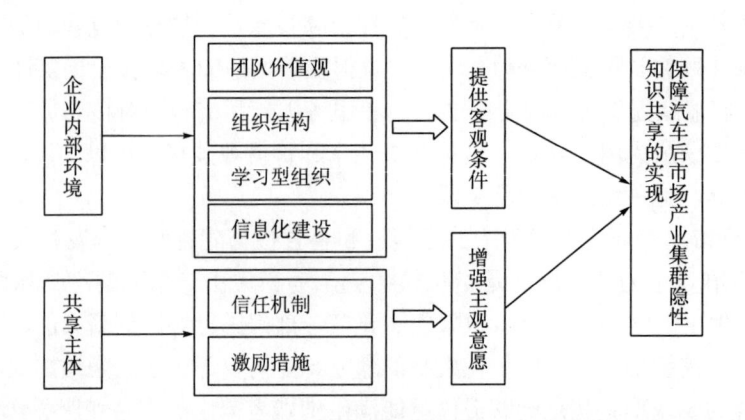

图 7-8 汽车后市场产业集群隐性知识共享的保障机制模型

在图 7-8 中,汽车后市场产业集群隐性知识共享的保障机制由客观条件和主观意愿共同作用,客观条件就是企业的内部环境,本书认为它由团队价值观、组织结构、学习型组织和信息化建设构成,主体是信任机制和激励措施。在下面的具体论述中,本书主要论述营造适合企业的团队价值观、建立基于工作与能力相匹配的动态组织结构和通过"六步过程"团队学习法建立学习型组织,其他方面的内容略去。

作者认为企业价值观本身就是隐性知识的一种类型,而企业价值观中团队价值观显得非常重要,因为其对团队绩效有显著的影响,这是理念上的创新;建立基于工作与能力相匹配的动态组织结构的问题,作者认为只要是组织必须涉及组织结构的问题,但是不同类型的组织,要求设计不同的组织结构,这是保障机制的载体;很多人都在谈论学习型组织,但是汽车后市场产业集群有不同于其他产业的特征,创新成为这种组织形式必须认真思考的问题,特别是高新技术企业的创新与其他企业的创新是不一样的,这是保障机制的动力所在。

1. 营造适合企业的团队价值观

为什么要探索营造适合企业的团队价值观呢?因为团队价值观本身就是一种类型的隐性知识,而且团队价值观结构对团队绩效有显著影响。关于团队价值观结构对团队绩效影响的研究,主要集中于以下两个领域。一是探讨团队成员价值观差异度及差异构成的不同对团队绩效的影响。O'Reilly 等(1991)从价值观同质性契合的视角出发构建组织价值观,并得出其同质性越高,则员工离职意愿越低,组织绩效越高的结论。孙海法和刘海山(2007)实证分析并研究了高管团队价值观异质性的不同构成对团队绩效的影响。张宏(2014)探讨了创业团队的团队价值观异质性对团队行为的影响机理。二是团队价值观共享对团队绩效的影响。Chou 等(2008)的研究表明,团队共享价值观与团队成员工作绩效呈现显著正相关关系。曹科岩和龙君伟(2009)认为,团队共享心智模式对团队绩效具有显著的正相关关系,并且通过团队成员间的知识分享行为这种中介,团队共享心智模式对团队绩效产生影响。

各个企业成员的特性不尽相同,这些人员之所以能够在一起工作,价值观影响非常重要。团队成员的价值观、个性特征、思维模式、意志品质、人生态度等对企业的可持续发展具有重要意义。营造适合企业的团队价值观可以从如下两个方面进行。其一,构建兼容并包的团队沟通理念。兼容并包的团队沟通理念不仅要求有共性,而且要有个性。共性是指团队成员在团队活动过程中所形成的共享心智模型,主要以组织(企业)价值观体现出来。个性是指团队成员有自己独特的个性以及解决具体问题的方法和途径,即个人独特的心智模式,主要以个人价值观或工作价值观体现出来。个人价值观与组织价值观的统一,要求团队成员之间在磨合中与他人不断交往互相学习、不断协调慢慢融入团队之中,使其成为团队真正的一份子。其二,培育深度汇谈的团队沟通情境。共享心智模型是团队所特有的一种知识结构,形成特有的知识结构可以从深度汇谈开始。这种深度汇谈要求团队通过各种渠道、利用多种方式让团队成员交流碰撞,强化团队成员之间的合作精神,碰撞出团队新信息和新知识。在这个过程中,团队成员通过对信息获得、分享、整合、记录、存取以及更新等过程,让团队成员之间加强认知,培养合作精神。通过这个过程,促进团成员之间不断学习,最终实现团队成员与团队的共同成长。

2. 建立基于工作与能力相匹配的动态组织结构

为什么要探索建立基于工作与能力相匹配的组织结构?原因在于管理者在构建相关类型的组织结构时,其本人的知识存量,特别是隐性知识存量的多少直接影响组织结构的构建,而不同类型的组织结构,其管理的层次和管理的幅度是有显著区别的。主管人员的素质和能力、下级人员的素质和能力、沟通的方式和程度、授权的程度、计划的完善程度、组织的稳定性程度、管理层次的高低(与管理幅度成反比)等因素是影响管理层次和管理幅度的主要因素。基于这些因素,建立基于工作与能力相匹配的动态组织结构具有重要的意义。

在探索组织结构设计时,人们主要从战略的组织结构设计、权变理论的组织结构设计研究、创新视角下团队的组织结构设计等几个方面展开。作为产业链上各种类型的企业,必须在产业链动态稳定的基础上,实现各种类型企业的合理分工。组织内部人员职责、工作职位、部门结构等都应不断调整,以适应企业内外环境的急剧变化。构建组织结构的依据是团队的工作任务、团队的技术特性以及团队所处的内外环境的变化。基于这种情况,采用基于工作和能力的动态组织结构是比较符合产业集群竞争力提升的需要的。基于工作和能力的动态组织结构示意图如图7-9所示。

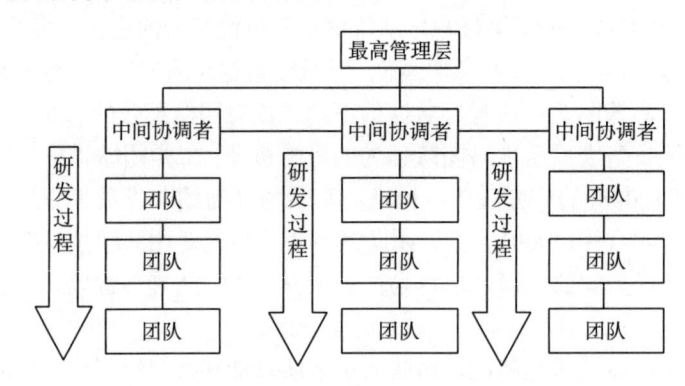

图7-9 基于工作和能力的动态组织结构示意图

以往人们在进行组织结构设计时,大多考虑按职能进行组织结构的设计,由此将整个组织划分为相对独立的各个职能部门。在设计汽车后市场产业集群中的企业组织结构时,必须考虑产业集群的特点。在整个产业集群中,处于产业链上中下游的各个企业均是价值创造环节上的一个个节点,这一个个节点就构成了整个价值创造的流程。这种组织结构设计理念也是源于流程观念,原因在于产业集群中企业的活动是由一些连续的事项的作业构成的,是任何单个部门均不能完成的活动。从这个角度看,基于工作和能力的动态组织结构的设计与产业集群中的企业对组织结构设计要求的理念是一致的。作为基于工作和能力的动态组织结构设计必须考虑扁平化+柔性化和网络化等特点,以产业集群中各个企业的经营活动为主线,将整个作业以团队的形式组建起来,建立中间协调者,通过中间协调者与组织的最高管理层进行沟通和协调,同时,各中间协调者之间在业务等方面也可通过相互协调完成。

在这里,团队的组建和解散必须依附于具体项目的实施,具体包括人员、各种设备以及工作环境,这种服务于产业集群的企业业务流程的组织变革把两个方面都考虑到了,一方面必须考虑到组织的任务和工作目标,这是基于工作考虑的,另一方面必须考虑组织的核心竞争力及组织成员的能力,这是基于能力考虑的,只有把这两方面都考虑清楚,这种动态组织结构才能在瞬息万变的市场竞争中使组织充分保持活力和竞争力,才能够高效地进行运营,最终实现组织的目标和使命。

3.通过"六步过程"团队学习法建立学习型组织

在汽车后市场产业集群组织中,有一个明显的现象就是高新技术企业越来越多。这些高新技术企业要生存和发展必须进行创新,同时高新技术企业的创新单靠某一方面专家是无法实现的,因为涉及的问题比较复杂,且涉及的领域也非常宽泛,要进行创新,只有不同领域中的专家群体相互协作,共同攻关。实现这一目标的方法多种多样,"六步过程"团队学习法是非常有效的方法之一。"六步过程"团队学习法的学习过程如表7-1所示。

表7-1 "六步过程"团队学习法的学习过程[①]

步骤	需要解答的问题	扩展/分歧(深度汇谈)	简要/集中(讨论)	到下一步之前要做什么
1.确认并选择问题	我们渴望有什么改变	存在很多待考虑的问题	提出一个问题,并在什么是"理想状态"问题上达成一致	分歧的确定,有关"理想状态"的具体描述
2.分析问题	是什么阻碍了我们达到理想状态	存在很多需要弄清的潜在因素	找出并证实关键的原因	列出关键的原因
3.生产可能的解决方案	我们怎样改变现状	存在很多解决问题的思想、方案	选出可能的潜在方案	列出可能的方案表
4.选择并规划解决问题的方案	达到目标的最好途径是什么	存在很多衡量可行解决方案的标准,存在很多如何贯彻和评估选定方案的意见	在使用何种标准衡量解决方案问题上达成一致;在如何贯彻和评估解决方案上达成一致	制定和监督改变进程的计划,制定衡量方案效果的评估标准
5.贯彻方案	我们是否在按照计划进行	贯彻解决例外问题的方案(如果有必要)	执行方案	
6.方案执行效果的评估	该计划的效果如何	共同选定的解决方案的效果如何,找出仍未解决的问题	核实问题是否已经解决,并在未解决的问题上达成一致	

实施"六步过程"团队学习法的首要问题是真诚交谈。要进行真诚交谈,所有参与者必须将自己的假设"悬挂"起来,并且在真诚的交谈中不断地询问与检验这些假设;在这里,所有的参与者不能怀有抵触情绪,彼此之间必须视为工作伙伴;必须选择一位德高望重的、大家均比较认可的"辅导者"[②]来掌握真诚交谈的精确含义和活动过程。其次,

---

[①] 关于"'六步过程'团队学习法的学习过程",本书参考了2006年武汉大学出版社出版的黄本笑和范如国编著的《管理科学理论与方法》。

[②] 一个真诚交谈的"辅导者"必须做好一个"过程顾问"(process facilitator)的许多基本工作,主要包括帮组人们了解他们自己才是过程与结果的责任人,就是要对真诚交谈的结果负成败责任。同时,"辅导者"可以通过参与影响真诚交谈发展的

把真诚交谈与讨论进行综合运用。一个学习型团队的组成人员是进行创新的主体，必须具有非常真诚的态度，同时必须进行充分的讨论。另外，要进行反思和探寻，因为它是真诚交谈的基础。

7.3 构建以心理契约为纽带的汽车后市场员工工作安全感制度

7.1 节论述了建立汽车后市场产业战略联盟的问题，解决了产业集群之间、产业集群中企业之间、产业链上相关企业及其衍生的各种类型的组织国际国内的联盟问题。7.2 节论述了汽车后市场产业集群企业之间的信任机制的建立问题，建立信任机制的关键问题是沟通与协调机制，建立沟通与协调机制的关键是隐性知识的传播和共享，因此建立汽车后市场产业集群隐性知识共享的保障机制是构建汽车后市场产业集群信任机制的核心。本节将详细论述汽车后市场产业集群企业构建以心理契约为纽带的员工工作安全感制度。

7.3.1 关于员工工作安全感的国内外研究

对员工工作安全感的探索，最早见于 Greenhalgh 和 Rosenblatt(1984)发表的《工作不安全感：趋于概念的明晰》一文。在该文中，Greenhalgh 和 Rosenblatt 将工作不安全感界定为，在受到威胁的情境下，员工在一定时期内保持其期望的持续性时的无力感。在这一界定之后，关于工作安全感的相关研究文献逐渐增多。

1. 国外对员工工作安全感的相关研究

根据个人收集的现有研究文献，国外对员工工作安全感的研究主要从四个方面进行展开。其一，Oldham 等(1986)从工作本身的角度研究企业员工工作安全感，非常强调工作安全感是工作的一部分，工作安全感不仅能够提高员工的满意感，同时也能够提高员工的工作绩效。其二，Maslow 从需要出发探讨员工工作安全感，Maslow 认为员工工作安全是对员工任期的一种偏好，是员工个体对工作持续性的需要。其三，Herzberg 从工作持续性的视角研究员工工作安全感，他非常强调员工工作安全的核心就是雇佣关系的持续性问题，同时将这一研究进行了拓展，并认为这种持续性既包括在一个公司工作的持续，还包括在同类型和同专业的工作是否持续的问题，这种持续工作的本质既有员工的成就感，同时这种持续性工作也能够为家庭的生活质量提供保障。其四，Super 从职业发展的视角研究员工工作安全感，其认为员工工作安全不仅是员工维持现有的职业或专业岗位，而且必须关注职业的未来发展趋势，同时关注员工自身职业的倾向性与未来职业发展的匹配度问题。

关于员工工作安全感的研究是不断发展的，Ashford 等(1989)发表了《工作不安全感的内容、原因和结果：基于理论的测量与独立实验》一文，在这篇论文中，Ashford 等非常认同 Greenhalgh 等提出的关于对员工工作安全感的基本界定，同时也认同了 Greenhalgh

---

方向。一旦成员真诚交谈的习惯养成了，团体就成为一种没有"先来者"的自我学习群体。一旦成了自我学习的群体，知识的整合在群体间就可以自然进行了。

等提出的关于工作安全感测量方法,以此为基础,发展了 Greenhalgh 等关于工作安全感的测量量表。他认为工作不安全感由五部分构成,工作不安全感=(∑工作特征的重要性×失去工作特征的可能性+∑失去工作的重要性×失去工作的可能性)×抵抗威胁的无助感。

2. 国内对员工工作安全感的相关研究

国内关于工作安全感的研究主要从工作不安全感的角度进行。现有对工作不安全感的研究也集中在欧美一些经济发达的地区和国家,国内对这一项的研究还处于探索阶段。工作不安全感前因变量主要有经济周期的波动、劳动力市场供给和需求、科技发展的更新换代不断加速以及日趋激烈的竞争等宏观因素;企业业务流程再造、组织变革的加速、企业的兼并重组以及诸多业务的外包等组织因素;个人特质、个人就业能力等个体因素。工作不安全感的结果变量主要有情绪与身心健康、工作态度和行为、溢出效应。近年来,研究者探索了工作不安全感和其结果变量之间的调节变量,研究表明情绪智力具有调节作用,特别是情绪智力较低的个体会有更多的负面情感反应。

3. 本书的界定

根据国内外相关文献对员工工作安全感和员工工作不完全感的研究,本书认为,员工工作安全感是一种对将要(未来)失去工作或工作特征的一种个人感受,它是对未来的工作不能预知情况的一种担忧。

7.3.2 员工心理契约与工作安全感的相关性分析

员工工作不安全感的前因变量、结果变量和调节变量在 7.3.1 节已经进行了论述,这里主要探讨心理契约与工作安全感的相关性,以便于从心理契约的视角探索建立员工工作安全感的问题。

根据现有的相关研究文献梳理,心理契约的理论基础源于行为科学的早期理论——人群关系论。对心理契约最早的研究,始于 Argyris(1960)提出的心理契约的概念。知识经济时代,研究的专家、学者和企业管理者不但关注正式的经济契约,而且更为关注员工与组织之间存在隐含的、非正式的、未公开的相互期望(心理契约)。

综合现有的研究文献,有美英两个学派从不同的视角对心理契约进行过界定。Rousseau 学派,即以 Rousseau、Robinson 和 Morrison 等为代表的美国学者,提出了心理契约是雇员个体对个体与组织之间双方交换关系中彼此应该尽到的义务。古典学派,即以 Guest、Conway、Herriot 和 Pemberton 等为代表的英国学者,认为心理契约是雇用双方对交换关系中彼此应该尽到的义务的主观理解。随着对这一探索的不断进行,这种主观的理解应该是双方的,而不是单方面的,Schein(1980)提出,心理契约(psychological contract)是指组织中每个成员和管理者在任何时候每个人心里都存在的没有明文规定的一整套期望,是个人对自己与组织之间承诺的回报或相互义务的信念。从这一界定可以看出,心理契约是客观存在的一种心理关系,具有隐含的、内在的、不明显的特点,在心理界定双方的相互责任。这一界定有助于把企业员工与企业有机地结合起来。

综合现有文献，对心理契约有重要影响的因素主要有个人与组织的背景因素、组织氛围、人力资源政策与实践等。如果组织中的员工感觉到心理契约得到了有效的兑现，那么员工就会表现出比未能得到兑现时更高的工作满意度、组织信任感和工作安全感。心理契约形成过程及其与安全感的关系模型如图 7-10 所示。

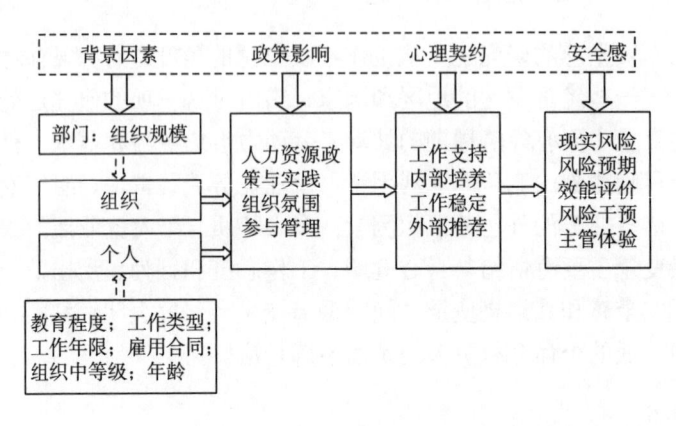

图 7-10 心理契约形成过程及其与安全感的关系模型

现有文献研究表明，心理契约的形成与员工安全感之间存在着非常密切的关联，心理契约对员工工作安全感的提高具有重要的帮助作用。首先，心理契约具有让员工在心理上与组织上达成默契的重要作用，增强心理安全感。我们认为心理安全是工作安全感的基础，如果一个人在工作过程中心理上没有安全感，那么其工作的动力也就没有了。在探讨心理契约的时候，人们常常把它与经济契约进行比较研究，认为经济契约注重对人的外在行为的约束，心理契约关注人的内心世界对某些事情的期望；经济契约关注单一的行为层面，心理契约可以将单一的行为层面引入心理层面，由物质的起因，不断扩大到精神的起因；心理契约是双方的共同约束，不依靠单纯的强制行为，而是建立在基本信任基础上，依靠双方的互动。从经济契约与心理契约的比较可以看出，心理契约能够极大地提高人的心理满足程度，促使一个人积极努力工作，对未来的工作期望是比较高的，因此组织效率也是比较高的。其次，心理契约是人与人之间进行沟通和协调的基础，也是建立人与人之间基本信任的基础，人与人之间的基本信任又是员工工作安全感的基础。人与组织之间的沟通本质上是人与人之间的沟通，带着相互戒备的心理，人与人之间是无法沟通的，自然也就没有基本的信任可言；人与人之间缺少了基本的信任，自然不会潜心地工作，也自然就没有了工作安全感。最后，心理契约的构建本质上是一个激发工作积极性和创造性的过程。一个人工作是否有足够的积极性，与一个人的心情舒畅是分不开。一个人能够创造性地工作，和他与其他合作者之间有基本信任是分不开的。若人与人之间既能够做到心里舒畅，又能够彼此信任，其结果是这个组织的组织绩效一定是很好的。如果能够构建良好的心理契约，那么既能够让一个人心里舒畅，也能够增进人与人之间的基本信任。

心理契约的破裂与违背危害员工工作安全感。Turnley 和 Feldman(1999) 提出，如果心理契约违背，将会导致员工的工作满意度和员工感觉到的组织承诺下降，而且员工角色内和角色外行为的绩效也会不断地降低，员工离开组织意愿将会不断地增加等。现有文献研究表明，发生心理契约违背后，员工所做出的基本反应可以概括为四种类型，要么是马上离职；要么是降低职务内绩效（员工完成其正式工作职责的情况）；要么是降低职务外绩效[主要是组织公民行为(organizational citizenship behaviours, OCB)][①]；甚至会出现反社会行为，主要包括打击报复、破坏、偷窃、攻击等。可以说，如果出现这些行为，均是比较可怕的，无论是对组织，还是对个人的发展都是非常不利的。Susanna 和 Samuel(2003)在以香港员工为被试对象的实证研究中发现，组织发生变化与心理契约的违背高度相关，心理契约的违背又与行为的冷漠、公民美德以及离职倾向高度相关。Suazo 等(2005)通过实证分析进一步验证了公司领导和员工之间的对相关问题认知的相似性对领导与成员间的交换关系产生重要影响，这种影响会加速和延缓下属心理契约破裂的程度。综上所述，心理契约的违背不仅损害员工的工作安全感，加速领导与员工关系的破裂，而且会导致核心员工产生心理契约的违背，造成离职意愿的增强，这种示范作用加速了其他员工离职意愿的增强，对组织的发展是极为不利的。

从企业员工心理契约与工作安全感具有相关性的分析可以看出，心理契约是一把双刃剑。如果用得好，它可以起到凝聚人心的作用，增强员工的工作安全感；反之，如果不充分利用，必将造成人心涣散，离心离德，员工没有丝毫的安全感可言，一个组织也将会出现分崩离析的局面。

7.3.3 心理契约在组织支持感和员工忠诚度之间的传导机制

心理契约、组织支持感、员工忠诚度等问题是管理者非常关注的问题。以心理契约为切入点，探讨员工工作安全感必然涉及组织支持感和员工忠诚度的问题。在这里为什么选择组织支持感和员工忠诚度？原因在于组织支持感的感知主体是员工，员工忠诚度的感知主体是组织，只有这两者达到一致，员工才会潜心工作，组织也会认为员工在潜心工作，这样两者的期望就是一致的，这种一致的期望就是心理契约，也只有心理契约才能架起这座桥梁，实现两者的一致。

1. 研究设计

(1)概念界定。本书对心理契约、组织支持感和员工忠诚度的相关研究及述评略去，但对这三个概念进行界定。心理契约是建立在承诺基础上的员工与组织之间相互的权利义务关系的主观感知。组织支持感是员工能够主观感知到的组织对其认可和鼓励程度的一种心理状态。员工忠诚度是组织能够主观感知到的员工对其忠诚程度的一种心理状态。

(2)建立概念模型。根据现有的相关研究文献，建立心理契约、组织支持感和员工忠诚度概念模型，如图 7-11 所示。该模型包含三个测量模型和一个结构模型。

---

① 组织公民行为(organizational citizenship behaviours, OCB)指的是有益于组织，但在组织正式的薪酬体系中尚未得到明确或直接确认的行为。OCB 至少由七个维度构成：助人行为(helping behavior)，运动家道德(sportsmanship)，组织忠诚(organizational loyalty)，组织遵从(organizational compliance)，个人首创性(individual initiative)，公民道德(civicvirture)，自我发展(self-development)。

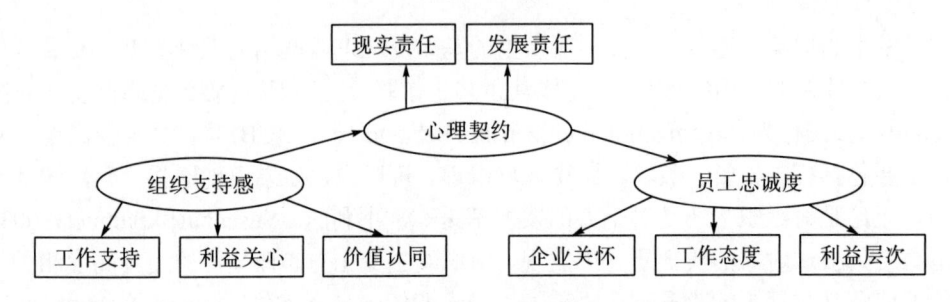

图 7-11　心理契约、组织支持感和员工忠诚度概念模型

(3) 数据收集情况。数据收集的对象包括重庆、上海、湖北、四川等地区的不同行业及不同类型组织的普通员工，以及基层、中层和高层管理者。共发放实地调查问卷 150 份，网络调查问卷 140 份，共计 290 份。收回问卷 264 份，实地调查 145 份，网络调查 119 份，总体回收率 88%，有效问卷 223 份，有效率 84.5%。调查样本的人口统计学指标如表 7-2 所示。

表 7-2　调查样本的人口统计学指标（n=223）

属性	类别	数量	比例/%	属性	类别	数量	比例/%
性别	男	142	63.7	婚姻状况	已婚	88	39.5
	女	81	36.3		未婚	135	60.5
年龄	22 岁及以下（含 22 岁）	20	9.0	教育程度	高中(中专)及以下	8	3.6
	22～27 岁（含 27 岁）	153	68.6		大专	87	39.0
	27～45 岁（含 45 岁）	43	19.3		本科	103	46.3
	45～60 岁（含 60 岁）	7	3.1		硕士	19	8.5
工作年限	3 年及以下（含 3 年）	77	34.5		博士	6	2.6
	3～5 年（含 5 年）	60	26.9	组织性质	政府部门	21	9.4
	5～18 年（含 18 年）	57	25.6		事业单位	74	33.2
	18～33 年（含 33 年）	25	11.2		企业	115	51.6
	33 年以上	4	1.8		其他	13	5.8
平均月收入	1200 元及以下（含 1200 元）	4	1.8	所在岗位	高层管理人员	12	5.4
	1200～3500 元（含 3500 元）	138	61.9		中层管理人员	25	11.2
	3500～5000 元（含 5000 元）	53	23.7		基层管理人员	60	26.9
	5000～10400 元（含 10400 元）	28	12.6		一般职员	126	56.5

(4) 研究工具和量表选择。数据处理和建模采用 SPSS16.0 和 AMOS 17.0 软件进行。需要说明的是，本书采用经过检验并具有良好信度和效度的成熟量表。调查问卷分为两部分，第一部分为人口统计学部分，由性别、年龄、婚姻状况、工作年限、组织性质、所在岗位、教育程度、平均月收入等八个部分构成；第二部分为测量量表，包括组织支持感、心理契约和员工忠诚度量表。

2. 实证分析

(1)组织支持感与心理契约的关系。组织支持感与心理契约模型如图 7-12 所示。

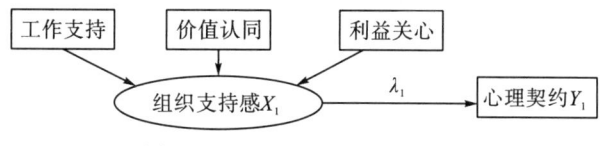

图 7-12 组织支持感与心理契约模型

在进行检验的时候,这里把工作支持的路径设定为 1,进行了值和模型适配度检验,结果如表 7-3 和表 7-4 所示。

表 7-3 组织支持感与心理契约的检验结果

路径	标准化路径系数	非标准化路径系数	P 值
心理契约←组织支持感	0.615	1.051	<0.001
工作支持←组织支持感	0.504	1.000	—
价值认同←组织支持感	0.713	0.735	<0.001
利益关心←组织支持感	0.554	0.758	0.004

表 7-4 组织支持感与心理契约适配度指标

项目	χ^2	GFI	AGFI	RMR	RMSEA
标准	≤3.0	≥0.90	≥0.80	≤0.10	≤0.08
结果值	0.299	0.995	0.987	0.008	0.012

由表 7-3 可以看出,价值认同、利益关系这两个维度的值均显著,组织支持感的测量模型可以被接受。组织支持感与心理契约的路径系数(λ_1)为 0.615,表明两者呈正相关关系。在表 7-4 中,该模型的适配度各项指标均已达到要求,因此该模型的适配情况良好。由此可以得出组织支持感与心理契约正相关。组织支持感与心理契约模型的回归方程为:$Y_1 = 0.615X_1 + e_1$。

(2)心理契约与员工忠诚度的关系。心理契约与员工忠诚度模型如图 7-13 所示。

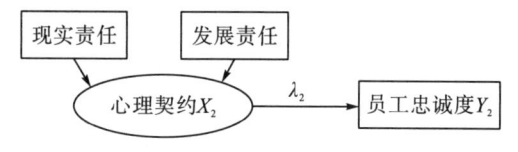

图 7-13 心理契约与员工忠诚度模型

这里进行值和模型适配度各项指标检验,设定心理契约与现实责任的路径系数为 1,检验结果如表 7-5 和表 7-6 所示。

表 7-5　员工忠诚度与心理契约的检验结果

路径	标准化路径系数	非标准化路径系数	P 值
员工忠诚度←心理契约	0.713	1.273	<0.001
现实责任←心理契约	0.602	1.000	—
发展责任←心理契约	0.809	1.388	<0.001

表 7-6　员工忠诚度与心理契约适配度指标

项目	χ^2	GFI	AGFI	RMR	RMSEA
标准	≤3.0	≥0.90	≥0.80	≤0.10	≤0.08
结果值	0.199	0.995	0.987	0.008	0.012

由表 7-5 和表 7-6 可以看出，模型的适配度良好，值均显著。心理契约与员工忠诚度的路径系数(λ_2)为 0.713，呈显著正相关。因此，心理契约与员工忠诚度呈正相关。心理契约与员工忠度模型的回归方程为：$Y_2 = 0.713X_2 + e_2$。

(3)组织支持感与员工忠诚度的关系。组织支持感(POS)的三个维度构成了一个测量模型，组织支持感与员工忠诚度模型如图 7-14 所示。

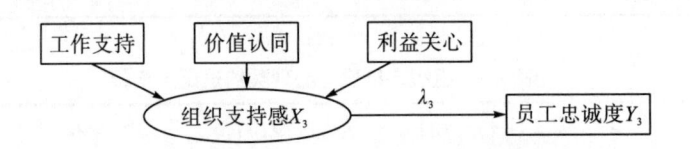

图 7-14　组织支持感与员工忠诚度模型

这里进行值和模型的适配度检验，设定工作支持和组织支持感的路径系数为 1，检验结果如表 7-7 和表 7-8 所示。

表 7-7　组织支持感与员工忠诚度的验证结果

路径	标准化路径系数	非标准化路径系数	P 值
员工忠诚度←组织支持感	-0.939	0.568	0.141
工作支持←组织支持感	0.122	1.000	—
价值认同←组织支持感	0.171	0.735	0.048
利益关心←组织支持感	0.132	0.758	0.019

表 7-8　组织支持感与员工忠诚度适配度

项目	χ^2	GFI	AGFI	RMR	RMSEA
标准	≤3.0	≥0.90	≥0.80	≤0.10	≤0.08
结果值	0.134	0.793	0.669	0.019	0.010

由表 7-7 和表 7-8 可知，P 值为 0.141，大于 0.05。P 值大于 0.05 代表置信水平为 95% 下不能通过检验，小概率事件若发生则可拒绝原假设，因此员工忠诚度和组织支持感之间不存在相关关系。同时，模型契合度也不理想，GFI 和 AGFI 没有达到标准的情况，因此假设 H_3 不成立，组织支持感不能直接正向地影响员工忠诚度。

3.基本结论及传导作用分析

(1)组织支持感与心理契约、心理契约与员工忠诚度具有正相关关系。组织支持感与心理契约的回归方程为：$Y_1 = 0.615X_1 + e_1$；心理契约与员工忠诚度的回归方程为：$Y_2 = 0.713X_2 + e_2$。从这两个回归方程可以看出，X_1 和 X_2 每增加一个单位量，Y_1 和 Y_2 将分别增加 0.615 和 0.731 个单位量。

(2)心理契约传导作用的分析。根据实证分析，虽然组织支持感与员工忠诚度无统计学意义，但是为了进一步说明这个问题，这里对组织支持感每个维度的路径系数与员工忠诚度也做了考察。由表 7-7 的检验结果可以看出，工作支持、价值认同、利益关心的标准化路径系数分别为 0.122、0.171、0.132，说明这三个维度与员工忠诚度存在弱相关关系。当引入心理契约作为传导时，组织支持感与心理契约的回归方程为：$Y_1 = 0.615X_1 + e_1$，心理契约与员工忠诚度的回归方程为：$Y_2 = 0.713X_2 + e_2$，最终可得到组织支持感(X_3)与员工忠诚度(Y_3)的回归方程为：$Y_3 = 0.438X_3 + e_3$。从这里可以看出，引入心理契约时，组织支持感的各维度能够作用于心理契约，影响员工忠诚度，从而起到传导作用。关于这个方面的原因分析，将在 7.3.4 节进行较为详细的论述，也为构建心理契约来提升员工工作安全感提出制度上的安排。

7.3.4 构建组织与员工之间良好的心理契约

7.3.2 节和 7.3.3 节分别论述了心理契约与员工工作安全感的关系以及心理契约在组织支持感与员工忠诚度之间具有传导机制，因此通过构建良好的心理契约提高员工的工作安全感是可以的。本书认为工作安全的本质是让组织和员工个人都能感知对方干什么和思考什么问题。

1. 在组织和员工之间建立隐性知识共享机制

在 7.3.3 节论述的心理契约、组织支持感和员工忠诚度中，得出了组织支持感和员工忠诚度之间没有相关关系，最本质的原因在于组织和员工之间彼此没有能够感知到对方在干什么和思考什么问题。心理契约刚好有这一作用，其能够架起组织支持感和员工忠诚度之间的桥梁。要能够架起这座桥梁，在组织和员工之间建立隐性知识的共享机制是非常重要的。

在 7.3.3 节对员工忠诚度和组织支持感进行 P 值和模型的适配度检验，发现 P 值为 0.141，大于 0.05 代表置信水平为 95%下不能通过检验，小概率事件若发生则可拒绝原假设，组织支持感与员工忠诚度不存在统计学意义，员工忠诚度和组织支持感之间不存在相关关系。在 7.3.3 节的"心理契约传导作用的分析"中，得到了回归方程，为什么会是这样的？作者对研究框架设计、调查问卷设计、问卷发放的途径和方式、问卷收集的整个过程、数据录入的整个过程及软件分析的整个过程进行了 3 次检查，确认结论无误。经过认真思索，这一结论并不令人惊讶。下面对具体原因的分析也是本书的重要创新。首先从组织支持感与员工忠诚度的主体看，组织支持感的主体是具体的员工个人，员工忠诚度的主体是组织，两者之间没有相关关系，说明组织对员工的各方面的激励，员工未能感觉到，员工对组织的潜心工作，组织也未能感觉到。这里需要关注的是，员工没有感觉到组织对自己的支持，并不代表组织没有支持自己的员工；组织没有感觉到员工的努力工作，并不能说明员工不努力工作。根据这一现象，恰好说明有效的信息在这两个主体之间没有能够进行有效的传递。

解决这一问题的关键是建立有效的信息传导并加强人与人之间有效的沟通，这种信息的传导和人与人之间的沟通是通过隐性知识的共享形成的，需经过"随风潜入夜，润物细无声"的过程才能起作用，而建立这种机制的有效办法是加强隐性知识的传播和管理，让隐性知识在组织和员工之间进行共享，如图 7-15 所示。

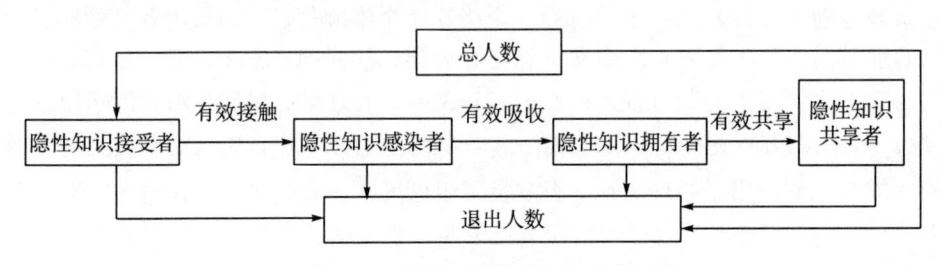

图 7-15 团队成员隐性知识共享过程

在组织成员隐性知识共享的过程中，关键是加强员工与管理者和领导者之间的有效接触，使其认可和接受组织价值观。一是在管理的实践中，需要充分利用非正式沟通渠道，让员工与管理者和领导者之间有充分接触的机会。只有通过接触，才能形成彼此之间的感性认识。二是通过高层管理者或领导者分享组织的近期目标和远期目标，组织成员的构成以及组织以前所做的主要工作，让新加入的成员对组织及组织的基本工作有一个认识，对组织价值观有一个基本的判断。三是通过专题讨论的方式，让管理者和员工之间对彼此人力资本存量有一个充分的认识，为日后的相互选择奠定基础。四是以一定的项目为载体，让组织成员适度参与，主要进行熟悉项目的流程，可以判断组织成员的兴趣点。通过以上这些方式，让员工对整个组织、组织人员的构成、组织将要干哪些事情以及组织的基本价值取向有一个基本判断。

2. 以提高员工满意度水平为切入点

员工满意度的提升不仅是员工的个人事情，也关系到员工的利益，同时员工满意度的提升，其个人的工作积极性和创造性也必然提升，这种积极性和创造性往往会反映在组织绩效上。美国席尔士公司的一项调查表明，如果员工满意度提高 5%，则会提升 1.3% 的客户满意度，公司绩效会提高 0.5%。哈佛大学的一项研究发现，员工满意度提高 5%，会连带提升 11.9% 的外部客户满意度，同时也使企业效益提升 2.5%。从这些统计数据可以看出，满意的顾客是满意度较高的员工创造的，要提高顾客对产品和服务的满意度，首先必须提高员工的工作满意度。

在企业管理实践中，要以员工满意度提升为切入点提高员工工作安全感，需要做好以下几个方面的工作。

由图 7-16 可知，企业员工工作安全感的培育分为三个螺旋式递进上升阶段：员工安全感的确立、员工安全感的维系和员工安全感的提升。

员工安全感的确立：合理的心理预期 → 员工安全感的维系：良性互动的心理契约 → 员工安全感的提升：企业价值观以及效能评价

图 7-16　企业员工安全感培育的三阶段

其一，如何确立员工工作安全感？本书认为其重要的方法就是给予组织与员工双方合理的心理预期，让员工感觉到组织的关怀，同时让组织感觉到员工潜心地工作。如何才能让双方均有合理的心理预期呢？在企业管理实践中，由于信息的不对称分布，员工与组织互相掌握着对方不知道的相关信息，同时，组织是强势方，具体办法是组织多向自己的员工提供企业可靠性的相关信息，这些相关信息与员工的切身利益休戚相关，这样可以引导员工在一定程度上克服恐惧心理，改变自己的主观体验，提高员工低于风险的能力，相信在风险的背后有组织的支持，如企业制定切实可行的人力资源开发计划、人力资本投资计划、完成项目的平台支持计划等。

其二，如何维系员工的工作安全感？图 7-16 给出的答案是良性互动的心理契约。如何建立良性互动的心理契约？心理契约本是双方的一种心理期望，那么关键是如何让双方均能够感知？本书认为，人与人之间的有效沟通和接触是关键的。因为心理契约不是一成不变的，它随着时间的推移将发生变化。人与人之间经过长期接触和沟通，双方的印象往往会发生改变，这种双方印象反复加深的过程，也是一个人和组织双方心理契约的改变过程。组织与员工、员工与员工经常沟通能够帮助组织和员工更加了解对方的期望和义务。

其三，如何提升员工工作安全感？图 7-16 所示的答案是企业价值观以及效能评价，关于企业的价值观的研究主要集中在三个方面，一是企业工作价值观是企业成员共有的信念，它既是内隐的，隐藏于内心，也是外显的，会通过行为表现出来；二是企业工作价值观是企业成员评判行为正误和事物好坏的标准；三是企业工作价值观具有导向作用，能很大程度上影响甚至决定企业成员的行为。一个良好的企业价值观对企业个人的基本的价值判断和价值选择有重要的影响。作为企业必须充分考虑员工要平衡家庭和工作，在这个过程中，员工不仅会产生焦虑，也会产生压力，从而对心理造成一定程度的影响，作为组织必须给予员工更多的关怀，这是员工与组织的感情互动。效能本来是指系统在规定条件下达到规定使用目标的能力，在这里是员工与组织的相互期望。在企业的管理实践中，作为管理者应把企业的价值观贯穿于企业生产经营的全过程，与企业的业务活动融合推进。

3. 在企业管理中建立柔性管理机制

柔性管理是在充分研究人的心理和行为规律的基础上，采用一种"非强制性方式"，使其在人的心目中能够产生一种潜在说服力，让这种潜在说服力把组织意志变为个人的自觉行动的管理。这种非强制方式的潜在说服力，就是心理契约对双方所起作用的结果，本书认为实施柔性管理可以从以下方面进行。

其一，建立适合柔性管理的价值观。众所周知，企业价值观就是一个企业的灵魂，它是企业在长期经营发展中逐步形成的，是建立企业成员之间相互信任的基础。这种柔性管理的价值观，不是企业强加给员工的，也不可能强加给员工，因为员工认可与否是关键。柔性管理价值观的形成一定是隐性知识传播和共享的结果，在一个企业中，企业管理者的人格魅力、学识和人品、业务能力、沟通能力、战略意识等对员工是有深渊影响的，同时在管理制度设计的时候，充分展示具有这些意志和品质的人是组织需要的，也是组织中最有安全感的人，这种示范作用的效果是非常显著的。同时柔性管理的价值观，鼓励创新，宽容失败。因为创新都是有风险的，人们往往只是看到了创新成功的喜悦，未能看到创新者背后所付出的艰辛，这对鼓励创新也有非常重要的示范作用。

其二，建立柔性管理的组织结构。这种组织结构的特点是刚柔并济、以刚济柔。在这里，可以把刚性比作管理的骨架，柔性就像是组织的血肉，只有刚柔并济才能形成一个有机整体。那么建立柔性的组织结构，是不是就不要刚性的管理？绝对不是这样的，柔性的组织结构和刚性的管理并不矛盾。在汽车后市场产业集群中，要提高各个企业组织的积极性，可以采用战略联盟的形式，提高各个主体的积极性，而战略联盟本身也是一个松散的组织，既可以建立国内产业集群企业之间的联盟，也可以建立国际产业集群企业之间的联盟，这种战略联盟就是柔性管理的组织框架。但是为了提高竞争力，联盟中的各个主体之间的权利义务关系是非常清晰的，特别是提供产品和服务必须获得用户的一致认可，必须依照国家标准、行业标准、企业标准进行严格生产，作为管理，必须按照严格的标准进行检查和验收，这就是刚性的管理。否则，整个联盟将失去竞争力，参加联盟的所有企业都将面临重大的损失。

其三，建立柔性的绩效评价体系。一个组织没有绩效，就没有竞争力。如何让员工心情愉快地去创造更大的绩效，从而让组织和员工都能获得较好的绩效？本书认为实施目标管理是一个比较好的方法。可以让员工参与管理，加大对员工的非经济性报酬来对员工激励，从而提高员工的积极性，建立绩效付酬和风险付酬结合的报酬体系。实现目标过程的管理、总结和评估在此就不详细赘述了。

第 8 章　基本结论及展望

根据前面的相关分析，提升汽车后市场产业集群竞争力对推动汽车产业以及国民经济的发展具有至关重要的作用。在经济发展新常态背景下，构建汽车后市场产业集群竞争力的评价指标体系，对汽车后市场产业集群竞争力做出科学合理的评价，能有效地研判集群自身的优势和劣势，对行为主体做出相应的战略决策提供理论支撑，是提升汽车后市场产业集群竞争力的重要手段。根据前面的分析和论证，汽车后市场产业集群竞争力是整合而成的，单靠某一主体是不能提升其竞争力的。

8.1　基 本 结 论

本书建立了汽车后市场产业集群竞争力模型，以此为基础，构建了汽车后市场产业集群竞争力的评价指标体系，利用 SPSS 和结构方程 AMOS 软件对数据进行了分析并建立了结构方程模型，将 SPSS 数据分析的结果与利用模糊层次分析法得到的结果进行组合，得到了比较科学合理的汽车后市场产业集群竞争力评价指标体系，并通过实例进行分析，验证评价指标体系的合理性以及模糊综合评价方法的可行性。本书的主要结论如下。

(1) 从产业链长度、产业链宽度、产业链厚度、产业链关联度、产业链外部环境等方面，构建了汽车后市场产业链稳定性评价指标体系，并选定 20 位权威系数一致的专家，对成都经济技术开发区汽车后市场产业链的发展现状进行问卷调查，验证了这一评价指标体系。这为其他的汽车后市场产业集群产业链的完整性和产业链的动态升级能力的评价做了基础性的工作。

(2) 根据产业集群竞争力的基本理论，遵循产业集群竞争力评价指标选取的基本原则，充分考虑汽车后市场的基本特点，采用德尔菲法反复筛选，确定了汽车后市场产业集群竞争力评价指标，其中一级评价指标 7 个，分别为市场、环境资源、政府、企业、辅助机构、服务能力、业务单元；二级评价指标 37 个。

(3) 建立了汽车后市场产业集群竞争力模型，通过实证分析，认为汽车后市场产业集群竞争力主要是由 7 个一级评价指标共同决定的综合指标，且 7 个一级评价指标对汽车后市场产业集群的竞争力都有很强的正影响。

(4) 基于结构方程模型得到评价指标权重是通过调查问卷采集的大样本数据得到的，反映了结论认知的广度。基于模糊层次分析法得到的评价指标权重是通过行业专家打分得到的，反映了结论认知的精度。将两种方法得到的指标权重进行组合赋权，建立了汽车后市场产业集群竞争力评价指标体系。一级评价指标权重的大小排序依次为市场、环境资源、服务能力、企业、辅助机构、政府、业务单元,权重的大小分别为0.157396、0.154509、0.152811、0.149717、0.13352、0.126382、0.125642。本书对每个一级评价指标中的二级评价指标也进行了权重的排序,集群中的行为主体可以根据实际情况,参照评价指标体系做出适当的战略调整和规划。

(5)对成都汽车后市场产业集群进行了对比分析,认为成都汽车后市场产业集群各要素层面的竞争力和整体综合竞争力都基本超过了全国平均水平,应该说在国内具有一定的竞争力,但是并不突出。通过实例分析也证明了本书构建的汽车后市场产业集群竞争力评价指标体系的科学合理性,以及模糊综合评价方法的可行性。

(6)提出了基于产业链稳定性的汽车后市场产业集群竞争力提升的对策思考。本书从宏观到微观的角度,提出了构建汽车后市场产业战略联盟、构建汽车后市场企业之间隐性知识共享的良好合作机制、构建以心理契约为纽带的汽车后市场员工工作安全感制度三个方面的制度安排。

8.2 展　　望

产业集群竞争力评价是一个系统且复杂的问题。本书对汽车后市场产业集群竞争力评价所做的探究取得了一定的研究成果。同时由于受到个人知识储备不足等因素的制约,今后针对该项研究还应该从如下几个方面进一步探索。

(1)关于样本的收集工作,该项工作十分耗时耗力,由于时间限制等客观因素,本书的样本数据不算很大,而且仅局限于四川、重庆、上海、广州等地,还需要扩大调研范围,加大样本量的分析,以此极大地提高模型的正确性,从而修正评价指标体系,使之更加合理。

(2)组合赋权的方法有很多种,本书采用的是经典的简单线性加权合成法。在今后的研究中,可以继续利用熵值法、主成分分析法等赋权方法进行指标赋权,然后将权重进行组合;也可以在组合赋权方法上进行改进,如离差最大化的组合赋权、赋权法的一致性组合赋权等。

(3)根据汽车后市场产业集群竞争力的主要构成要件,可以提升汽车后市场产业集群竞争力的制度安排。对市场、企业和政府三个方面,把影响产业集群竞争力的各种评价指标进行归类,分别对其从产业链动态的视角,提出如何建立动态开放的市场体系、建立成员企业之间良好的合作机制、建立协同共生的政策引导来提升汽车后市场产业集群竞争力。

(4)从产业链的角度,一方面,可以对产业链稳定性与汽车后市场产业集群竞争力提升进行典型相关分析,研究产业链稳定性与产业集群竞争力的相互作用机制;另一方面,可以对我国汽车后市场进行构建、延伸、升级、融资、优化、协同、整合、管理,从而最终形成一个具有强创新动力、强引领带动作用,以及高经济效益的汽车后市场产业链系统。

参 考 文 献

蔡宁，吴结兵. 2002. 企业集群的竞争优势:资源的结构性整合[J]. 中国工业经济，(7):45-50.

蔡宁，杨闩柱. 2003. 论企业集群竞争优势基础的转变[J]. 浙江大学学报(人文社会科学版)，33(6):42-48.

蔡小军，李双杰，刘启浩. 2006. 生态工业园共生产业链的形成机理及其稳定性研究[J]. 软科学，20(3): 12-14.

蔡志刚. 2012. 通化市医药产业集群竞争力研究[D]. 长春：吉林大学.

曹科岩，龙君伟. 2009. 团队共享心智模式对团队有效性的影响机制研究[J]. 科研管理，(5):155-161.

曹路宝. 2004. 汽车服务产业价值网与市场特征分析[J]. 审计与经济研究，(11): 40-43.

陈凤. 2006. 汽车后市场体系结构及其运行模式研究[D]. 重庆：重庆大学.

陈海华. 2006. 工作不安全感的来源和结果：浙江IT企业员工的实证研究[D]. 杭州：浙江大学.

陈弘. 2009. 现代中药产业集群模式与发展研究[D]. 长沙：中南大学.

陈剑锋. 2005. 基于产业集群的政策研究[J]. 科学学与科学技术管理，26(5):60-63.

陈立敏，谭力文. 2004. 评价中国制造业国际竞争力的实证方法研究——兼与波特指标及产业分类法比较[J]. 中国工业经济，(5): 30-37.

陈敏. 2010. 中国商用车产业发展模式研究[D]. 武汉：武汉理工大学.

陈平. 2002. 劳动分工的起源和制约——从斯密困境到广义斯密原理[J]. 经济学季刊，(2): 227-248.

陈险峰. 2014. 评价指标体系的设计方法研究——基于产业集群竞争力[J]. 运筹与管理，23(3): 170-175.

陈业华，杜慧娟，王月秋. 2010. 产业集群隐性知识显性化研究[J]. 科学学与科学技术管理，(7):92-97.

陈云，王浣尘，杨继红，等. 2004. 产业集群中的信息共享与合作创新研究[J]. 系统工程理论与实践，24(8):54-57.

谌飞龙，陈占葵. 2007. 产业集群的区域创新网络系统分析[J]. 产业观察，(5): 274-277.

程玉鸿，阎小培，林耿. 2003. 珠江三角洲工业园区发展的问题、成因与对策——基于企业集群的思考[J]. 城市规划汇刊，(6):37-41，95-96.

崔静，何太碧，康濛，等. 2016. 汽车后市场产业链稳定性研究[J]. 商业经济研究，(10): 198-200.

都晓岩，卢宁. 2006. 论提高我国渔业经济效益的途径———一种产业链视角下的分析[J]. 中国海洋大学学报(社会科学版)，(3): 10-14.

独立强. 2007. 我国汽车后市场的结构、行为、绩效分析：以南京汽车后市场为例[D]. 南京：东南大学.

杜栋，庞庆华，吴炎. 2008. 现代综合评价方法与案例精选[M]. 2版. 北京：清华大学出版社.

符正平. 2002. 论企业集群的产生条件与形成机制[J]. 中国工业经济，(10):20-26.

付宇. 2016. 我国汽车产业研发竞争问题研究[D]. 成都：西南财经大学.

傅国华. 1996. 运转农产品产业链 提高农业系统效益[J]. 中国农垦经济，(11):24-25.

干春晖. 2000. 国际汽车厂商组织结构变化对中国汽车业的影响[J]. 中国工业经济，(4): 49-52.

干春晖，李素荣. 2001. 国际汽车整车与零部件厂商协作关系及我国汽车业发展战略[J]. 中国工业经济，(12):36-41.

干春晖，戴榕，李素荣. 2002. 我国轿车工业的产业组织分析[J]. 中国工业经济，(8): 122-130.

高山，王静梅. 2009. 基于GEM模型的江苏医药产业集群竞争力研究[J]. 科技管理研究，29(3):235-237，248.

高展. 2013. 跨国汽车公司环境责任与竞争力研究[D]. 上海：华东师范大学.

龚勤林. 2004. 论产业链延伸与统筹区域发展[J]. 理论探讨,（3）：62-63.

龚双红. 2006. 产业集群竞争力分析[D]. 北京：中国共产党中央委员会党校.

管顺丰, 胡树华. 2004. 产业创新组织结构模式及实证研究[J]. 武汉理工大学学报（信息与管理工程版）,（4）：117-120.

郭静利. 2010. 农业产业链稳定机制研究[D]. 北京：中国农业科学院.

何太碧, 晏启鹏. 2015. 汽车后市场产业集群竞争力模型构建及实证分析. 西南民族大学学报（人文社会科学版）,（11）：125-131.

贺轩, 员智凯. 2006. 高新技术产业价值链及其评价指标[J]. 西安邮电学院学报, 11(2)：83-86.

胡安生, 冯夏明. 2004. 我国汽车产业集群发展研究——我国汽车产业集群雏形[J]. 中国机电工业,（6）：44-45, 48.

胡国平. 2009. 产业链稳定性研究[D]. 成都：西南财经大学.

胡建绩. 2006. 东北产业集群研究——基于长三角产业集群的经验[D]. 上海：复旦大学.

胡乔木. 1994. 中国大百科全书——自动控制与系统工程. 北京：中国大百科全书出版社.

胡树华, 牟仁艳, 汪秀婷, 等. 2007. 我国汽车产业发展的路径依赖分析[J]. 统计与决策,（7）：100-101.

胡彦殊, 陈岩. 2015-09-19. 统筹国家战略 四川实际解好汽车产业发展十道题[EB/OL]. http://news.sina.com.cn/c/2015-09-19-doc-ifxhytxr3715135.Shtml.

黄本笑, 范如国. 2006. 管理科学理论与方法[M]. 武汉：武汉大学出版社.

黄芳铭. 2005. 结构方程模式理论与应用[M]. 北京：中国税务出版社.

黄锦华. 2010. 中国汽车产业升级策略研究[D]. 武汉：武汉大学.

黄雪飞. 2012. 生态视域下专用汽车设计产业链研究[D]. 武汉：武汉理工大学.

黄志启. 2010. 知识溢出和产业集群中企业研发行为研究[D]. 西安：西北大学.

姬霖. 2012. 吉林省汽车产业集群竞争力研究[D]. 长春：吉林大学.

简新华. 2002. 产业经济学[M]. 武汉：武汉大学出版社.

蒋国俊, 杜义飞. 2003. 产业链中间产品定价范围的研究[J]. 经济师,（12）:21-23.

蒋国俊, 蒋明新. 2004. 产业链理论及其稳定机制研究[J]. 重庆大学学报（社会科学版）, 10(1):36-38.

金碚. 2003. 企业竞争力测评的理论与方法[J]. 中国工业经济, 15(3)：5-14.

孔令丞. 2010. 工业区基于循环经济的产业链合作模式——以化工区为例[J]. 福建论坛（人文社会科学版）,（6）:20-25.

兰天. 2009. 产业集群化评价研究[D]. 沈阳：东北大学.

李斌勇. 2015. 基于云服务平台的多联盟企业群协同技术研究[D]. 成都：西南交通大学.

李海莉. 2009. 基于客户价值的移动商务价值网价值促生机制研究[D]. 长春：吉林大学.

李佳佳. 2014. 企业裁员后幸存者职业安全感研究[D]. 上海：东华大学.

李凯, 郭晓玲. 2017. 产业链的垂直整合策略研究综述[J]. 产经评论,（3）：81-95.

李莲花. 2010. 韩国汽车产业安全研究[D]. 长春：吉林大学.

李林捷. 2010. 中国矿产资源产业集群——基于投入产出分析[J]. 中国集体经济,（10）:31-32.

李文博. 2009. 基于网络分析法的产业集群竞争力评价研究[J]. 科技进步与对策, 26(7):119-122.

李武军. 2012. 中原经济区现代产业体系发展及制度创新研究[D]. 武汉：武汉大学.

李宪友. 2006. 我国汽车后市场售后服务企业发展战略研究[D]. 长春：吉林大学.

李心芹, 李仕明, 兰永. 2004. 产业链结构类型研究[J]. 电子科技大学学报（社会科学版）,（4）：60-63.

李雄治, 许卫华. 2007. 产业集群竞争力评价理论研究综述[J]. 商业时代,（6）：88-89.

李艳. 2011. 基于网络经济的城市国际竞争力研究[D]. 杭州：浙江大学.

李一鸣, 刘军. 2006. 产业发展中相关理论与实践问题研究[M]. 成都：西南财经大学出版社.

李勇, 史占中, 屠梅曾. 2004. 企业集群的内在特性与竞争力[J]. 开发研究, (2): 33-35.

李增辉. 2012. 中国汽车产业多维评价模型构建与创新路径选择研究[D]. 武汉：武汉理工大学.

连远强. 2015. 产业链耦合视角下创新联盟的共生演化问题研究[J]. 科学管理研究, 33(5):29-33.

梁浩, 王渝. 2001. 基于对策论的供需链运作稳定性问题的研究[J]. 计算机集成制造系统, 7(11):7-10.

刘炳胜, 王雪青, 程建刚. 2010. 竞争力度量的一种新假说——基于结构主义方法论的研究[J]. 软科学, 24(3):117-121.

刘淳. 2006. 产业集群、整合与中国西部工业化发展研究[D]. 成都：西南财经大学.

刘殿兰. 2013. 提升我国区域汽车产业集群竞争力的对策研究——基于AHP模型的广州汽车产业集群竞争力研究[J]. 科技管理研究, 33(11):138-142.

刘刚. 2005. 基于产业链的知识转移与创新结构研究[J]. 商业经济与管理, 169(11): 13-17.

刘贵富. 2006. 产业链基本理论研究[D]. 长春：吉林大学.

刘贵富. 2010. 产业链与供应链、产业集群的区别与联系[J]. 学术交流, (12): 78-80.

刘恒江, 陈继祥. 2004a. 产业集群竞争力研究述评[J]. 外国经济与管理, 26(10):2-9.

刘恒江, 陈继祥. 2004b. 民营企业簇群机理的新诠释:涌现性观点[J]. 商业研究, (21):25-27.

刘洪德. 2004. 中国汽车产业组织系统研究[D]. 哈尔滨：哈尔滨工程大学.

刘婧. 2010. 企业员工工作不安全感对工作满意度与组织承诺关系调节效应研究[D]. 天津：天津师范大学.

刘雷, 崔兆杰. 2009. 循环经济产业链的经济稳定性分析与评价[J]. 中国经贸导刊, (19):56.

刘林青, 谭力文. 2006. 产业国际竞争力的二维评价——全球价值链背景下的思考[J]. 中国工业经济, (12): 37-44.

刘芹. 2007. 产业集群升级研究述评[J]. 科研管理, (3): 57-62.

刘善庆, 叶小兰, 陈文华. 2005. 基于AHP的特色产业集群竞争力分析——以赣、粤、闽陶瓷特色产业集群为例[J]. 中国软科学, (8):141-146.

刘世锦. 2008. 市场开放、竞争与产业进步——中国汽车产业30年发展中的争论和重要经验[J]. 管理世界, (12): 1-9.

刘昕, 程新章. 2005. 产业集群形成中政府的作用[J]. 浙江大学学报（人文社会科学版）, (6): 62-64.

刘益, 蔺丰奇. 2006. 渠道伙伴关系中专用性投资的特点和作用：以日本汽车产业为例[J]. 南开管理评论, (6): 98-105.

刘志彪, 张杰. 2007. 全球代工体系下发展中国家俘获型网络的形成、突破与对策——基于GVC与NVC的比较视角[J]. 中国工业经济, (5): 39-47.

刘志迎. 2015. 产业链视角的中国自主创新道路研究[J]. 华东经济管理, 29(12):7-14, 193.

龙剑军. 2015. 集群企业合作困境的形成机理及治理机制[D]. 重庆：重庆大学.

卢福财, 胡大立. 2004. 产业集群与网络组织[M]. 北京：经济管理出版社.

卢明华, 李国平, 杨小兵. 2004. 从产业链角度论中国电子信息产业发展[J]. 中国科技论坛, (4):18-22.

鲁开垠. 2002. 解析产业链[J]. 珠江经济, (5)：81-83.

陆峰. 2007. 基于产业链的产业集群竞争力提升策略[J]. 商业时代, (36)：82-83.

路风, 慕玲. 2003. 本土创新、能力发展和竞争优势——中国激光视盘播放机工业的发展及其对政府作用的政策含义[J]. 管理世界, (12): 57-82.

路风, 张宏音, 王铁民. 2002. 寻求加入WTO后中国企业竞争力的源泉——对宝钢在汽车板市场赢得竞争优势过程的分析[J]. 管理世界, (2): 110-127.

罗若愚. 2002. 我国区域间企业集群的比较及启示[J]. 南开经济研究, (6)：28-30.

罗一忠, 吴爱祥, 胡国斌, 等. 2006. 采场人-机-环境系统可靠性模糊综合评价[J]. 中南大学学报(自然科学版), (4): 804-809.

罗玉波, 王玉翠. 2013. 结构方程模型在竞争力评价中的应用综述[J]. 技术经济与管理研究, (3): 21-24.

骆静, 聂鸣. 2002. 基于"钻石"模型的集群分析方法[J]. 经济管理, (22):24-29.

吕文栋, 逯春明, 张辉. 2005. 全球价值链下构建中国中药产业竞争优势——基于中国青蒿素产业的实证研究[J]. 管理世界, (4): 75-84.

马晓梅. 2011. 中国汽车后市场中的若干重要问题探讨[J]. 中外企业家, (12x): 37-38.

马永红, 程伟, 陈良猷. 2003. 中国汽车工业采购方与供应商关系分析[J]. 管理世界, (5): 137-138.

孟芳. 2003. 建立健全汽车后市场综合服务体系[J]. 汽车工业研究, (2): 38-41.

潘明慧. 2011. 基于结构方程模型的我国上市商业银行竞争力研究[D]. 哈尔滨: 哈尔滨工业大学.

綦良群, 胡乃祥. 2012. 汽车产业链演化机理及影响因素研究[J]. 管理评论, 24(11): 51-59.

秦润莹. 2016. 企业员工工作不安全感研究述评[J]. 管理现代化, (1): 93-95.

仇保兴. 1999. 发展小企业集群要避免的陷阱——过度竞争所致的"柠檬市场"[J]. 北京大学学报(哲学社会科学版), (1):25-29.

邱皓政. 2010-7-7. 结构方程模式——LISREL的理论、技术与应用[DB/OL]. 人大经济论坛.

任迎伟, 胡国平. 2008. 产业链稳定机制研究——基于共生理论中并联耦合的视角[J]. 经济社会体制比较, (2): 180-184.

芮明杰, 刘明宇. 2006. 产业链整合理论述评[J]. 产业经济研究, (3): 60-66.

石涛. 2008. 基于要素禀赋、市场分割视角的区域汽车产业竞争力研究[D]. 长春: 吉林大学.

苏兆国, 叶光雄, 史本山. 2006. 产业集群和企业创新的作用关系[J]. 西南交通大学学报(社会科学版), (5): 100-104.

孙国栋, 王宁. 2006. 基于博弈论的产业链稳定性问题研究[J]. 科技进步与对策, 23(9):83-84.

孙海法, 刘海山. 2007. 高管团队价值观、团队氛围对冲突的影响[J]. 商业经济与管理, (12):32-38.

孙雷. 2009. 外源性产业集聚的成因与发展路径分析[D]. 广州: 暨南大学.

孙晓华, 秦川. 2012. 基于共生理论的产业链纵向关系治理模式——美国、欧洲和日本汽车产业的比较及借鉴[J]. 经济学家, (3): 95-102.

谭华令, 余开朝. 2010. 基于协同应用平台的汽车售后服务系统研究[J]. 中国制造业信息化(学术版), 39(4): 21-24.

谭力文, 刘林青. 2008. 跨国公司制造和服务外包发展趋势与中国相关政策研究[M]. 北京: 人民出版社.

谭力文, 马海燕, 刘林青. 2008. 服装产业国际竞争力——基于全球价值链的深层透视[J]. 中国工业经济, (10): 64-74.

陶良虎. 2005. 湖北装备制造业竞争力研究[D]. 武汉: 华中科技大学.

田志友, 奚俊芳, 王浣尘. 2005. 社会经济系统评价指标体系设计: 方法论原理及其实现——以产业集群竞争力评价为例[J]. 系统工程理论与实践, 25(11): 1-6.

万君康, 李华威. 2008. 自主创新及自主创新能力的辨识[J]. 科学学研究, (1): 205-209.

汪先永, 刘冬, 贺灿飞, 等. 2006. 北京产业链与产业结构调整研究[J]. 北京工商大学学报(社会科学版), 21(2): 16-21.

汪秀婷. 2007. 国外产业创新模式对我国产业创新的借鉴[J]. 武汉理工大学学报(信息与管理工程版), (8): 29-32.

汪志平. 2005. 日本汽车工业的发展和产业保护政策[J]. 经济学动态, (10): 79-87.

王冰, 顾远飞. 2002. 簇群的知识共享机制和信任机制[J]. 外国经济与管理, 24(5):2-7.

王海平. 2009. 基于层次分析法的石河子垦区主导产业集群竞争评价研究[J]. 新疆农垦经济, (5):42-47.

王洪忠. 2006. 中国产业集群的发展研究[J]. 山东理工大学学报(社会科学版), (1): 32-36.

王缉慈, 陈平, 马铭波. 2010. 从创新集群的视角略论中国科技园的发展[J]. 北京大学学报(自然科学版), 46(1):147-154.

王缉慈. 2001. 关于在外向型区域发展本地企业集群的一点思考——墨西哥和我国台湾外向型加工区域的对比分析[J]. 世界

地理研究，10(3):15-19.

王济川，谢义海，姜宝法. 2008. 多层统计分析模型：方法与应用[M]. 北京：高等教育出版社.

王连芬. 2005. 中国汽车产业竞争力研究[D]. 长春：吉林大学.

王婉珍. 2008. 网络嵌入性与产业集群竞争力[J]. 哈尔滨商业大学学报(社会科学版)，(6):69-73.

王伟. 2017. 资源型产业链的演进、治理与升级——以铜陵市铜产业链为例[J]. 经济地理，37(3)：113-120.

王雅娟. 2012. 基于组织间信任的知识链演化研究[D]. 大连：东北财经大学.

王珍珍，陈桦. 2008. 嵌入GVC的我国产业集群竞争力提升模式研究——基于"双钻石模型"[J]. 中山大学研究生学刊（社会科学版），（4):108-116.

魏江，朱海燕. 2006. 知识密集型服务业与产业集群发展的互动模式研究——以慈溪家电产业集群为例[J]. 研究与发展管理，(2)：58-63.

魏守华. 2002. 集群竞争力的动力机制以及实证分析[J]. 中国工业经济，（10):27-34.

文嫮. 2006. 价值链空间形态演变下的治理模式研究：以集成电路IC产业为例[J]. 中国工业经济，(2)：45-51.

文嫮，曾刚. 2005. 全球价值链治理与地方产业网络升级研究——以上海浦东集成电路产业网络为例[J]. 中国工业经济，(7)：20-27.

文嫮，张洁，王良健. 2007. 全球视野下的价值链治理研究[J]. 人文地理，22(2)：14-19.

文小玲. 2006. 基于模糊综合评价法的企业绩效评价[J]. 武汉理工大学学报，(8)：146-149.

邬爱其. 2005. 集群企业网络化成长机制研究——对浙江三个产业集群的实证研究[D]. 杭州：浙江大学.

吴德进. 2006. 产业集群论[M]. 北京：社会科学文献出版社.

吴洁，陶永宏，何育静. 2005. 长三角地区船舶产业集群与船舶行业技术预见研究[J]. 造船技术，(6)：1-4.

吴金明，邵昶. 2006. 产业链形成机制研究——"4+4+4"模型[J]. 中国工业经济，(4)：36-43.

吴金明，张磐，赵曾琪. 2005. 产业链、产业配套半径与企业自生能力[J]. 中国工业经济，(2)：44-50.

吴明隆. 2010. 结构方程模型——AMOS的操作与应用[M]. 2版. 重庆：重庆大学出版社.

吴思静，赵顺龙. 2010. 基于GEM模型的高新技术产业集群竞争力研究[J]. 科技管理研究，30(5):154-156.

吴忠培，董丽雅，苗娴雅. 2006. 产业集群的组织特征及其研究意义[J]. 华东经济管理，20(8)：62-65.

武德昆，柴丽俊，高俊山. 2004. 企业技术创新动力的形成过程[J]. 北京科技大学学报，(3)：337-340.

鲜思东，何先刚，彭作祥，等. 2006. 基于模糊数学的网络学习评价系统[J]. 重庆大学学报(自然科学版)，29(9)：71-74.

向秋兰. 2009. 西部地区循环产业集群的整合与构建研究[D]. 贵阳：贵州财经学院.

谢伟. 2006. 全球生产网络中的中国轿车工业[J]. 管理世界，(12)：67-87.

辛士波，陈妍，张宸. 2014. 结构方程模型理论的应用研究成果综述[J]. 工业技术经济，(5)：61-71.

熊军. 2012-09-28(003). 南昌县打造千亿产业集群拓展城市发展空间[N]. 南昌日报.

徐菁鸿. 2015. 带有B-D功能反应和阶段时滞的中国汽车业种群生态系统研究[D]. 沈阳：辽宁大学.

徐顽强，李华君，李月. 2009. 基于GEM模型的武汉光电子产业集群竞争力研究[J]. 中国科技论坛，(4):72-77.

徐文强. 2011. 汽车售后服务备件物流配送中心选址研究[D]. 合肥：合肥工业大学.

徐泽水. 2001. 模糊互补判断矩阵排序的一种算法[J]. 系统工程学报，16(4)：311-314.

许树辉. 2009. 基于供应链嵌入视角的企业空间组织研究[D]. 上海：华东师范大学.

严含，葛伟民. 2017. 产业集群群：产业集群理论的进阶[J]. 上海经济研究，(5)：34-43.

颜炳祥. 2008. 中国汽车产业集群理论及实证的研究[D]. 上海：上海交通大学.

杨丹辉. 2005. 中国成为"世界工厂"的国际影响[J]. 中国工业经济，(9)：42-49.

杨公朴, 夏大慰. 2002. 现代产业经济学[M]. 上海: 上海财经大学出版社.

杨浩, 崔静, 何太碧, 等. 2014. 论战略联盟在汽车后市场中的应用[J]. 商业时代, (27): 131-132.

杨静. 2006. 供应链内企业间信任的产生机制及其对合作的影响——基于制造业企业的研究[D]. 杭州: 浙江大学.

杨锐. 2012. 产业链竞争力理论研究——基于产业链治理的视角[D]. 上海: 复旦大学.

杨沿平, 唐杰, 周俊. 2006. 我国汽车产业自主创新现状、问题及对策研究[J]. 中国软科学, (3): 11-16.

杨焱. 2006. 汽车后市场服务连锁经营模式研究[D]. 天津: 天津大学.

杨宇. 2006. 多指标综合评价中赋权方法评析[J]. 统计与决策, (13): 17-19.

叶康涛. 2006. 案例研究: 从个案分析到理论创建——中国第一届管理案例学术研讨会综述[J]. 管理世界, (2): 139-143.

佚名. 2011. 完整产业链引领后市场——亳州春雨国际汽车城打造皖西北汽车后市场产业集群[J]. 中国汽配市场, (2): 62-63.

尹铁岩. 2008. 长春汽车生产企业集群绩效研究[D]. 长春: 吉林大学.

应保胜, 容芷君. 2005. 线性供应链的稳定性分析及稳定化策略研究[J]. 湖北工业大学学报, 20(3): 71-73.

于成学, 武春友. 2013. 生态产业链多元稳定性影响因素识别——基于共生理论[J]. 中国流通经济, 27(6): 40-44.

于瑞峰, 王雨. 2000. 汽车工业供应链网络结构模式的比较研究[J]. 工业工程, (5): 16-20.

郁义鸿. 2005. 产业链类型与产业链效率基准[J]. 经济与管理研究, (11): 25-30.

喻春光, 刘友金. 2008. 产业集群竞争力定量评价GEMN模型及其应用[J]. 系统工程, 26(5): 90-94.

袁艳平. 2012. 战略性新兴产业链构建整合研究[D]. 成都: 西南财经大学.

苑清敏, 葛春景. 2006. 虚拟生态产业链的稳定性研究[J]. 生态环境, 15(6): 1409-1412.

岳春华. 2008. 运用心理契约调节员工"心情"[J]. 人力资源, (19): 14-15.

曾楚宏, 林丹明. 2004. 信息技术应用与企业边界的变动[J]. 中国工业经济, (6): 52-59.

曾毅. 2011. 国内外汽车售后服务认证现状及我国对策[J]. 标准学, (12): 81-83.

曾忠禄. 1997. 产业群集与区域经济发展[J]. 南开经济研究, (1): 69-73.

曾珠, 吕书玉, 李冰. 2013. 基于汽车售后服务本体模型的汽车服务案例式推理研究[J]. 工业工程, 16(3): 77-83.

占明珍. 2011. 市场势力研究——来自中国汽车制造业的实证[D]. 武汉: 武汉大学.

张凤涛. 2012. 中国纺织产业集群竞争力研究[D]. 长春: 东北师范大学.

张宏. 2014. 创业团队价值观异质性、团队冲突与团队凝聚力关系研究[J]. 科学管理研究, 4(2): 90-93.

张洪. 2005. 现代汽车售后服务管理体系的研究[D]. 广州: 广东工业大学.

张辉. 2005. 全球价值链下地方产业集群升级模式研究[J]. 中国工业经济, (9): 11-18.

张辉. 2006. 产业集群研究的主要流派[J]. 理论参考, (9): 56-60.

张吉军. 2000. 模糊层次分析法(FAHP)[J]. 模糊系统与数学, 14(2): 80-88.

张进华. 2016. 中国汽车产业路线图[J]. 汽车工艺师, (2): 38-41.

张立帅, 李锋. 2008. 全球价值链理论与发展中国家产业升级研究进展[J]. 价值工程, (3): 44-47.

张丽华, 刘松博. 2006. 案例研究从跨案例的分析到拓展现有理论的解释力——中国第二届管理案例学术研讨会综述[J]. 管理世界, (12): 142-145.

张其仔. 2003. 开放条件下我国制造业的国际竞争力[J]. 管理世界, (8): 74-80.

张铁男, 罗晓梅. 2005. 产业链分析及其战略环节的确定研究[J]. 工业技术经济, 24(6): 77-78.

张为付. 2006. 中国"世界制造中心"问题研究综述[J]. 产业经济研究, (1): 62-68.

张向阳, 朱有为. 2005. 基于全球价值链视角的产业升级研究[J]. 外国经济与管理, 27(5): 21-27.

张亚军, 张金隆, 张军伟. 2015. 工作不安全感对用户抵制信息系统实施的影响[J]. 管理科学, (2): 80-92.

张耀辉. 2002. 产业创新的理论探索——高新产业发展规律研究[M]. 北京：中国计划出版社.

张英祥. 2012. 中国汽车后市场服务的发展趋势[J]. 交通世界(运输车辆)，(7):76-79.

张莹, 龙文军. 2016. 中国羊绒产业链主要环节及纵向协作研究[M]. 北京：中国农业出版社.

赵斌. 2003. 中国汽车零部件产业组织研究[D]. 上海：复旦大学.

赵炳新, 杜培林, 肖雯雯, 等. 2016. 产业集群的核结构与指标体系[J]. 系统工程理论与实践, 36(1):55-62.

赵慧冬, 关世霞, 包玉娥. 2012. 基于组合赋权的区间型多属性决策方法[J]. 统计与决策, (19)：98-101.

赵斯亮. 2011. 我国汽车产业集群创新网络的合作机制及演化研究[D]. 哈尔滨：哈尔滨工程大学.

赵修文. 2011. 人力资本整合与产业集群竞争力提升研究[M]. 成都：西南财经大学.

赵修文. 2012. 基于隐性知识传播与整合的企业核心竞争力提升研究[J]. 科学管理研究, 30(1)：77-80.

赵修文, 李一鸣. 2010. 高校导师制隐性知识传播的微分动力学模型研究[J]. 科学学研究, 28(11)1700-1704.

赵中伟, 邵来安. 2002. 小企业集群竞争优势形成机理与地方政府促进其发展的措施[J]. 经济问题探索, (10):23-29.

郑京淑, 韩凤. 2004. 日本整车厂商变革与广东汽车供应链体系的构想[J]. 国际经贸探索, 20(3)：63-68.

郑学益. 2000. 构筑产业链形成核心竞争力——兼谈福建发展的定位及其战略选择[J]. 福建改革, (8):14-15.

周新生. 2006. 产业链与产业链打造[J]. 广东社会科学, (4)：30-36.

周煜, 聂鸣. 2007. 基于全球价值链的中国汽车产业升级路径分析[J]. 科技进步与对策, 24(7)：83-87.

周煜, 聂鸣, 张辉. 2008. 全球价值链下中国汽车企业发展模式研究[J]. 研究与发展管理, 20(4)：1-7, 19.

周长辉. 2005. 中国企业战略变革过程研究：五矿经验及一般启示[J]. 管理世界, (12)：123-136.

周子敬. 2006. 结构方程模式(SEM)——精通 LISREL[M].台北：全华出版社.

朱华晟. 2004. 基于 FDI 的产业集群发展模式与动力机制——以浙江嘉善木业集群为例[J]. 中国工业经济, (3)：106-112.

朱华友. 2004. 我国产业集群研究现状及理论述评[J]. 资源开发与市场, 20(2)：93-96.

朱瑞忠. 2007. 产业集群中核心企业成长研究[D]. 杭州：浙江大学.

朱小娟. 2004. 产业竞争力研究的理论、方法和应用[D]. 北京：首都经济贸易大学.

朱杏珍, 汤建枫, 徐越海. 2008. 产业集群发展中人文因素的作用分析——以浙江绍兴纺织产业集群为例[J]. 改革与战略, 24(1)：115-117.

朱英明. 2003. 产业集聚研究述评[J]. 经济评论, (3):117-121.

Ai C H, Wu H C. 2016.Benefiting from external knowledge? A study of telecommunications industry cluster in Shenzhen, China[J].Industrial Management & Data Systems, (4)：622-645.

Ai C H, Wu H C. 2016.Where does the source of external knowledge come from? A case of the Shanghai ICT chip industrial cluster in China[J]. Journal of Organizational Change Management, 2: 150-175.

Akoorie M E M, Ding Q. 2009.Global competitiveness in the Datang hosiery cluster, Zhejiang[J]. Chinese Management Studies, 3(2)：102-116.

Argyris C. 1960.Understanding Organizational Behavior[M]. London: Tavistock Publications.

Ashford S, Lee C ,Bobko P.1989. Content, causes and consequences of job inseeurity:A theory-based measure and substantive test[J]. Academy of Management Journal, 32(4)：803-829.

Bell M, Albu M.1999. Knowledge systems and technological dynamism in industrial clusters in developing countries[J]. World Development, 27(9):1715-1734.

Bentler P M, Chou C P.1987. Practical issues in structural modeling[J]. Sociological Methods and Research, (16)：78-117.

Boomsma A. 1987.The Robustness of Maximum Likelihood Estimation in Structural Equation Models[M]. New York: Cambridge University Press,1987.

Brenner T , Greif S . 2003.The dependence of innovativeness on the local firm population—An empirical study of German patents[J]. Industry and Innovation, 13(1):21-39.

Buckley P J, Casson M.1998. Analyzing foreign market entry strategies: Extending the internalization approach[J]. Journal of International Business Studies, 29(3):539-561.

Byrne B M. 2000. Strutural equation modeling with LISREL, PRELIS, and SIMPLIS: Basic concepts, applications, and programming[J]. Structural Equation Modeling A Multidisciplinary Journal, 7(4): 640-643.

Chen S T, Haga K Y A, Fong C M. 2016.The effects of institutional legitimacy, social capital, and government relationship on clustered firms' performance in emerging economies[J]. Journal of Organizational Change Management, (4): 529-550.

Cheng H, Niu M S, Niu K H. 2014.Industrial cluster involvement, organizational learning, and organizational adaptation: An exploratory study in high technology industrial districts[J]. Journal of Knowledge Management, (5): 971-990.

Chiles T H, Meyer A D.2001. Managing the emergence of clusters: An increasing returns approach to strategic change[J]. Emergence, (3):58-89.

Chou L, Wang A, Wang T, et al. 2008.Sharedwork values and team member effectiveness: The mediation of trustfulness and trustworthiness[J]. Human Relations, 61(12): 1713-1742.

Christopher M. 1992. Logistics and Supply Chain Management[M].2nd ed. London: Pitman Publishing.

Connell J, Kriz A, Thorpe M. 2014. Industry clusters: An antidote for knowledge sharing and collaborative innovation?[J]. Journal of Knowledge Management, (1): 137-151.

Cooper R G, Yoshikawa T . 1994.Inter-organizational cost management systems: The case of the Tokyo-Yokohama-Kamakura supplier chain[J]. International Journal of Production Economics, 37(1):51-62.

Cooper R G. 1994. New products: The factors that drive suceess[J].Internatiohal Marketing Review, (11):60-76.

de Felice A. 2014.Measuring the social capabilities and the implication on innovation: Evidence from a special industrial cluster[J]. Journal of Economic Studies, (6): 907-928.

Doeringer P B, Terkla D G.1990. Turning around local economies: Managerial strategies and community assets[J]. Journal of Policy Analysis & Management,9(4):487-506.

Ellram L M.1991. Supply chain management: The industrial organisation perspedtive[J]. International Journal of Physical Distribution & Logistics Management, 21(1):13-22.

Felzensztein C, Gimmon E, Aqueveque C. 2012.Clusters or un-clustered industries? Where inter-firm marketing cooperation matters[J].Journal of Business & Industrial Marketing, (5): 392-402.

Feser E J. 2001.Introduction to Regional Industry Cluster Regional In- dustry Cluster Analysis Analysis[R]. Chapel Hill: University of North Carolina.

Greenhalgh L, Rosenblatt Z. 1984.Job insecurity: Toward conceptual clarity [J]. Academy of Management Review, 9(3): 438-448.

Greici S, Carlos A F V, João M G B, et al. 2016.Competitiveness of clusters: A comparative analysis between wine industries in Chile and Brazil [J].International Journal of Emerging Markets, (2): 190-213.

Harrison J S, Hall E H, Nargundkar R. 1993.Resource allocation as an outcropping of strategic consistency: Performance implications[J]. Academy of Management Journal, 36: 1026-1051.

Henderson J V, Shalizi Z, Venables A J .2000. Geography and development[J]. Policy Research Working Paper, 4(2):157-162.

Hersey P, Blanchard K H , Johnson D E, et al.2007. Management of Organizational Behavior [M].9th ed. Upper Saddle Rive:Prentice Hall.

Holmen M , Jacobsson S .2000. A method for identifying actors in a knowledge based cluster[J]. Economics of Innovation and New Technology, 9(4):331-352.

Houlihan J B .1988. International supply chains: A new approach[J]. Management Decision, 26(3):128-135.

Hsu M S, Lai Y L, Lin F J. 2014.The impact of industrial clusters on human resource and firms performance[J].Journal of Modelling in Management, (2): 141-159.

Jacobs D , de Man A P .1996. Clusters, industrial policy and firm strategy: A menu approach[J]. Technology Analysis & Strategic Management, 8(4):425-438.

Kline R B. 1998.Principles and Practice of Structural Equation Modeling[M]. New York: Guilford Press.

Krugman P.1995. Chapter 24 increasing returns, imperfect competition and the positive theory of international trade[J]. Handbook of International Economics, 3(1475):1243-1277.

Lee W M, Michael I. 2016.Competitive industry clusters and transportation in Minnesota [J].Competitiveness Review, (1): 25-40.

Lei H S, Huang C H. 2014.Geographic clustering, network relationships and competitive advantage: Two industrial clusters in Taiwan[J]. Management Decision, (5): 852-871.

Markus K A.2012.Principles and practice of structural equation modeling by Rex B.Kline[J].Structural Equation Modeling :Multidisciplinary Journal ,19(3):509-512.

Marsh H W, Hau K T, Balla J R, et al.1998. Is more ever too much? The number of indicators per factor in confirmatory factor analysis [J]. Multivariate Behavioral Research, 33(2):181-220.

Marshall A.1920. Principles of economics : An introductory volume[J]. Social Science Electronic Publishing, 67(1742):457.

Martin D, Willibald A G. 2017.A research and industry perspective on automotive logistics performance measurement[J].The International Journal of Logistics Management, (1): 102-126.

Martin R, Florida R, Pogue M, et al. 2015.Creativity, clusters and the competitive advantage of cities[J]. Competitiveness Review, (5): 482-496.

Meyer-Stamer J .1998. Path dependence in regional development: Persistence and change in three industrial clusters in Santa Catarina, Brazil[J]. World Development, 26(8):1495-1511.

Meyer-Stamer J. 2000.Adjusting to An Opening Economy: Three Industrial Clusters in Brazil[M]//Sverrisson A,van Dijk M P. Local Economies in Turmoil:The Effects of Deregulation and Globalization.Basingstoke:Palgrave Macmillan.

Mitra N J,Gelfand N, Pottmann H, et al. 2004.Registration of point cloud data from a geometric optimization perspective[J]. Eurographics of the Symposium on Geometry Processing, 14: 23-32.

Nachiappan S, Angappa G, Thanos P, et al. 2016.4th party logistics service providers and industrial cluster competitiveness: Collaborative operational capabilities framework [J].Industrial Management & Data Systems, (7): 1303-1330.

Niu K H, Miles G, Bach S, et al. 2012.Trust, learning and a firm's involvement in industrial clusters: A conceptual framework[J].Competitiveness Review: An International Business Journal, (2):133-146.

Niu K H, Miles G, Lee C S.2008. Strategic development of network clusters: A study of high technology regional development and global competitiveness[J]. Competitiveness Review: An International Business Journal, (3): 176-191.

Normann R , Ramirez R .1993. From value chain to value constellation: Defining interactive strategy[J]. Harvard Business Review, 71(4):65-77.

O'Reilly A, Chatman J A, Caldwell D.1991.People and organizational culture: A profile comparison approach to assessing person organization fit [J]. Academy of Management Journal, 34(3): 487- 516.

Oldham G R, Kulik C T, Ambrose M L, et al.1986. Relations between job facet and comparisons employee reactions [J]. Organizational Behaviorand Human Decision Processes, 38(1): 28-47.

Overman H G, Redding S, Venables A J. 1993.The Economic Geography of Trade, Production, and Income: A Survey of Empirics[M]//Choi E K,Harrigan J. Handbook of International Trade. New Jersey:Blackwell.

Padmore T, Gibson H. 1998. Mdoeling systems of innovation Ⅱ. A framework for industrial cluster analysis in regions[J].Reseacrh Policy, 1998, 26(6): 625:641.

Pietrobelli C. 1998.The socio-economic foundations of competitiveness: An econometric analysis of Italian industrial districts[J]. Industry and Innovation, 5(2): 139-155.

Polanyi M. 1958.Personal Knowledge[M]. Chicago: the University of Chicago Press.

Polanyi M.1966. Tacit Dimension[M]. New York: Doubleday, Page &Company.

Porter M E.1998.The Competitive Advantage of Nations[M].New York:Free Press.

Pyke F,Sengenberge W.1992.Industrial Districts and Local Economic Regeneration[M].Geneva:International Institute for Labour Studies.

Robinson S L, Rousseau D M. 1994.Violating the psychological contract: Not the exception but the norm [J]. Journal of Organizational Behavior, 15(3): 245-259

Romano A, Passiante G, Elia V. 2013.New sources of clustering in the digital economy[J]. Journal of Small Business & Enterprise Development, 8(1):19-27.

Rosenfeld S A. 1997.Bringing business clusters into the mainstream of economic development[J]. European Planning Studies, 5(1):3-23.

Rosenfeld S A. 1998.Cluster connections give communities economic and educational boost [J]. Community College Journal, 68:14-19.

Rugraff E.2012.The new competitive advantage of automobile manufacturers[J].Journal of Strategy and Management, (4): 407-419.

Sasson A, Reve T. 2015. Complementing clusters: A competitiveness rationale for infrastructure investments[J]. Competitiveness Review, (3): 242-257.

Schein E H.1980.Organizational Psychology [M]. Englewood Clifs: Prentice-Hall.

Steenhuis H J, Kiefer D. 2016.Early stage cluster development: A manufacturers-led approach in the aircraft industry [J].Competitiveness Review, (1): 41-65.

Stevens G C .1989. Integrating of supply chain[J]. International Journal of Physical Distribution & Logistics Management, 19(8):3-8.

Storper M.1995. Regional technology coalitions an essential dimension of national technology policy[J]. Research Policy, 1995, 24(6):895-911.

Suazo M M, Turnley W H, Maidalton R R.2005. The role of perceived violation in determining employees' reactions to psychological contract breach[J]. Journal of Leadership & Organizational Studies, 12(1):24-36.

Sultan S S. 2014.Enhancing the competitiveness of palestinian SMEs through clustering[J].EuroMed Journal of Business, (2): 164-174.

Susanna L, Samuel A.2003.Psychological contract breach in a chinese context: An integrative approach[J].Journal of Management Studies, 40: (4):1005-1020.

Thomas D J, Griffin P M .1996. Coordinated supply chain management[J]. European Journal of Operational Research, 94(1):1-15.

Trappey C V, Trappey A J C, Chang A C, et al.2010. Clustering analysis prioritization of automobile logistics services[J]. Industrial Management & Data Systems, (5): 731-743.

Turnley W H, Feldman D C . 2000.Re-examining the effect of psychological contract violations: Unmet expectations and job dissatisfaction as mediators[J]. Journal of Organization Behavior, (1): 25-42.

Valdaliso J M, Elola A, Franco S. 2016. Do clusters follow the industry life cycle? Diversity of cluster evolution in old industrial regions[J]. Competitiveness Review, (1): 66-86.

Wasserman S, Faust K.1995. Social network analysis: Methods and applications.[J]. Contemporary Sociology, 91(435):219-220.

Watkins M H . 1958.The strategy of economic development by Albert O. Hirschman[J]. Ekonomisk Tidskrift, 12(4):658–660.

附录1　汽车后市场产业集群竞争力评价调查问卷（Ⅰ）

尊敬的先生/女士：

您好！我们是《基于产业链稳定性的我国汽车后市场产业集群竞争力提升研究》课题组。本次问卷调查是该课题研究的一个重要环节，目的是收集汽车后市场产业集群竞争力方面的一些数据和信息，您的真实回答将为这项研究的部分结论提供有力的科学保证。同时，问卷填写不完整会使您的问卷失去研究价值，所以请您不要遗漏任何一项。我们非常期待您的支持和参与，并对您的热情参与表示衷心的感谢！

【问卷填写说明】

本问卷是无记名的问卷调查，共分7个部分、37个题项，请根据您的真实看法在每个问项相应方框内勾选答案。

层面	题项	很强	强	较强	一般	不强
企业	企业间的合作					
	企业间的竞争					
	核心企业的成长					
	企业创新能力					
	企业文化					
市场	市场需求					
	市场规模					
	市场认可度					
	市场应变能力					
	市场拓展能力					
	市场营销能力					
环境资源	经济发展水平					
	基础设施					
	相关产业的发展					
	外来投资					
	人才引进					
	技术资源					
	社会网络关系					
	人文环境					

续表

层面	题项	很强	强	较强	一般	不强
政府	政策导向					
	市场管理					
	经济指导					
	土地规划					
辅助机构	行业组织服务能力					
	教育培训机构服务能力					
	研发机构服务能力					
	金融机构服务能力					
	信息机构服务能力					
	管理咨询机构服务能力					
业务单元	核心功能业务					
	辅助功能业务					
	特色功能业务					
服务能力	对象区域化程度					
	需求分工化程度					
	过程体系化程度					
	内容标准化程度					
	形式品牌化程度					

本次问卷调查结束，感谢您的配合。

附录 2　汽车后市场产业集群竞争力评价调查问卷（Ⅱ）

尊敬的先生/女士：

您好！我们是《基于产业链稳定性的我国汽车后市场产业集群竞争力提升研究》课题组。本次问卷调查是该课题研究的一个重要环节，目的是收集汽车后市场产业集群竞争力方面的一些数据和信息。我们非常期待您的支持和参与，并对您的热情参与表示衷心的感谢！

所属行业：　　　　　　　　　　　　受访者所在单位：

所在市（县、镇）：　　　　　　　　受访者姓名：

一、集群竞争力评价指标权重调查

填写说明：这一部分调查需要您对评价指标进行两两比较，判断两个指标的相对重要性，其相对重要性用数字 0.1～0.9 表示。

标度	含义
0.1	两个元素相比，后者比前者极端重要
0.2	两个元素相比，后者比前者强烈重要
0.3	两个元素相比，后者比前者明显重要
0.4	两个元素相比，后者比前者稍微重要
0.5	两个元素相比，两者具有同等重要性
0.6	两个元素相比，前者比后者稍微重要
0.7	两个元素相比，前者比后者明显重要
0.8	两个元素相比，前者比后者强烈重要
0.9	两个元素相比，前者比后者极端重要

请参照"填写说明"对下列每个表格中不同的指标进行两两比较，"行"中的指标为 X，"列"中的指标为 Y。为了节省您的时间，您只需填写矩阵中上三角的内容，将 Y 与 X 进行比较，若分数小于 0.5 即表示 X 比 Y 重要，若分数大于 0.5 即表示 Y 比 X 重要，若分数等于 0.5 即表示 Y 与 X 一样重要。

(一)准则层指标的两两比较

Y \ X	企业	市场	环境资源	政府	辅助机构	业务单元	服务能力
企业	—						
市场	—	—					
环境资源	—	—	—				
政府	—	—	—	—			
辅助机构	—	—	—	—	—		
业务单元	—	—	—	—	—	—	
服务能力	—	—	—	—	—	—	—

(二)方案层指标的比较

1. 对"集群企业"的方案层指标进行比较

Y \ X	企业间的合作	企业间的竞争	核心企业的成长	企业创新能力
企业间的合作	—			
企业间的竞争	—	—		
核心企业的成长	—	—	—	
企业创新能力	—	—	—	—

2. 对"市场"的方案层指标进行比较

Y \ X	市场需求	市场规模	市场认可度	市场应变能力	市场拓展能力	市场营销能力
市场需求	—					
市场规模	—	—				
市场认可度	—	—	—			
市场应变能力	—	—	—	—		
市场拓展能力	—	—	—	—	—	
市场营销能力	—	—	—	—	—	—

3. 对"环境资源"的方案层指标进行比较

Y \ X	基础设施	相关产业发展	外来投资	人才引进	技术资源	社会网络关系	人文环境
基础设施	—						
相关产业的展	—	—					

外来投资	—	—	—			
人才引进	—	—	—			
技术资源	—	—	—	—		
社会网络关系	—	—	—	—	—	
人文环境	—	—	—	—	—	—

4. 对"政府"的方案层指标进行比较

Y＼X	政策导向	市场管理	经济指导	土地规划
政策导向	—			
市场管理	—	—		
经济指导	—	—	—	
土地规划	—	—	—	—

5. 对"集群辅助机构"的方案层指标进行比较

Y＼X	行业组织服务能力	教育培训机构服务能力	研发机构服务能力	金融机构服务能力	信息机构服务能力	管理咨询机构服务能力
行业组织服务能力	—					
教育培训机构服务能力	—	—				
研发机构服务能力	—	—	—			
金融机构服务能力	—	—	—	—		
信息机构服务能力	—	—	—	—	—	
管理咨询机构服务能力	—	—	—	—	—	—

6. 对"业务单元"的方案层指标进行比较

Y＼X	核心功能业务	辅助功能业务	特色功能业务
核心功能区完备度	—		
辅助功能区完备度	—	—	
特色功能区完备度	—	—	—

7. 对"服务能力"的方案层指标进行比较

Y \ X	对象区域化程度	需求分工化程度	过程体系化程度	内容标准化程度	形式品牌化程度
对象区域化程度	—				
需求分工化程度		—			
过程体系化程度			—		
内容标准化程度				—	
形式品牌化程度					—

二、成都汽车后市场产业集群竞争力评价指标分值调查

填写说明：指标分值调查是根据您对成都汽车后市场产业集群状况的评价，对其竞争力水平进行打分调查。

请您为下列表格中的各指标赋予1~10的分值，各分值表示的意义如下。

10分：非常优秀，具有世界的竞争力，在全世界范围来说数一数二；
9分：优秀，具有世界级的竞争力，在全世界范围内排在前五名；
8分：良好，具有本国范围内独一无二的优势；
7分：不错，具有本国范围内的竞争优势；
6分：及格，具有超过全国平均水平的实力，但没有竞争优势；
5分：适当及格，具有与全国平均水平相当的实力；
4分：水平有限，具有略低于全国平均水平的实力；
3分：水平很有限，与全国平均水平有一定差距，这种差距可能影响整个集群的发展；
2分：水平较差，离全国平均水平有较大差距，这种差距可能对集群造成的影响已经显现；
1分：很差，离全国平均水平有较大差距，这种差距已经严重阻碍了集群的发展。

指标	分值	指标	分值
企业间的合作		政策导向	
企业间的竞争		市场管理	
核心企业的成长		经济指导	
企业创新能力		土地规划	
企业文化		行业组织服务能力	
市场需求		教育培训机构服务能力	
市场规模		研发机构服务能力	
市场认可度		金融机构服务能力	
市场应变能力		信息机构服务能力	
市场拓展能力		管理咨询机构服务能力	
市场营销能力		核心功能业务	

续表

指标	分值	指标	分值
经济发展水平		辅助功能业务	
基础设施		特色功能业务	
相关产业的发展		对象区域化程度	
外来投资		需求分工化程度	
人才引进		过程体系化程度	
技术资源		内容标准化程度	
社会网络关系		形式品牌化程度	
人文环境			

问卷到此结束，再次感谢您的支持！

附录3　组织支持感、心理契约、员工忠诚度测试量表

尊敬的先生/女士：

您好！我们是《基于产业链稳定性的我国汽车后市场产业集群竞争力提升研究》课题组。需要对组织支持感、心理契约、员工忠诚度三者的关系进行实证研究。目的是为汽车后市场产业集群竞争力提升作相关的制度研究，您的真实回答将为这项研究的部分结论提供有力的科学保证。同时，问卷填写不完整会使您的问卷失去研究价值，所以请您不要遗漏任何一项。我们非常期待您的支持和参与，并对您的热情参与表示衷心的感谢！

【问卷填写说明】

(1)本问卷由三部分组成。第一部分为个人基本情况，第二部分为正式问卷。

(2)在填写量表时，请根据您的实际行为来评价每一选项的等级，并在每个题项后面相应的方框里打勾，如"☑"。具体填写方法参见第二部分的"填写示例"。

第一部分：个人基本情况(请在与您相符的选项框"□"中打钩)

性别：□男　□女

婚姻状况：□已婚　□单身

年龄：□22 岁及以下(含 22 岁)　　□22～27 岁(含 27 岁)
　　　□27～45 岁(含 45 岁)　　　□45～60 岁(含 60 岁)
　　　□60 岁以上

工作年限：□3 年及以下(含 3 年)　□3～5 年(含 5 年)
　　　　　□5～18 年(含 18 年)　　□18～33 年(含 33 年)
　　　　　□33 年以上

教育程度：□高中(中专)及以下　　□大专
　　　　　□大学本科　　　　　　□硕士
　　　　　□博士

平均月收入(元)：□1200 及以下(含 1200)　□1200～3500(含 3500)
　　　　　　　　□3500～5000(含 5000)　　□5000～10400(含 10400)
　　　　　　　　□10400 以上

您所在的岗位：□高层管理人员　□中层管理人员　□基层管理人员　□一般职员

组织性质：□政府部门　□事业单位　□企业　□其他

第二部分：正式问卷

题项	完全不同意→非常同意
POS1. 组织盈利增加时，会为我加薪	1 2 3 4 5
POS2. 组织关心我的生活情况，适当时候还会给予帮助	1 2 3 4 5
POS3. 组织同意我对改变工作环境而提出的合理要求	1 2 3 4 5
POS4. 遇到工作上的难题时，组织会给予我帮助并且通常有效	1 2 3 4 5
POS5. 当有员工想离职时，组织会尝试挽留	1 2 3 4 5
POS6. 组织能够理解员工因私人原因造成的迟到、早退和旷工	1 2 3 4 5
POS7. 组织很看重我的目标和价值观	1 2 3 4 5
POS8. 组织总是试图让员工担任最适合自己的工作	1 2 3 4 5
POS9. 组织会注意到工作中出色的员工	1 2 3 4 5
POS10. 组织对我的成就感到骄傲，我对自己的成就也会感到自豪	1 2 3 4 5
EL1. 组织面临困难时，我愿意付出更多努力帮助其渡过难关	1 2 3 4 5
EL2. 我主动了解组织所属的行业动态与相关政策	1 2 3 4 5
EL3. 我认为为了组织更好地经营发展而出谋划策是我的义务	1 2 3 4 5
EL4. 我总是以集体的目标为自己的目标而去努力	1 2 3 4 5
EL5. 我不会无故迟到、早退和旷工	1 2 3 4 5
EL6. 每天按时并保证质量地完成份内工作	1 2 3 4 5
EL7. 我愿意接受组织对我工作的调动	1 2 3 4 5
EL8. 即使目前有更好的工作机会，我也不会轻易离开	1 2 3 4 5
EL9. 无论面对怎样的诱惑，绝不出卖组织的情报	1 2 3 4 5
EL10. 组织为我提供了好的发展机会	1 2 3 4 5
PC1. 组织在做决策时，会听取员工的意见	1 2 3 4 5
PC2. 我会在外人面前宣传和维护组织的形象	1 2 3 4 5
PC3. 我不断学习新技能以加强自身在组织中的价值	1 2 3 4 5
PC4. 热爱组织，并且不会轻易考虑离开	1 2 3 4 5
PC5. 同事或者主管能够对我工作上遇到的问题进行指导	1 2 3 4 5
PC6. 组织为我提供了长期稳定的工作保障	1 2 3 4 5
PC7. 我感觉组织很团结，就像是一个大家庭	1 2 3 4 5
PC8. 我投入精力以在工作小组中营造良好的气氛	1 2 3 4 5